中國歷代書目題跋叢書

傅增湘 撰

藏園群書題記

上

書潛自署

圖書在版編目(CIP)數據

藏園羣書題記 / 傅增湘撰;傅熹年整理. —上海:上海古籍出版社,2022.9
(中國歷代書目題跋叢書)
ISBN 978-7-5732-0263-5

Ⅰ. ①藏… Ⅱ. ①傅… ②傅… Ⅲ. ①私人藏書—圖書目録—中國—近代 Ⅳ. ①Z842.6

中國版本圖書館CIP數據核字(2022)第094348號

中國歷代書目題跋叢書
藏園羣書題記
(全三册)
傅增湘 撰
傅熹年 整理
上海古籍出版社出版發行
(上海市閔行區號景路159弄1-5號A座5F 郵政編碼201101)
(1) 網址: www.guji.com.cn
(2) E-mail: guji1@guji.com.cn
(3) 易文網網址: www.ewen.co
蘇州市越洋印刷有限公司印刷
開本 850×1168 1/32 印張 43.75 插頁 20 字數 777,000
2022年9月第1版 2022年9月第1次印刷
印數: 1—1,100
ISBN 978-7-5732-0263-5
Ⅰ·3623 定價: 268.00元
如有質量問題,請與承印公司聯繫

圖一　藏園老人校書圖

（徐悲鴻繪）

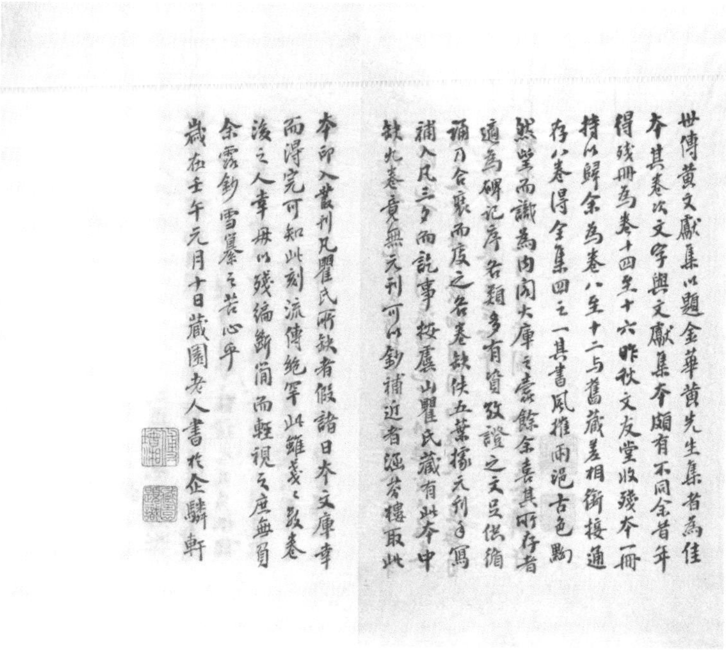

世傳黄文獻集以題金華黄先生集者為佳本其卷次文字與文獻集本頗有不同余昔年得殘冊為卷十四至十六昨秋文友堂收殘本一冊持以歸余為卷八至十二与舊藏差相銜接適存八卷得全集四之一其書風摧雨浥古色黯然望而識為内閣大庫之燼餘余喜其所存者適為碑記序古類多有資考證之文足供循誦乃合裝而庋之各卷缺佚五葉據元刊手寫補入凡三夕而訖事按虞山瞿氏藏有此本中缺七卷亦無元刊可以鈔補近者涵芬樓取此本印入叢刊凡瞿氏所缺者假諸日本文庫幸而得完可知此刻流傳絶罕此雖戔戔殘卷後之人幸毋以殘編斷簡而輕視之庶無負余露鈔雪纂之苦心乎

歲在壬午元月十日藏園老人書於企驎軒

圖二　傅增湘先生手迹

元刻本金華黄先生文集題跋

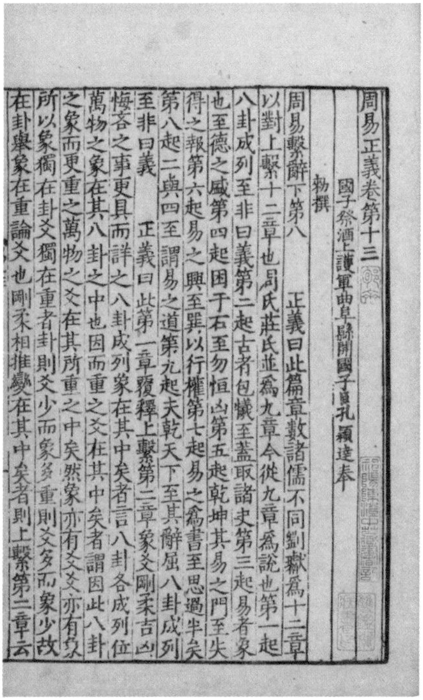

圖三　宋紹興十五至二十年間臨安府刊本周易正義書影

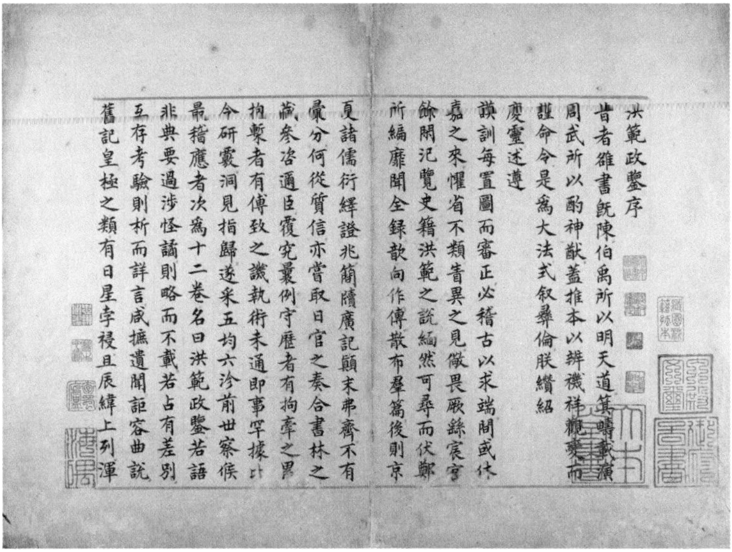

圖四　宋淳熙十三年内府寫本洪範政鑑書影

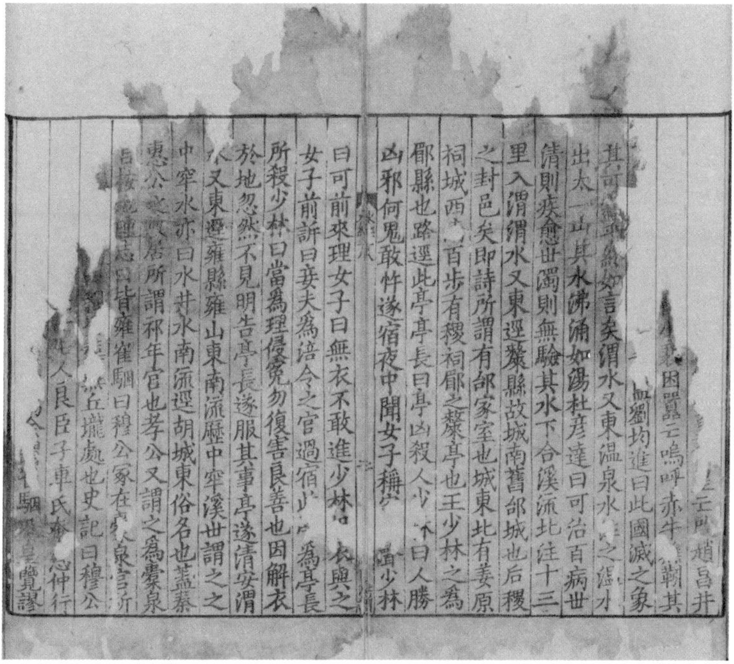

圖五　宋紹興間浙江刻本水經注

（此爲第十八卷第二葉，爲明以後諸本所缺）

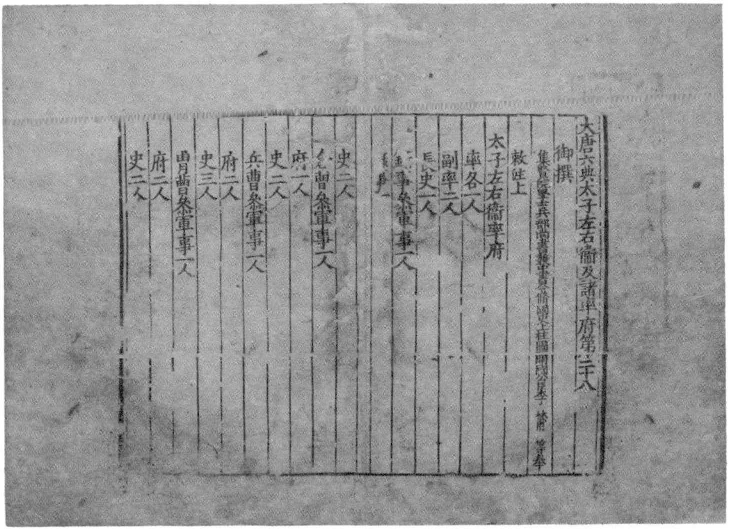

圖六　宋紹興四年温州州學刊本大唐六典注書影

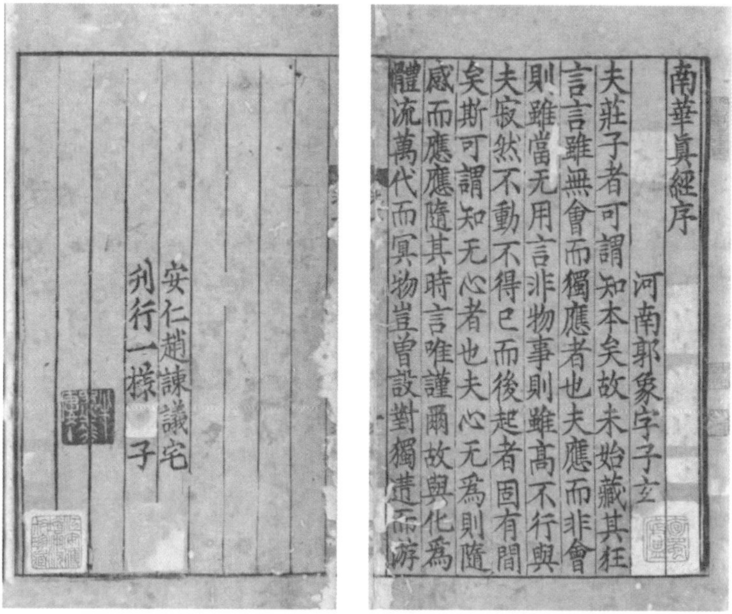
南華真經序

河南郭象字子玄

夫莊子者可謂知本矣故未始藏其狂言言雖無會而獨應者也夫應而非會則雖當无用言非物事則雖高不行與夫寂然不動不得已而後起者固有間矣斯可謂知无心者也夫心无爲則隨感而應應隨其時言唯謹爾故與化爲體流萬代而冥物豈曾設對獨遣而游

安仁趙諫議宅

刊行一樣子

圖七　南宋蜀中安仁趙諫議宅刊本南華真經注書影

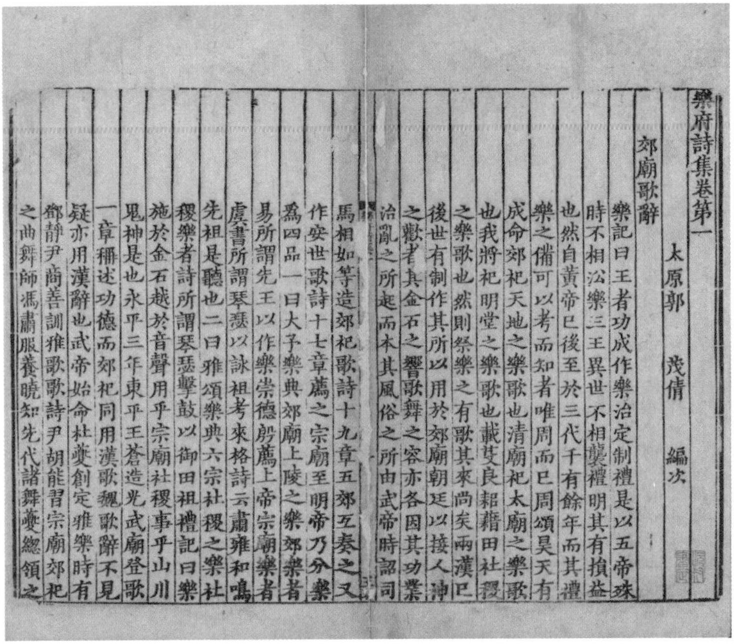
樂府詩集卷第一
太原郭　茂倩　編次
郊廟歌辭
樂記曰王者功成作樂治定制禮是以五帝殊時不相沿樂三王異世不相襲禮明其有損益也然自黃帝已後至於三代千有餘年而其禮樂之備可以考而知者唯周而已周頌昊天有成命郊祀天地之樂歌也清廟祀太廟之樂歌也我將祀明堂之樂歌也載芟良耜藉田社稷之樂歌也然則祭樂之有歌其來尚矣兩漢已後世有制作其所以用於郊廟朝廷以接人神之歡者其金石之響歌舞之容亦各因其功業治亂之所起而本其風俗之所由武帝時詔司馬相如等造郊祀歌詩十九章五郊互奏之又作安世歌詩十七章薦之宗廟至明帝乃分樂為四品一曰大予樂典郊廟上陵之樂郊樂者易所謂先王以作樂崇德殷薦上帝宗廟樂者虞書所謂琴瑟以詠祖考來格詩云肅雍和鳴先祖是聽也二曰雅頌樂典六宗社稷之樂社稷樂者詩所謂琴瑟擊鼓以御田祖禮記曰樂施於金石越於音聲用乎宗廟社稷事乎山川鬼神是也永平三年東平王蒼造光武廟登歌一章稱述功德而郊祀同用漢歌魏歌辭不見疑亦用漢辭也武帝始命杜夔創定雅樂時有鄧靜尹商善訓雅歌歌詩尹胡能習宗廟郊祀之曲舞師馮肅服養曉知先代諸舞夔總領之

圖八　宋紹興間浙江刊本樂府詩集書影

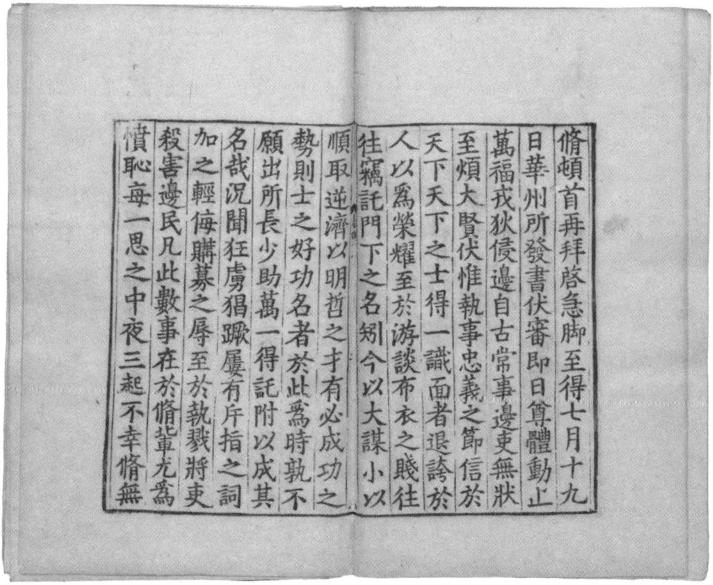
脩頓首再拜啓急脚至得七月十九日華州所發書伏審即日尊體動止萬福戎狄侵邊自古常事邊吏無狀至煩大賢伏惟執事忠義之節信於天下天下之士得一識面者退誇於人以爲榮耀至於游談布衣之賤往往竊託門下之名矧今以大謀小以順取逆濟以明哲之才有必成功之勢則士之好功名者於此爲時孰不願出所長少助萬一得託附以成其名哉況聞狂虜猖蹶屢有斥指之詞加之輕侮購募之辱至於執戮將吏殺害邊民凡此數事在於脩輩尤爲憤恥每一思之中夜三起不幸脩無

圖九　宋紹興間衢州刊本歐陽修居士集書影

（卷四一葉二一）

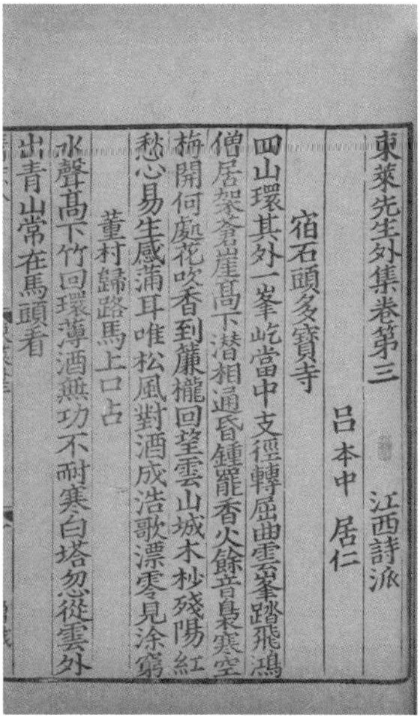

東萊先生外集卷第三　江西詩派

呂本中　居仁

宿石頭多寶寺

四山環其外一峯屹當中支徑轉屈曲雲峯蹈飛鴻僧居架蒼崖高下潛相通昏鐘罷香火餘音裊寒空梅開何處花吹香到簾櫳回望雲山城木杪殘陽紅愁心易生感滿耳唯松風對酒成浩歌漂零見涂窮

董村歸路馬上口占

水聲高下竹回環薄酒無功不耐寒白塔忽從雲外出青山常在馬頭看

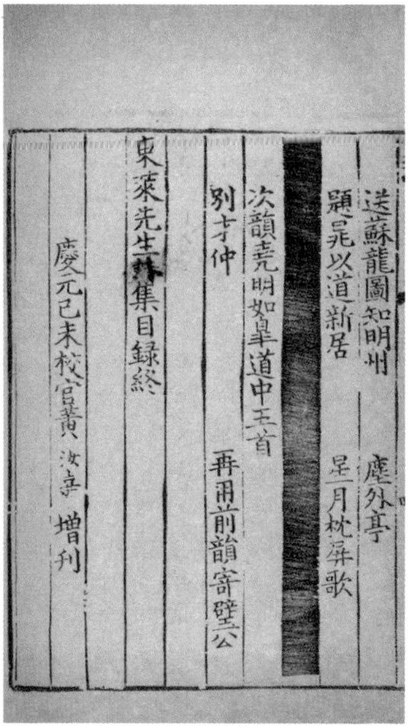

送蘇龍圖知明州　塵外亭

題晁以道新居　星月枕屏歌

[redacted]

次韻堯明如皋道中五首　再用前韻寄璧公

別才仲

東萊先生外集目録終

慶元己未校官黄汝嘉增刊

（宋代補版葉）　　　　（原版葉）

圖十　宋慶元五年黄汝嘉刊江西詩派本東萊先生外集書影

《中國歷代書目題跋叢書》出版説明

漢代劉向、劉歆父子編撰《别録》《七略》，目録之學自此濫觴，在傳統學術中發揮了重要作用。歷代典籍浩繁龐雜，官私藏書目録依類編次，繩貫珠聯，所謂「類例既分，學術自明」（《通志·校讎略》），學者自可「即類求書，因書究學」（《校讎通義·互著》），實爲讀書治學之門户。而我國典籍屢經流散之厄，許多圖書真容難睹，甚至天壤不存，書目題跋所録書名、撰者、卷數、版本、内容即爲訪書求古的重要綫索。至於藏書家於題跋中校訂版本異同、考述版本淵源、判定版本優劣、追述藏弆流傳，更是不乏真知灼見，足以津逮後學。

我社素重書目題跋著作的出版，早在二十世紀五十年代，我社就排印出版了歷代書目題跋著作二十二種，後彙編爲《中國歷代書目題跋叢書》第一輯。此後，我社又與學界通力合作，精選歷代有代表性和影響較大的書目題跋著作，約請專家學者點校整理。至二〇一五年，先後推出《中國歷代書目題跋叢書》第二至四輯，共收書目題跋著作四十六種，加上第一輯的二十二種，計六十八種，極大地普及了版本目録之學。面對廣大讀者的需求，我社將該叢書陸續重版，並擇要選入新品種，對原版進行訂補，以饗讀者。

上海古籍出版社
二〇一八年八月

整理説明

先祖父藏園先生研究目録、版本、校勘之學近五十年。生平藏書二十萬卷，其中經過用善本手自校勘的約一萬六千卷。每校勘一書，都在卷尾綴寫小記，説明此書的學術淵源，版刻源流和校勘的所得。較重要的則拓爲長篇的跋記。數十年間，累積題跋近七百篇，而前述卷尾隨手小記還不在内。一九三五年以前所撰題跋，曾用《藏園羣書題記》爲題，陸續發表在天津《國聞周報》上。一九三五年至一九三八年所撰一百四十八篇，在一九三八年編集爲《藏園羣書題記續集》六卷，自行排印。一九四二年又取以前在《國聞周報》所載各跋中的一百六十二篇補編爲《藏園羣書題記初集》八卷，一九四三年自行排印。

一九四四年，先祖父病風痺，書寫艱難，校勘和著述都被迫中輟，但對於所撰《藏園羣書題記》、《藏園瞥録》、《藏園游記》仍反覆披閲，屢有增删。除把一九三八年至一九四四年間所撰二百一十六篇題跋和初集、續集失收各篇編成《藏園羣書題記》三集八卷外，對所跋各宋、元刊本又都反覆考證它的序跋著録，排比刻工姓名，驗證雕板的字體風氣，辨别摹印的早晚。對所跋的明清各書也搜羅各種版本，比較異同。一些當年受友朋囑託作跋，不得不有遷就的地方，這時也都無所顧恤，加以改定。

那些還在疑似之間的，就寧從割捨。務在實事求是，以求信今傳後。所訂正的地方，即指授先父晉生先生筆受，熹年課餘也隨從謄録。三數年間，大致删訂一過。

這次整理點校重編，就是根據當時删訂的稿本進行的，所以其中一些書籍的鑑定意見有和以前各集不同之處。所收入的各篇，手稿尚存的約佔十分之九，也逐篇用手稿校勘一過，校改了一些原排印的誤字。此外，先祖平生所見所校羣書，都曾隨時記録，有《藏園校書録》、《藏園瞥録》等手稿本，另在日記中也有不少記録。近年已把《藏園瞥録》和日記、雜稿中所記各書整理爲《藏園羣書經眼録》付刊，同時也用來和這部《題記》做了參考校對。至於所跋原書，早已分在各方，手校書一萬六千卷也都捐贈北京圖書館，所以篇中的引文和校字無法完全核對，衹以手稿爲據，這是需要加以說明的。

整理時，把原初集、續集、三集各跋，統一按四庫分類法重編，其中也參考《北京圖書館善本目録》的分類，酌加調整省併。除已删去的以外，總計收入五百八十篇，編爲二十卷。逐篇分段落，加標點。另在卷前編寫總目，卷後附所跋各書書名與作者人名索引，以便查閲。

一九三八年印行續集時，曾經由余季豫先生撰寫序言，現在仍把它冠於卷前。一九四三年印行初集時先祖自加的識語也一併附存。

此外，先祖晚年曾經選取自己所藏宋元刊本中的精品五十種，擬撰爲《雙鑑樓藏書雜詠》，只寫成二十六題，就因病中輟。現存詩一百二十六首，並附自注。因所詠都是重要善本，多記諸本的長處和流傳掌故，有些爲《題記》所無，有些可與《題記》互補，故附於書後，作爲附録一。

又，先祖平生所撰序記等雜文百數十篇，現從中選録有關古籍板本、藏書家故實、近代重要古籍刊傳和先祖著述約二十二篇，以供瞭解《題記》中所涉及的近代善本聚散流轉情況和古籍刊傳整理經過，附於書後作爲附録二。

熹年對於版本目録之學只是少年時有所熏習，二十餘年來荒廢已久，雖在校點整理中承幾位父執前輩殷殷教誨指導，恐仍難免錯誤，敬請讀者批評指正。

傅熹年

一九八一年六月二十五日

舊序

江安傅先生掛冠以後，定居北平，閉户不交人事。所居有山石花木之勝，取東坡「萬人如海一身藏」之句，顔之曰「藏園」。聚書數萬卷，多宋、元祕本，及名鈔精槧。聞人有異書，必從之假讀。求之未得，得之未讀，皇皇然如飢渴之於飲食，蓋其好學天性然也。暇時輒取新舊刻本躬自校讐，丹黄不去手，矻矻窮日夜不休。凡所校都一萬數千餘卷，皆已定，可繕寫。每讀一書，輒爲題跋一首，叙板本之同異，辨字句之譌謬，燭照數計，既精且博。至於撰人仕履，著書旨意，必詳人所不能詳，其常見者則略焉。凡所爲又數百首，目之曰《藏園羣書題記》，既鏤板行世矣。歲丁丑、戊寅閒，龍蛇起陸，蜚鴻滿野，獨北平恬然，如在異國。先生顧不樂，日惟隱几讀書，因檢點近歲所爲題跋，得百有六首，彙爲續集，將付諸手民，以書命嘉錫曰：「子爲我序之。」嘉錫固辭不獲，遂爲之序曰：

書本之異同，難言之矣。古人之書，皆出手寫，凡文字點畫相似，聲音相近，則易訛誤；竹簡縑素，斷爛殘闕，則多奪落。荀悦所謂「文有磨滅，言有楚夏，出有先後，或學者先意有所借定，故一源十流，天水違行，而訟者紛如也」。是以劉向校書，必合中外之本，以相比較，定著爲若干篇；而康成注《禮》，則有故書、今書之殊；注《論語》則有從魯、從古之異。然則向所校定，與太史公所見，故已不同，康成之《論語》，亦非復《張侯論》之舊矣。兩漢經學，文字不同，則家法不同，學者誦習其本，亦姑謂某家之學若是云耳，必謂所傳即洙泗之原本，未之敢信也。一家之學，傳之者衆，又復紛然殊異，後生末學，持論巧慧者，加以穿鑿；專己守殘者，曲相傅會。趙賓受《孟氏易》，説「箕子明夷」，以爲「陰陽氣亡箕子」，「箕子」者，萬物方荄兹也，而劉向所見今文《易》，「箕子」竟作「荄滋」。徐遵明讀鄭康成《論語序》「書以八寸策」，誤作「八十宗」，因曲爲之説，其穿鑿傅會亦已甚矣。《北史·儒林傳》序言，江南、河洛《詩》並主於毛公，而《顏氏家訓·書證篇》所引《詩》乃有江南本、河南本之不同。一家之書尚如此，推之各家，抑又可知。同出一源，理無俱是。但先師已亡，聖人不作，孰能定其是與非耶？故蔡邕書《五經》立石，韓言齊言，盍毛包周，第各隨其家法是正而已，不敢整齊各家，有所刊定也。

且古人讀書，惟經學必守家法，從其師授之本；至於他書，期於適用而已。時異用殊，則以己意增省其文，竄易其語。《蒼頡篇》李斯所造，前漢閭里書師以教學童，嫌其不言漢事，則益以「漢兼天下」。《神農本草》先秦古書，後漢名醫用之，嫌其所言川澤山谷不明，則易以當時郡國。彼亦自適其用耳，豈爲後世校讐考證家計耶！大抵凡書爲習俗所用，傳之愈廣，則其增竄也益甚。是以陸慈《切韻》，增加字者至數十本，而李翰《蒙求》，傳寫者亦互有不同。於此而欲考其某句爲原本，某字爲後增，固已難矣。又況儒生稽古，喜加箋識，學子佔畢，輒肆塗鴉，一經傳録，便滋淆互。且古書流傳既久，繕寫者不盡通人，魯魚帝虎無論矣，而別風淮雨，遂成典故。其甚者，文義奥衍，己所不解，則妄加竄定；章句繁冗，憚於腕脱，則肆爲删減。如昌黎生之改金根車，羣牧司吏人之鈔《唐百家詩選》是矣。今所傳六朝唐人寫本，固多能存古書之真，然其譌謬處，乃至不可勝乙。宋人刻書，悉據寫本，所據不同，則其本互異；校者不同，則所刻又異。加以手民之誤，傳寫之譌，故明刻可以正宋刻，刊本可以校寫本，未可盡以時代論也。

若夫宋刻既亡，後人展轉傳鈔，卷葉有錯互，而改其行款，則文義淩亂；字跡有模糊，而妄加填注，則疏謬百出。蓋藏書家之書往往鈔而不校，卷帙多者尤甚。故《書鈔》、《御覽》之類，舊鈔無善本，至如晏公《類要》，遂不可復讀矣。明代士風，習爲妄誕，傳刻古籍，奮筆塗改。至其末葉，書帕之本，鹵莽滅裂，又出坊本之下。故清儒謂明人刻書而書亡，必以宋刻爲貴。余以爲此特就其大較言之耳，實則宋本亦未必盡善。麻沙書坊所刻《周易》，「坤爲釜」而作「爲金」，致姚祐誤據之以發題，取笑當世。此與明刻《金石録》以「壯月朔」爲「牡丹朔」者復何以異？且宋人妄改古書，枚數之亦不能盡。經、傳合疏於注，而孔穎達、賈公彦、邢昺之書亡；《史記》合刻三家注，而司馬貞、張守節之書亡；陳鄂改《尚書釋文》，而陸德明之書亡；陳彭年等重修《玉篇》、《廣韻》，而顧野王、陸法言之書亡；林億等校《千金方》，改其方藥分兩，而孫思邈之書亡；晏殊、董弅删《世説新書》，而劉孝標之書亡。今此數書猶有唐寫本或北宋刻本可證也。然則宋人刻書，書未嘗不亡也。更究其極言之，則六朝以前之典籍，自六藝經傳外，幾無完書，其源皆出於唐鈔、宋刻，是則唐人寫書，書亦未嘗不亡也，安得獨以竄亂古書之罪坐之明人乎？而書本之異同惡可不講乎？夫《五經》、《三史》先儒注釋，非無譌誤，但既成一家之學，後人自不得輕改。至於宋以後板刻異同，各本具在，固宜擇善而從。若執一麻沙誤本而曲爲之説，是使徐遵明、姚祐復見於今日也。

然而儒生類多寒素，求書不易，焉能備致衆本？惟藏書家多見異書，縱不能如劉向之殺青定著，亦當舉其所見，貢諸當世。上之取舊刻名鈔，點勘纂著，作爲校記，如盧抱經之《羣書拾補》；次之撮取善本之長，以正俗刻之誤，作爲解題，如陳仲魚之《經籍跋文》。如此，則存古書之面目，示後學以門徑，於南面百城庶幾無負。而諸家目録，見不及此，但記書名，不辨流别。甚者標千字文爲號，臚列每號若干橱，每橱若干部，是何異户口之魚鱗册，米鹽之流水簿乎？善乎顧千里之言曰：「自宋以降，板刻衆矣，同是一書，用較異本，無弗夐若徑庭者。每見藏書家目録，經某書，史某書云云，而某書之爲何本，漫然不可别識。然則某書果爲某書與否，且或有所未確，又烏從論其精粗美惡耶！」余謂欲著某書之爲何本，不當僅言宋刊本、明刊本已也，刻書之時有不同，地有不同，人有不同，則其書必不盡同。故時當記其紀元干支，地當記其州府坊肆，人當記其姓名别號。又不第此也，更當記其卷帙之分合，篇章之完闕，文字之同異，而後某書之爲某書與否，庶乎其有可考也。然而自明以前之書目，固都不記此，即明清之際，毛斧季、錢遵王之流，以收藏賞鑒名家者，所記板本之異，不過「欣然規往」、「山中一半雨」之類，用爲標幟而已。其後如黄蕘圃者，尤以佞宋沾沾自喜，羣推爲藏書大家，而其所作題跋，第侈陳所得宋、元本楮墨之精，裝潢之美，索價幾何，酬值幾許，費銀幾兩，錢幾緡，言之津津，若有餘味，頗類賣絹牙郎；至於此書何爲而作？板本之可資考證者安在？文字之可供讐校者謂何？則不能知也。故其所謂《蕘圃藏書題識》者，僅可以考百宋一廛散出之書，於學子實無所益，豈惟遠遜晁、陳，即持較《通志・藝文略》、《國史經籍志》之雜鈔書目者，亦尚不及也。嗚呼！著録題跋之事，豈易言也哉！

昔者劉向奉詔校書，所作書録，先言篇目之次第，次言以中書、外書合若干本相讐校，本書多脱誤，以某爲某，然後叙作者之行事，及其著書之旨意。向時未有雕板，所謂中書、外書，猶宋以後之閣本及民間刻本耳。由是言之，則目録、校讐、板本三者，一家之學也。《别録》既亡，惟清代《四庫全書總目》能言作者之旨意，爲劉向以後僅有之書。然殊不及板本，於校讐亦略而不詳，則猶未爲盡善。其他家書目蓋無足道者。

藏園先生之於書，如貪夫之隴百貨，奇珍異寶，竹頭木屑，細大不捐，手權輕重，目辨真贋，人不能爲豪髮欺。蓋其見之者博，故察之也詳。吾嘗侍坐於先生，聞其談板本異同，如數家珍。有以書來者，望而知爲何時、何地所刻，幾於暗中摸索能别媸妍者。至於校讐之學，尤先生專門名家。平生所校書，於舊本不輕改，亦不曲徇，務求得古人之真面目，如段若膺所謂「以鄭還鄭，以孔還孔」。其於向、歆父子雖未知何如，至於宋之劉原父、岳倦翁，清之何義門、顧千里，未能或之先也。故其所作《藏書題記》，於板本、校讐二者，自道其所得，實能開自來目録家所未有。以先生書與《四庫提要》合而觀之，而後《隋志》所稱劉向校書「論其指歸，辨其訛謬」者，義乃大備。此豈他藏書家徒以收藏賞鑑名者所能企及者哉。

先生嘗恨學者讀書不見善本，故於所藏書，既擇其罕見者若干種付之剞劂外，尤不吝通假，近涵芬樓所影印之《叢刊》，底本多假自先生。猶以不能盡刻其書爲憾，則手寫其校記，將次第爲書，以示學者。蓋師盧抱經《羣書拾補》之意，而進而益善，且加詳焉。又以書不能盡校，則撮其要旨，存其大都，著之題記，使學者因以窺見板本、文字之異同，於讀書知所別擇。蓋先生嘉惠後學之心如此其拳拳不已也。《題記》前後兩集，凡數百篇，四部九流，無所不備，以視陳仲魚《經籍跋文》，精密相似，而博贍過之矣。

嘉錫竊不自揆，好爲流略之學，持以語人，見謂迂闊，遠於事情，先生顧創相許與。今承命爲序，因取平日相與討論者，雜以臆見，以復於先生，蓋將因以受教焉。故其言之繁如此，於先生著書之意未有當也。微先生無以發吾之狂言爾。中華民國二十七年春三月，武陵余嘉錫序於北平興化寺寓廬。

藏園羣書題記初集識語

右題跋一百六十二首，皆昔年載於天津《國聞周報》者，惟《校文苑英華跋》一首爲近年所作。先後歷數年。每歲社友輒纂輯其文，專册别行，凡彙刊者四次，而報社遷移，遂爾中輟。今肆間所傳《藏園羣書題記》第一集至四集者是也。洎戊寅歲，余取後此所作一百四十八首，編爲六卷，以仿宋聚珍版排印。因報社彙刊之本先行於世，此編印成，遂題曰續集。朋好傳觀，謬加稱許，咸欲合觀初集，以備參稽。第報社印本，敝篋久空，坊市訪尋，亦少完帙，索取紛紜，苦無以應。事不獲已，乃取前稿略加釐正，重事編排，析爲八卷。仍用聚珍版刊行，字體、行格、版匡、紙幅一仍前式。經始於壬午春首，斷手於癸未秋初，區區四百葉之書，歷時一年有半，僅而訖工，噫！可謂難矣。

至近歲以來，戢影都門，知交寥落，賞析無緣，暮景侵尋，見聞益陋。然帳祕重披，輒加鑑别，或丹鉛餘暇，不廢題評，雪纂風鈔，積稿又復盈尺。當乘炳燭之明，粗爲甄叙，綜其成數，約得二百餘篇，亦欲訂爲三集，庶以就正同人。惟工艱紙貴，歲月難期，頭白汗青，古人所歎，姑存此言，以自慰耳。癸未七月，沅叔手識。

目録

上册

藏園羣書題記卷第二　史部一　三十二篇

藏園羣書題記卷第三　史部二 三十三篇

藏園羣書題記卷第四　史部三 二十八篇

藏園羣書題記卷第五　史部四十八篇……二八三

藏園羣書題記卷第六　子部一 三十七篇

中册

藏園羣書題記卷第九　子部四二十八篇

藏園羣書題記卷第十　子部五 二十一篇

藏園羣書題記卷第十一　集部一 三十二篇

藏園羣書題記卷第十二 集部二三十六篇

藏園羣書題記卷第十三　集部三二十九篇

藏園羣書題記卷第十四　集部四 二十三篇

下册

藏園羣書題記卷第十五　集部五 二十六篇

藏園羣書題記卷第十六　集部六三十七篇

藏園羣書題記卷第十七　集部七四十一篇……九五五

明別集類　明遺民附

藏園羣書題記卷第十八　集部八 二十五篇

目録

藏園羣書題記卷第十九　集部九二十八篇

藏園羣書題記卷第一　經部

總　類

宋刊巾箱本八經書後※〔一〕

宋巾箱本諸經正文今存者八經，凡《周易》二十二葉，《尚書》二十八葉，《毛詩》四十葉，《禮記》九十三葉，《周禮》五十五葉，《孝經》三葉，《論語》一十六葉，《孟子》三十四葉，蓋《九經三傳》之僅存者耳。每半葉二十行，每行二十七字，細黑口，左右雙闌，板心下方記刊工姓名，一二三字不等。補板則標明係刊換某某板字。宋諱貞、恒、桓、慎、惇皆缺末筆，廓字不缺，寧宗以前刻板也。世傳宋巾箱本諸經正文，各家目録多載之，其行格正與此同，所謂行密如檣，字細如髮者。然簡端加闌，上注字音，與此本異。且筆畫板滯，以視此本精麗方峭，真如婢學夫人矣。昔人指爲明靖江王府翻刻，殆非無見也。

憶十年前述古于賈得此書於山左舊家，余偶得瞥見，詫其板式有異，即知爲《延令書目》冠首之帙。嗣爲寒雲公子所收，闢八經室以儲之。於時董君綬金、張君庾樓、徐君森玉特爲欣賞，展轉假得，留此影本，緘之篋中。匆匆數年，世事遷移，風飛雨散，原書流失，渺不可追。爰屬陶君蘭泉覆板行世，而諉余記其顛末。得已見書如逢故人，益不勝中郎虎賁之感矣。

考《景定建康志・書籍門》載五經正文有四：曰監本，曰建本，曰蜀本，曰婺本。歸安陸氏剛甫得世行小帙，即斷爲婺州刊本，謂與婺本重意《尚書》、《周禮》相似。今此本結體方峭，筆鋒犀鋭，是閩工本色，決爲建本無疑。明靖江本即據以覆木，而加上闌焉，故行格同，尺寸同，避諱之字亦無不同。至秦氏刻《九經》則改爲半葉十八行，而面目迥異矣。此巾箱本諸經正文相傳遞遭之大略，願與海内識者共證之。丙寅十月，鳳阿丙舍書。

〔一〕　凡題下加※號者均係與手稿核對無誤者。下同，不再説明。

易　類

宋監本周易正義跋※

羣經注疏以單疏本爲最古，八行注疏本次之。顧單疏刊於北宋，覆於南宋，流傳乃絶罕。就余所見者，《尚書正義》二十卷，藏日本帝國圖書寮；《毛詩正義》四十卷，藏日本内藤湖南家；《禮記正義》殘本四卷，藏日本身延山久遠寺；《公羊疏》殘本九卷，藏上海涵芬樓；《爾雅疏》十卷，二部，一藏烏程蔣氏孟蘋家，一藏日本静嘉堂文庫，又殘本五卷，藏寶應劉氏食舊德齋；《儀禮疏》舊藏汪閬源家，今不知何往；合《周易》計之，存於天壤間者，衹此七經而已。《易》單疏本自清初以來，惟傳有錢孫保校宋本，然其書藏於誰氏，則不可知。後閲程春海侍郎集，乃知徐星伯家有之。嗣歸道州何氏，最後爲臨清徐監丞梧生所得。監丞藏書夙富，然嚴扃深鐍，祕不示人。同時嗜古如繆藝風，窮經如柯鳳蓀，與監丞號爲石交，亦未得寓目。監丞逝世，遺書漸出。余偶訪令子聖與，幸獲一覩，驚爲曠世奇寶，時時往來於懷。旋聞其書業已易主，廉君南湖曾爲作緣，以未能諧價而罷。昨歲殘臘，聞有人求之甚急，議垂成而中輟，然其懸價高奇，殊駭物聽。余詗知怦然心動，遂鋭意舉債收之，雖古人之割一莊以易《漢書》，無此豪舉也。雙鑑樓中藏書三萬卷，宋刊祕籍亦踰百種，一旦異寶來歸，遂巍然爲羣經之弁冕，私衷寵幸，如膺九錫。顧竊自維念，此書自端拱奏進，紹興覆雕，傳世本稀，沿及今兹，更成孤帙。若復私諸帳秘，使昔賢留貽之經訓，前代守護之遺編，將自我而沈霾，何以告古人，更何以慰來者？爰郵致東瀛，選集良工，精摹影印，板式若一，點畫無訛，紙幅標題，咸存舊蹟，庶與東邦覆印《書疏》聯爲雙璧，且俾數百年孤行之祕籍，化爲百本，流播無窮。此區區傳布之苦心，當爲海内外人士所同鑑乎！

按：《易疏》世行少善本，阮氏校刻《十三經注疏》，論者以《易經》爲最劣，《瞿氏書目》嘗深訾之。緣其所據爲十行《兼義》本，書屬晚印，補版已多，訛奪在所難免。自陳仲魚得八行注疏本，撰有跋文，臚舉勝異，斷爲注、疏合刻之祖本，其佳處自遠出閩中、北監、汲古各本之上。今其書藏常熟瞿氏，然於單疏原本，迄未嘗見也。日本流傳抄本尚多，如狩谷望之求古樓藏應永、永禄、天正三鈔本，增島固竹陰書屋藏永禄鈔本，澀江全善柳原書屋藏元龜鈔本，昌平學藏天正十年鈔本，見《經籍訪古志》中。楊惺吾隨使東邦，曾收得一本，歸國後以贈繆藝風。甲寅二月，吴興劉翰怡爲刻入《嘉業堂叢書》中，第以展轉傳寫，訛繆觸目，深以宋本錮藏，不得校訂異同爲恨。是此書鈔本雖刊行，而近世鴻生鉅儒，其想慕宋槧，殆如飢渴之思飲食焉。

余得書之後，粗事披尋，取北監本校之，前四卷中，凡改定一百七十餘字。此外奪失之甚者，如《觀卦》脱去二十四字，《咸卦》脱去八十九字，《遯卦》脱去七字，《艮卦》脱去六字，皆賴以補完。其關係最要者，即本書卷第是也。考孔穎達序云：「爲之正義，凡十有四卷。」《舊唐書·志》及《郡齋讀書志》同。至《直齋書録解題》乃作十三卷，且引《館閣書目》言：「今本只十三卷。」殿本《易疏》朱良裘跋，謂廣羅舊本，得文淵閣所藏《易疏》殘帙，知孔疏、王注分六卷爲十卷，合之韓注三卷，而十三卷自備，緣注疏合刻之始，體例未定，故爾乖違。其説殊爲未審。至陳仲魚得八行祖本，亦十三卷，乃爲之説曰：「原本祇十三卷，今云十四卷者，殆兼《略例》一卷而言。」其説尤爲差謬。蓋孔氏爲王注作《正義》，於《略例》邢璹注未嘗加以詮釋，何緣併爲一談？今以宋本觀之，第一爲八《論》，第二《乾》，第三《坤》，以迄第十四爲《説卦》、《序卦》、《雜卦》，則十四卷之次第完然具存，然後知朱、陳諸君所由懷疑不決者，可不煩言而解。夫目不覩原刊，而虛擬懸測，以曲爲之説，宜其言之無一當也。至如嘉業堂刊本，源出東邦舊鈔，又經藝風老人手勘，宜其正定可傳。今開卷標題大書「《周易正義》十卷」，已爲巨謬，而校記跋尾叙述各卷編次，又復與宋本差違，殊難索解。若卷尾所列銜名，刊本失載，諒爲傳録所遺：斯無足詫也。

又按：此書雕刊年月，取本書列銜與《玉海》證之，正相符合。《玉海》卷四十三云，端拱元年三月，司業孔維等奉敕校勘孔穎達《五經正義》百八十卷，詔國子監鏤板行之，《易》

則維等四人校勘，李説等六人詳勘，又再校，十月板成以獻。今檢視銜名，勘官解損等四人，詳勘官李説等七人，而孔維實爲都勘官，且其後再列銜，維已改書守國子祭酒，疑此數月之中，校書官時有更迭，而維至進書時已擢守祭酒，故人數與官位咸有出入，非《玉海》誤記也。世傳此書爲北宋初刊本，乃據進書題端拱元年而言。兹詳檢卷中，桓、構等字皆已闕筆，則爲南渡後覆雕可知。考《玉海》載紹興九年九月七日，詔下諸郡，索國子監元頒善本，校對鏤版。十五年閏十一月，博士王之望請羣經義疏未有板者，令臨安府雕造。二十一年五月，詔令國子監訪尋《五經》三館舊監本刻版。上曰其他闕書亦令次第雕版，雖重修，所費亦不惜也。由是經籍復全。循是推之，則《五經正義》覆刊當在紹興九年以後，二十一年以前，再證以廟諱之闕避，雕工之姓名，刻書之風氣，益可推勘得實，正不必侈言北宋監本以爲重也。第有不可解者，《五經正義》既爲紹興中葉覆刊，則當日頒行必遍於各州軍學，以直齋之聞見廣博，爲時不越百年，顧於奉敕重刊經籍乃獨未之寓目，其所著録仍循十三卷之失，抑又何耶？豈其書已佚，已不可復得耶？嗟乎！以宋賢所未見之書，而余幸得私之篋笥，此蕘圃所矜爲奇中之奇，寶中之寶者，可以侈然謚之而無愧矣。

至於流傳之緒，可考見者，宋代藏俞玉吾家，有「林屋山人」、「石澗」、「讀易樓」諸印。明代藏唐伯虎家，有墨記一行。入清代則歸於季滄葦，有藏印二方，《延令書目》中所題

《周易正義》四册者是也。後歸徐星伯，有翁覃溪手跋一則，又題一行。别有「高松堂」及「莊虎孫」二印，其人無聞，意當在季氏之後，徐氏以前矣。若夫文字異同，當别爲校記，訂正刊行，俟諸異日。乙亥冬至後三日，識於藏園之長春室中。

宋本周易要義跋※

此《周易要義》宋刊殘本，存卷一、卷二、卷七至卷十，凡六卷。半葉九行，行十八字，白口，雙闌，版心上記字數，下記刊工姓名。宋諱貞、恒、桓皆缺末筆。刊工有李升、有成、時亨、文茂、安茂、游安、余才、余文、季清、余子文、汝能、仁壽、德顯諸人，或方、熊、程、唐、鍾等姓，或晟、之、慶、宣、君、禮、京、宜、共、老等名，各一字。首《周易要義序》，「序」字局本改爲「卷首」。載長孫無忌等上《六經正義》表，次目録。本書書名標題下記卦名，每條標目數字用陰文。各卷末有印記，其流傳端緒無可考見。檢孫慶增《上善堂書目》，有宋版《周易要義》五本不全，下注「汲古閣藏本」。其册數正合，疑即是帙，或毛氏藏印展轉失去耳。以江蘇局刻校之，訛奪至夥。兹舉卷一上所補各條於左。

按：宋臨印資政學士魏了翁撰《九經要義》，此其首帙也。方回《周易集義跋》言，鶴山先生謫靖州，取諸經注疏摘爲《要義》，又取濂、洛以來諸儒易説爲《周易集義》。是《要義》外尚有《集義》一書，今已失傳。朱竹垞《經義攷》備載諸經《要義》，而易類獨載《集義》，蓋誤以爲《集義》即《要義》也。張萱《内閣書目》載《九經要義》，而《周易》只題二册，不標卷數。葉文莊《菉竹堂書目》載《要義》五册，凡十八卷，今行世本乃祇十卷，疑葉氏並子卷記之，非有異也。卷一分上、中、下三卷，卷二至卷七各分上、下卷。獨近時丁氏《善本書室藏書志》作二十卷，殊不可解，豈編次不同耶？抑二字爲衍文耶？俟更訪詢之。

又：考此書各家書目所載多爲鈔本。如愛日精廬所藏爲傳是樓鈔本，今在海虞瞿氏。此外皕宋樓陸氏、帶經堂陳氏、善本書室丁氏咸爲鈔本。《四庫》著録據副都御史黄登賢家藏本，而按《提要》述及，知爲天一閣鈔本。惟《郘亭書目》言「郁松年藏宋刊本，最精」。考郁氏書籍多爲丁中丞所得，如《禮記》、《儀禮》、《毛詩》三經《要義》，《郘亭經眼録》咸著之，惟《周易》未知歸於何許。《提要》又言《周易要義》荷高宗御題，則進御者必爲宋本。然《天禄琳瑯》前後録皆不載，抑又何耶？朱竹垞言秦對巖太史有此書，然不言其爲刻本，疑亦傳録之帙耳。

余己未秋在廠肆文友堂書坊見有宋刊本五册，缺三、四、五、六凡四卷，心頗愛玩，而傾囊不足以舉之，因馳書告張菊生前輩，爲涵芬樓收之。余以江蘇書局新刻諸經《要義》所據多宋本，其校勘必臻精審，亦未以此帙爲瓌異也。頃以事南游，晤菊生於海上。其時涵芬樓已被兵燹，連棟高樓、萬函珍籍，一夕化爲煨燼。菊生手檢別儲之書幸逭於烽火者，編爲《燼餘書録》，已成經部、史部各二册，因舉以見示，朝夕相過，虚衷下問，商榷得失。適見述及此書，言足以補正新刊者，連行累葉，至不勝僂指。乃知光緒丙戌付雕時，此書所據爲一抄本，非如《毛詩》、《禮記》、《儀禮》三經有宋本足資勘證，故其訛脱滿紙，無能刊正。余爽然自失，深媿當日之粗疏，致令孤本祕笈失於交臂，爲足惜也。瀕行乃請於菊生，携以北還。塵鞅甫息，敵警頻傳。然嗜古躭書之癖，奮發不能自已，爰閉門澄慮，鋭力校得一册，補脱文十二則，咸疏行左方。適社友書來，督刊《題記》，乃録以付之。其餘卷所得，俟異時續爲刊布。卷尾小記並附志之。癸酉五月朔，藏園記。

余從涵芬樓假此宋刻殘本，載以北歸。時日軍迫近郊，飛機翔空，潞河隱隱聞砲聲，兵甲環城殆二十萬。居民惶駭，携家四出竄避，留者一日數驚。余兀坐危城，心情惡劣，殆不能堪。今日意緒差寧，迺重理筆硯，日未移晷，遂盡此卷。聊記之卷尾，俾後人覽之，知老人嗜書如命，雖倉皇戎馬之中，尚丹鉛不輟於手，其癡絶宜可笑，而其孤懷微尚亦良足悲矣。

癸酉夏歴五月朔，藏園老人鐙下記。

卷一上校記：其葉數行格照局刻本。

三葉下，四行，「以變者爲占」句下補二十八字：「故杜元凱注襄九年傳遇艮之八及鄭康成注易皆稱周易以變者爲占」。

五葉上，七行後有標目十五字：「七乾六爻子至巳謂正三五七九者非。」局刻在闌上。（凡字旁有△之字，原式俱作方框，圍在字外。）

九葉上，闌上有標目十五字：「十三大哉至利貞釋四德首出言聖人。」

九葉下，四行，「各能正定」句下補二十四字：「物之性命性者天生之質若剛柔遲速之别命者人所禀受若」。

十葉上，一行，「在衆物之上」句下補十四字：「最尊高於物以頭首出於萬物之上」。

十一葉上，一行，「説象不同」下補七字：「乾坤不顯上下體」。局刻在上闌。

十七葉上，闌上有標目十三字：「廿三凡卦亨貞連事起文者不數」。

十八葉下，一行，「而无悶者」句下補十四字：「言舉世皆非雖不見善而心亦無悶」。

十九葉上，闌上有標目十五字：「廿六以異於諸爻特稱易曰又云君德」。

十九葉下，六行，「此明九五爻之義」句下補十二字：「同聲相應已下至各從其類也」。

二十二葉下，闌上有標目十五字：「卅二爻爲人位爲時人不妄動時可知」。

二十三葉上，闌上有標目十三字：「卅三經惟言時舍注言時之通舍」。

張菊生手校本後有小跋二則，附録於此。

宋本原佚去卷首之末葉，頃游文友書坊，見壁上懸玻璃屏四幅，此缺葉乃赫然在焉，因假歸補校，又改訂四字。嘻！亦奇矣。意者當日坊友出售時，故抽取此葉，以爲影刊書式之用乎？癸酉五月晦，藏園傅增湘記。此跋在卷首第十二葉之後。

癸酉四月，自金華嚴州攬勝北還，道出申江，觀書於涵芬樓，因假此宋刊殘本，携回舊京，手自校勘。適菊生前輩亦有校本，遂并借來，以資核對。其字句偶有脱漏者，間爲補正一二。掃葉之功，昔人所難。此本經吾二人先後丹鉛，或較可信。即偶有奪遺，留爲後人思誤之一適，亦足爲我輩解嘲乎？大雪節，沅叔志於長春室中。此跋在卷十末葉。

書類

校金刊本尚書注疏跋※

金刊本《尚書注疏》，舊出清内閣大庫，祇殘本十卷，存卷六至十，卷十六至二十，余藏卷第十八殘本，乃沔陽張君庾樓所貽。半葉十三行，每行二十五字至二十九字不等，注雙行，三十五字，白口，左右雙闌，版心上方記字數，下方間記刊工姓名。每卷首並具孔穎達全銜，正義以陰文「疏」字別之，釋文附每卷後。余從北平圖書館假出，取北監本對勘，歷三月乃訖事，各卷匡繆拾遺，指不勝屈。其最著者，如《説命》中「惟天聰明惟聖時憲」一節，《孔傳》「法天以立教」下脱「臣敬順而奉之，民以從上爲治」十二字，其下節文及《正義》脱五十九字，設非得此本正之，則疏與注混，莫可究詰矣；《湯誓》《正義》「契始封商」下脱「湯號爲商知契始封商」九字；《無逸》「惟正之供」，《正義》「當正己身以供待」下脱「之也以身供待」六字；《多方》「代夏作民主」，《正義》「作天下民主」下脱「湯既爲民主」五字；皆賴此補完。至釋文奪佚尤多，如《無逸》後補「譸」字音釋十八字，《君奭》後補「散宜」音釋一百二十五字，《顧命》後補「夫人冒貢」等音釋二十四字，《吕刑》後補「剕倍差刖」等音釋五十八字，《秦誓》後補「仡仡」等音釋二十三字。其餘多不能悉舉。至如經注異文，多藉此糾正，證之山井鼎《考文》，與宋本十有八九合。丹鉛既竟，如薙榛棘而闢康莊，索冥途而得明燭，爲之欣抃無量焉。

《書疏》自來傳世者以十行本爲最古，然其版多出覆刊，又經正德修補，差失滋多，以致注、疏錯雜紛亂，爲世訾謷。自日本足利學校八行本出，始得盡祛其弊，惜流傳絶少，乾、嘉諸儒未見其書。余昔年曾見南皮張文襄家有宋刊全帙，與足利本行格正同，而非一刻，未知其孰爲先後也。嗣於故宫見宋建安魏縣尉宅九行本，寫刻俱精，附陸氏釋文，當爲十行本所從出，惜未得傳校。今觀金刻，其佳勝與宋刻悉符，意其付梓當在八行本以後，十行本以前。聞海虞瞿氏藏有全帙，異時當携此本登鐵琴銅劍樓，補勘十卷，以竟全功。江南塞北，烽火連天，未知何日得覩海宇清夷，快償夙願也！丁丑嘉平月，東坡生日記。

影鈔元刊尚書纂傳殘本跋※

影寫元刊本，題「後學王天與立大纂，集齋彭應龍翼夫增校」。存卷四至十、卷三十八至四十六，凡十六卷。半葉十一行，每行二十字，注雙行低一格。板式闊大，高九寸，寬六寸八分。摹寫精妙，闌界工細，有清初汲古、述古二家之風。

按：天與，吉安人，是書徧采諸家傳注，而折衷於晦菴、西山二家之説，與彭集齋往復訂正十四、五載而後行世。大德中，鄞人臧夢解得之，上於朝。至大元年，其子振因字畫缺漫，補葺以傳。然行世甚稀，諸家著録多不及。明李中麓藏有元刊本，愛日精廬張氏《續志》有影元鈔本，前録自序及劉辰翁、彭應龍、劉坦、崔君舉諸人序，其子振別附跋語。徐健菴曾刻入《通志堂經解》中，然板匡縮小，行格亦經改易。何義門批目云：李氏元刻最精。殆指中麓所藏而言。此帙影摹極肖，字大悦目，則元刊之精善可知，意即張氏藏本歟？雖殘佚過半，要以罕見爲珍矣。丙寅除夕檢書記之，藏園居士。

詩類

題元本韓詩外傳

《韓詩外傳》向無宋刻，即元刻亦極罕覯，近代藏書家如瞿、楊、丁、陸諸氏皆無之。余昔年欲校此書，訪求元本，不可得見。嗣於齊年方地山家假得黄蕘圃校本，即陸東蘿所臨者。其元本原缺九、十兩卷，因取薛氏芙蓉泉書屋本移録一過。後又别得校本，始克補完，蓋訪古若斯之難也。丁丑歲在滬上，吴梅庵以翻元本見贈，楮墨精雅可愛，猶以未得見真元本爲憾。今承張君子厚以新收此書見示，爲袁綬階舊藏，正吴氏覆梓之底本也。三十餘年夢想不得者幸而獲償，展玩之餘，歡喜無量，君其寶之！異時若能以珂羅版摹印傳世，俾學者得親見古槧，其爲功於書林豈不偉哉！余又聞趙味辛校刻是書依元本勘定，然詳核之，與元本乃多不合，蓋所見者仍是野竹齋之覆至正本耳。由是證之，則元刻之珍祕蓋可知矣。癸未八月二十六日，沅叔傅增湘識。

元本韓魯齊三家詩考跋※

《詩考》六卷，王應麟著。元刊本，半葉十一行，每行二十二字，黑口，四周雙闌。前有景定五年古涪文及翁伯學序，次應麟自序，次延祐甲寅胡一桂序。初印精湛，楮墨皆佳。以張金吾《藏書志》考之，知爲胡氏《詩集傳纂疏》所附刊，有「泰定丁卯仲冬翠巖精舍新刊」木記在書目録後。是帙爲海源閣舊藏，《楹書隅録》所著録。有「元本」腰圓朱文印，「汪士鐘藏」白文印。楊氏協卿盛稱此本異同頗多，而詆《玉海》通行本舛謬百出。余頃從主人假出，以浙刊本勘之。《玉海》本通爲一卷，此則《韓詩》、《魯詩》、《齊詩》、《逸詩》、《詩異字異義》、《補遺》爲六卷，當是王氏舊第如此。至文字異同，僅有《韓詩》「韓奕幹正也」下多「謂以其義非而正之」一句爲勝。此外則脱句佚文，觸目皆是。《異義異字》一卷中脱失至一百二十條，《逸詩》一卷中脱失十三條，疑爲胡氏妄加删削，是遠在《玉海》本下，與楊氏所云正相反也。目後有《三家傳授圖》一幅，《玉海》本無之，意必胡氏所增。至文及翁序各本皆不見，賴此本補出，殊爲可珍，楊氏轉不置一詞。而余正編《兩宋蜀賢文鈔》，方憾伯學之文特爲寥落，獲此尤喜出望外也。

按：胡氏《纂疏》元刊本流傳頗多，昔年在廠市曾見兩部，昨游日本，於前田侯爵尊經閣中亦覩一部，頗爲精善。然以其書不爲學者所重，故世皆不甚珍之。今協卿聞見未廣，於校讐未嘗致力，偶儲殘帙，特自矜異，且以未覩其全深爲惋惜，頗有敝帚千金之意。若悉心勘讀，將不待終篇而已惘然自失矣。

監本纂圖重言重意互注點校毛詩跋※

《毛詩鄭箋》二十卷，宋刊本，半葉十行，行二十八字，注雙行二十四字，黑口，四周雙闌，板心記刊工姓或名一字，左闌外記篇名。首行標題如上。次行低一格，題「唐國子博士兼太子中允贈齊州刺史吳縣開國男陸德明釋文附」。三行頂格題「周南關雎詁訓傳第一」。又次行低一格夾注釋文，後接「毛詩國風」，夾注釋文，接「鄭氏箋」，夾注釋文。次提行詩序起。序後空一格即接本經，不提行。凡經文下夾行，先注，次箋，次釋文，相連而下。惟重言重意加圓圍以別之。每詩句讀加小圈。宋諱避至愼字止，間亦有不避者，蓋坊肆所刊，未盡謹嚴也。字體工麗，鋒稜聳峭，審爲建本之至精者。且標明監本，則源出胄監，其點校當爲有據。前附《毛詩圖譜》五葉，《四詩傳授圖》一葉。收藏印記有「王祖嫡印」、「辛未進士」、「師竹山房藏書私印」、「求古居」、「三十五峯園主人」諸印。考祖熵字胤昌，山東德州人，河南信陽衛官籍。明隆慶辛未科三甲進士，與黄洪憲、吴中行、郭子章、王象乾爲同榜。授翰林院檢討，歷官國子司業、洗馬、侍讀。有《師竹齋集》三十七卷。「求古居」爲黄蕘圃印，餘五印則汪閬源所鈐也。

按：纂圖互注本始於南宋，羣經多有之。余生平所見者，如《論語集解》二卷，見楊惺吾《留真譜》，今歸李木齋師。《尚書孔傳》十三卷，見繆藝風《藏書續記》，得於日本西京芳華堂。《禮記鄭注》二十卷，爲汲古閣舊物，余得之琉璃廠文友堂，今儲雙鑑樓中。《春秋經傳集解》三十卷，見丁氏《善本書志》，今歸江南館。以上四書皆題「監本纂圖重言重意互注」，惟《尚書》及《毛詩》有「點校」二字。亦皆十行十八字，《左傳》爲十行二十字。其餘句讀、加圈、左闌有耳、板式、邊闌無一不同，證以《毛詩》，亦咸脗合。是此五經必爲同時同地開雕，毫無疑義也。至《周禮》則曾見四帙。一爲袁寒雲所藏，盛伯羲故物。一爲李木齋師所藏，一爲陸存齋所藏，一爲常熟瞿氏所藏，皆爲十二行本。見於著録者如吴氏拜經樓、陳氏《經籍跋文》，雖未見原書，然亦十二行本，與此非一家眷屬矣。

若以《毛詩》考之，同爲纂圖互注本，其行格亦多有異。如張月霄愛日精廬所藏爲十二行二十一字，陳仲魚《經籍跋文》所見爲十二行十八字，楊氏海源閣所藏二帙，一爲巾箱本，十三行二十四字，一爲十行十八字，咸題「纂圖互注重言重意」，併此本計之，是宋時此書已經五刻矣。仲魚所謂經生帖括之書，故一時風行坊肆，争相傳刻，遂流布廣遠如是耳。顧此書雖屬坊本，然槧工精麗，與麻沙陋刻迥然不同。仲魚謂其原於監本，斯爲可貴。

兹取閩、監、毛本及通行本勘之，開卷序文中「關雎后妃之德」下，有「舊解云三百一十一篇」至「以無所疑難故也」凡一百六十三字。又「用之邦國焉」下，有「風之始」至「並是此義」凡三十六字。皆《經典釋文》原文，而誤混入箋中。是鄭君所述乃自稱「鄭注」、「鄭譜」云云，豈非笑端。設無宋本對勘，安知其謬亂至於此極耶！《張志》云，箋傳無標題，箋以「箋云」冠之，無傳者亦無標題。上舉兩節，正是無傳之箋，因無標題二字遂以致誤耳。其餘經文中，如仲魚所列諸條，《鄘風》「終焉允臧」不作「終然」，《衛風》「如切如瑳」不作「如磋」，「遠兄弟父母」不作「遠父母兄弟」；《魏風》「不我知者」不作「知我」；《唐風》「弗洒弗埽」不作「弗掃」，「白石粼粼」不作「𡿺𡿺」，「碩大且篤」不作「實大」；《秦風》「鴥彼晨風」不作「鴪彼」；《小雅》「宜爾家室」不作「室家」，「它山之石」不作「他山」，「朔月辛卯」不作「朔日」，「維曰于士」不作「予仕」，「鞫爲茂草」不作「鞠爲」，「亂如此幠」不作「此憮」，「維暴之云」不作「誰暴」，此本皆與之合。其餘尚多，不及枚舉。若其傳箋之訛舛，釋文之奪誤，此本視通行本匡正尤多。惟卷中加入各例，凡采《左傳》、《三禮》有及於《詩》者爲互注，標詩句之同者爲重言，於篇目相同者爲重篇，詩句相似者爲似句，不免沿塾儒坊賈之陋習。然溯其源流，標明監本，當即出於岳倦翁所稱監中現行本者，故其佳勝遠邁流俗如此也。

是帙第五、六、七三卷原闕，影寫補完，似爲美玉之微瑕。然紙墨精湛，字體姸麗，以蕘圃題跋考之，知爲黄氏借陳仲魚藏宋本所摹寫，其所改「淫」字審爲蕘翁手筆。木瘻犀通，雖病而適增其美。洵煉石補天之妙手，正不得以殘缺少之。考海源閣藏本，其一祇存十一卷，其一祇存三卷，愛日精廬所藏亦鈔補四卷，且未知散落誰氏，是此帙之初印精善，斷爲天壤孤行之祕笈矣。世有真賞之士，寧可以纂圖互注坊本而忽視之哉！癸酉二月初八日，藏園居士記。時大雪初霽，園林皎然，玉潤珠暉，清光襲入几案間，與冷淡生活之趣相映發。笳鼓嚴城中，乃有蕭然物外之想，吁！可樂也。

題詩經世本古義※

元子此書以知人論世爲主，徵引傳記，牽合史事，舉全經篇次而以己意更張之，可謂悍然無忌矣。清高宗《御製文集》載有此書跋語，斥其不師古訓，妄興異義，索隱行怪，不可爲訓，正宜束之高閣。《四庫總目提要》亦舉其臆造諸説，以爲「大惑不解」。然文淵閣中仍予著録，則以其學問博通，引援賅洽，説《詩》者可資取材，故終不能廢棄也。柳泉發憒爲之重定目次，俾復《三百篇》之舊，既以挽元子改竄舊次之失，而後之閲者亦便於檢尋，一舉而兩善備，自詡爲元子功臣，洵不誣矣。

柳泉經術湛深，著作閎富，四明人士推爲儒宗，羣經皆有撰述，言《詩》者有《詩音通》、《山中學詩記》二書，不審有無刊本。生平藏書六萬卷，燬于兵火。晚年又收得三萬餘卷，身後亦復散佚。光、宣之交，估客自南中捆載而來，故廠市多有其遺籍，雖無宋元古刻，然鈔校本頗有精善者，余往時收得數種，印記宛然。此書據其手跋，乃其煙嶼樓故物，散出後展轉收得者，舊友重逢，忻慰可知，宜其手加訂治，跋尾至于三四而不憚煩勞也。壽林夙治《詩》學，得此柳泉晚年訂本，什襲寶藏，可云物得其所。柳泉有知，其喜付託之得人乎！

禮類

朝鮮刊本纂圖互注周禮跋※

朝鮮古刻本，半葉九行，行十五字，注雙行同，白口，四周雙闌，上下魚尾有白花文。

首序《周禮》廢興，次《周禮正義序》，次篇目，次《禮圖》，自《王國經緯圖軌》至《傳授圖》，凡二十七幅，圖下皆附説。篇中鄭注後附陸德明音義，後附重言重意，以白文標異之。

案：《周禮》纂圖互注宋刻本余曾見三部，一爲盛伯羲意園所藏，後展轉歸於袁抱存公子，今則爲慈谿李贊侯所有；一見於翰文齋；其一則忘之矣。大率十二、三行，中板式，前有圖數葉。又見有明代翻本，出何蝯叟家，則版式較大。此朝鮮本亦爲明時所刊，以《禮圖》及重言重意證之，亦出宋時坊刻也。昨歲游日本，在東京文求堂書肆見之，喜其氣味古拙，因以廉值得之，以備《周禮》之異本焉。國曆元月三日記於香山松雲別墅。

頃來沽上，謁德化李椒微師，見所藏宋刊本《周禮》，半葉十一行，行二十字，注雙行二十七字，細黑口，四周雙闌，版心間記字數。每卷後記經若干字，注若干字，音義若干字。首卷有圖二十四葉，自《王畿邦遂地》起至《傳授圖》止。篇中亦附重言重意，但標題仍爲「周禮卷第一」，不加「纂圖互注」耳。收藏有「陳于王印」、「緯蕭草堂藏書記」、「爰兑賢印」、「子固」、「賁聞」、「□毓」、「瞿嘉」、「張葆采字實父」、「葆采」、「張敦仁讀過」、「廣圻審定」、「江都汪氏孝子祠考藏印信」、「汪喜荀印」、「孟慈」、「喜荀審定」、「萬玉樓」諸印。此本視前見各本版式爲寛展，摹印特精，因附志之。

朝鮮活字本附釋音周禮注疏跋※

朝鮮活字本，半葉九行，每行十七字，注雙行同。前賈公彦等《周禮正義序》，次序《周禮》廢興。本書次行低一格，題「朝散大夫行太學博士弘文館學士臣賈公彦等奉敕撰」，次題「國子博士兼太子中允贈齊州刺史吳縣開國男臣陸德明釋文」，次頂格「天官冢宰第一」，下空二格，題「周禮」二字，又空二格，題「鄭氏注」三字。疏以陰文大字標明，附音在注後，以墨圍隔别之。卷尾標題距本文三行。卷首末有朝鮮人題記如左：

嘉靖三十一年三月　日

内賜司憲府持平任輔臣《周禮注疏》一件

命除謝

恩

右承旨臣洪　押

首葉鈐「宣賜之記」朱文大印。又有「心茂之印」、「松生」、「希琴叠硯齋藏書印」各印。

按：朝鮮活字版創鑄於太宗朝癸未，嗣後有庚子字、甲寅字、生生字、整理字，源流詳《國語跋》中。案洪氏跋爲嘉靖三十一年賜本，當彼國明宗九年，其印行或在永樂之初。

考彼國太宗時，以經筵古注《詩》、《書》、《左傳》爲本，命判司平府事李稷等鑄十萬字，是爲癸未字。是書字體波折猶有明初遺風，且既印諸經，則《周禮》自在續開之列，其爲癸未字所印殆無疑義。至正、嘉以後，則結體漸就整束矣。余所藏朝鮮古活字本，小字者有《南唐書》、《文中子》、《白樂天集》，疑爲庚子、甲寅字所印。大字者有《後山詩注》、《山谷詩注》、《韋蘇州集》、《海東諸國記》諸書，其體視此書略大，然不及其疏古也。標題爲「附釋音」，則亦出於宋十行本，第五、六卷疏中多空白處，或爲宋本漶漫處。然寧聽其空缺，而不加填補，具見彼邦學者之矜慎，不似明人刻書之鹵莽也。禮失求諸野，有以哉！丙寅臘月既望，購於廠市，載歸就雪窗展觀，記其顛末，呵凍書之。藏園主人記。

校宋刊本鬳齋考工記解跋

《考工記解》上下卷，宋刊本，半葉十行，行十八字，白口，左右雙闌，板心上記字數，下記刊工人名。有「晉府書畫之印」、「燕超堂書畫印」、「吳郡趙頤光家經籍」、「乾隆御覽之寶」諸印記。昔年見於廠市，展轉爲慈谿李湛侯所得，昨日假來，竭二晨之力，對勘一遍。改正數十事，篇中墨釘亦填補十餘字，其釋音下卷較正更夥，篇末至補入脱文八行，尤爲愉快。昔何義門謂汲古宋本有闕葉，應訪求補全，兹本下卷空缺字雖亦屬爛板，未能補齊，而其裨益則已多矣。乙丑五月初三日記。

釋音下，通志堂本脱文八行，録如下：補訓字疑似之前聲。

敝如字又扶哲切　奠定　濔醮　易去洽聲　艾
蟾苫　絮女居反　需軟　疏踈　數
校絞　紲泄　茭繳又爻上聲　解厂賣反
橋矯又音考　燂潛又音尋　鬻章吕反
又色例反　羽扈　堂撐又障又尚　勝升
筋斤　邸底　漆七　蚪庚　中去聲
射石　環如字又户串反　蕡扶文反　斥
覆福下同　幹干去聲

重校查初白藏宋本鬳齋考工記解跋

此書四年前曾假慈谿李氏藏本校定，補《釋音》卷下脱文八行。頃於廠肆邃雅堂見一宋刊本，其中延祐四年補刊者三十六葉，版多斷爛，字迹模餬，遜李氏本遠甚。然重其爲查初白先生藏書，卷首有先生手跋三行，因携歸詳記於册子。及逐葉繙閲，乃驚喜過望，其《釋音》卷上「函人」以下九行，通志堂本既失刊，李氏宋本亦脱佚，爰手寫附入。昔蕘翁校書，必聚數本，今同一宋刊，且印行較後，宜無足取矣，然細心披檢，其佳勝乃出意表。後之學者宜以蕘翁爲法，慎毋輕心掉之也。初白跋語録如左方。己巳三月，藏園記。

林希逸字肅翁，又號鬳齋，福清人。乙未吴榜，由上庠登第，凡三試皆第四，真西山所取士也。是歲以《堯仁如天賦》預選，時稱「林竹溪」。周草窗《雜志》中載其登第事甚詳。查慎行手識。

《釋音》上，通志堂本脱文九行，録如下。補入《函人》後。

鮑如字平聲或作鞄音朴　荼徒　卷捲　摶直轉除面二反　沲移

著張入　腥渥　需軟　信申　帴翦又音淺　瓾吞又音鄰

韗人

韗運　陶或爲鞠徒刀反　句勾　聞問

鐘氏

湛漸染之漸　纁勳　緅鄒又祖侯反

幟氏

幟芒　湅練　説稅　漚鷗去聲　暴蓬入聲　欄練又音蘭　渥去聲

淳諄　淫鄭云淫薄粉之令帛白杜子春音湼　盝鹿

輯本朱申禮記句解跋※

此四庫館原本，蓋乾隆三十八、九年戴東原從《永樂大典》各韻中采輯而得，並依《禮記》篇目排比成書。今以《大典》目録證之，如弓儀居喪各字簽出卷數，與目録悉合，惜序跋佚去，不克依原書編定卷數耳。考朱申所著有《周禮句解》十二卷，《四庫》據天一閣藏本著録；有《左傳句解》三十六卷，列於《四庫存目》；《孝經句解》一卷，刻入《通志堂經解》中。以此推之，是朱氏於羣經皆有句解，今所存者祇此數耳。惟《左傳》、《孝經》二書皆題元人，《四庫提要》言，李心傳《道命録》有淳祐十一年新安朱申序，結銜爲「朝散大夫、知江州軍州、兼管内勸農營田事。」余更考宋刊《輿地廣記》卷末，亦有「淳祐庚戌郡守朱申重脩」一行，疑著書者當即是人，《存目》及錢氏《補志》題作元人者誤也。

至此書既采輯成書，而《四庫》未收，《存目》亦不載，頗難索解。余曾見杜諤《春秋會義》一書，既經館臣編竣，復以精楷繕録正本，裝潢成帙，並標題「四庫全書」，然迄未見録。

蓋當時仰承上旨，急於觀成，程期嚴急，衆手雜進，以致或編定而不及繕清，或繕完而未經進覽，卷帙既富，罣漏遂多，非有權衡去取於其間也。

此書舊藏徐梧生監丞家，後歸其壻史太史吉甫，余曾就其家觀之。同時輯出者，尚有彭氏《禮記纂圖彙解》十二册，亦東原所手編。頃爲東邦羽田亨君所收，屬爲考定，爰就聞見所及，粗舉大要以報之。戊寅九月，藏園記。

春秋類

宋撫州本春秋經傳集解殘卷跋※

此宋刊《春秋經傳集解》爲《天禄琳瑯後編》著録之第二本，存第一第二，凡兩卷。半葉十行，行十六字，注雙行二十三、四字，白口，四周雙闌，板心上記大小字數，下記刊工姓名，補刊各葉有「癸丑刊」、「壬戌刊」、「癸酉刊」等字。原版刻工爲黄珍、陳中、余定、鄭才、周辛、余彦、周新、余安、鄧成、阮升、陳辛、劉永、陳祥、張太、李高、俞先、李三。癸丑刻工爲高安國、范從、陳浩。癸酉刊工爲詹奐、伯言、黎明、志海。壬戌刊工爲王彦、祝士正、吴仲、思敬、余章、劉明。首題「春秋左氏傳序」。序後直接本書，題「春秋經傳集解隱公第一」。次低五格，題「杜氏」二字，下空三格，題「盡十一年」。注後不附釋文。宋諱殷、讓、玄、匡、胤、貞、吉、桓、構、慎，皆爲字不成。卷末題春秋卷第幾，下雙行注經若干字，注若干字。收藏有「白拙居士」白文印，「淵之私印」朱文印、《天禄目》以爲潘耒者誤。又「乾隆御覽之寶」、「天禄琳瑯」、「天禄繼鑑」、「五福五代堂寶」、「八徵耄念之寶」、「太上皇帝之寶」，與《天禄後目》所載都合。原書今尚存昭仁殿中，余領故宫圖書館時曾躬檢得之，此首二卷不知何時流出，余昔年得之東華門外橋畔冷攤者也。

考《天禄後目》以爲此乃真宋監本，並舉其證有四：不附入音義，一也。自序後連卷一，不另篇，二也。闕筆謹嚴，如桓二年「珽」字，諸書從未見避，三也。明傳刻監本誤字一一無譌，四也。余以此二卷勘之，與其説咸合，然定爲監本則非也。以余觀之，乃撫州本耳。撫本傳世諸經有《公羊》何《注》，今藏涵芬樓，《禮記》鄭《注》，藏海源閣，余皆獲見原書，其版式、行格無一不同。余别藏《禮記釋文》殘卷，不獨行款同，其版心標某年重刊亦同，刀法尤酷肖，刊工中相同者，有吴中、嚴思敬、高安國、伯言四人，則審爲撫州開版固毫無疑義矣。

余以明覆岳刻本校之，亦頗有改訂，如隱元年，《經》注「言段强大儁傑」，「大」不誤「夫」。二年，《經》「紀裂繻來逆女」注「他皆放此」，不奪「皆」字。三年，《經》「天王崩」注「以懲臣子之過也」，「懲」下無「創」字。《經》「宋公和卒」注「故來赴以名」，不奪「來」字。四年，《經》「翬帥師伐鄭」注「而已之卿佐」，「已」下無「國」字。五年，《傳》「而行八風」注「而叙其情」，「叙」不作「序」。七年，《經》「齊侯使其弟年來聘」注「例在襄元年」，「元」不誤「九」。八年，《經》「蔡侯考父卒」注「諸同盟稱名者」，「諸」下無「侯」字。《傳》「不祀泰山」注「鄭以天子不能復巡守」，「守」不作「狩」。十年，《傳》「宋人、衛人入鄭」注「承虛入鄭」，「承」不作「乘」。桓二年，《傳》「遷九鼎於雒邑」注「時但營雒邑」，「雒」不作「洛」。三年，《經》「日有食之」注「而以自食爲文」，「文」下無「者」字。六年，《傳》「少師得其君」注「抗衡中國」，「抗」不誤「杭」。「以致其禋祀」注「禋絜敬也」，不脱「也」字。十二年，《傳》「苟信不繼」注「情疏而憾結」，「而」不作「則」。十三年，《經》「冬十月」下無「無傳」二字。十四年，《經》「御廩災」注「奉粢盛之倉也」，不奪「也」字。十六年，《經》「城向」注「又推校此年」，「推」不誤「椎」。十八年，《傳》「師於首止」注「東南有首鄉」，「鄉」不誤「卿」。雖單詞隻字，而皆可以資考訂之用，若獲全書詳勘，當別有佳勝也。藏園記。

《春秋左傳》岳刻大字、淳熙小字爲最近古，二刻以有明覆本，流傳較廣。其不附

《釋音》者，惟日本官庫之興國軍本、歸安陸氏之蜀大字本，均在海外，不可得見，其它蓋無聞焉。此本避諱至慎字止，自是乾道、淳熙間所刊。其重刊之葉，標明癸丑者當爲紹熙四年，壬戌爲嘉泰二年，癸酉爲嘉定六年。玩其字體結構，刊雕刀法，頗爲相合，而半葉十行，每行大字十六，小字二十四，與淳熙四年撫州公使庫《禮記》正同。沅叔得此，審爲撫州，良不誣也。撫州本傳世者，《禮記》外聞有《公羊傳》，得是本堪與鼎峙，雖殘珪斷璧，亦當球圖視之。癸酉小寒後八日，盛鐸記。

明翻宋本春秋集傳纂例跋※

明翻宋本，半葉十二行，行二十二字，白口，左右雙闌。前有陸淳自序，下接總目，每卷前又附目録。收藏有「吴城」、「敦復」、「羅以智印」、「鏡泉」、「江東羅氏所藏」、「郭宗泰印」、「友梅」各印。

此書舊爲同年曾剛父右丞習經所藏，書衣題識四則，兹録如後：

唐人説《春秋》者，存啖、趙兩家而已，盧傳不傳。皆纂自陸淳。此外有《春秋微旨》三卷、《春秋集傳辨疑》十卷，皆兩家之説。此當爲明刻，尚精好，惜僅此種耳。

《提要》稱此書爲掊擊三《傳》之始。然箴膏肓，起廢疾，發墨守，何鄭相難，並其先例。三《傳》自有得失，亦自有公論，詬争殆可不必。後來盧玉川所爲束之高閣，獨抱遺經究終始也。

書内《脩傳終始記》於啖稱先生，於趙稱夫子。於《重脩集傳義》内稱「淳秉筆持簡，侍於啖先生左右十有一年。」故《提要》稱陸淳釋其師啖助、其友趙匡之説。然淳自謂請益二門，則似俱以爲師。故書中引兩氏之説，曰「啖子」、「趙子」，特未審先生、夫子之稱若何分别耳。

亭林鈔書自序云：「今年至都下，從孫思仁先生得《春秋纂例》、《春秋權衡》、《漢上易傳》等書。清苑陳祺公資以薪米紙筆，寫之以歸。」然則此書在國初亦難得之本矣。

《何義門家書》内稱：「龔家刻春秋三書，其實但有《纂例》，板亦燬矣。偶遇《春秋微旨》萬不可錯過，此書迺經書之寶也。」云云。此本未審是否龔刻，然此書在國初真難得之物也。

按：此書宋時慶歷間有朱臨刻本，見《天一閣書目》；有蜀刻小字本，見《袁清容集》；金時有平陽府刻本，見《吴淵穎集》，元時有江西刻本，今皆不傳。此本狹行密字，疑從蜀出也。陸存齋引《經義考》言：「明嘉靖中吳邑令晉江汪旦刻本有華察後序，此本字體與嘉靖吳中所刻《唐文粹》、《藝文類聚》一例；或即汪旦本而失察序歟？」其推測殊爲精當，但余得此本亦無華序矣。至存齋所舉明本勝龔刻處，補脱文十五條，近二百言。余以新得龔本證之，所言皆合。此外異字尚難以枚舉。存齋謂龔本疑出元刻，視蜀本自遠不如。其後武英殿聚珍本、經苑本沿訛踵謬，與龔刻同，而又甚焉，則更不足置論矣。

明寫本春秋權衡跋※

《春秋權衡》十七卷，宋劉敞著。何義門手勘《通志堂經解目録》云，孫北海有宋本，惜未遵行款。是通志堂本不出于宋刊明矣。邵位西謂吕鶴田家有宋本《權衡》，紙板甚寬大，半葉十三行，行二十二字。今亦不知流轉何許。王漁洋《居易録》云，康熙乙巳至青州，與張杞園觀書市中，見《春秋權衡》，乃衡府高唐王號岱翁物，朱檢討從而借鈔。今江南圖書館所藏即朱本，然高唐王本之爲刻爲鈔，漁洋未言及也。

頃於徐司業家得明寫本，十二行二十字，前有淳熙十三年曾姪孫𪀚從刻書跋語，蓋録板於瑞安縣學者也。卷中敬、恒、桓、完、構、慎皆爲字不成，構字率占二格，當是注「太上御名」四字，蓋淳熙十三年丙午高宗猶在德壽宫也。審其行格，決爲影宋槧本無疑。以通志堂本校之，如卷三，《左氏》莊公十九年「公子結媵陳人之婦于鄄」條，「國家不利」句下脱「也社稷不安國家不利」九字；卷十《公羊》九年「公及齊大夫盟于暨」條，「諱與大夫同盟也」句下脱「使若衆然若諱與大夫盟没公足矣今不没公非諱與大夫盟也」二十五字；卷十二《公羊》定公十二年「晉荀林父帥師及楚子戰於邲」條，「爲不敵君」句下脱「此林父以見名氏爲不敵君」十一字；又成公「衛人來媵」條下，脱「九年季孫行父如宋致女公羊説與納幣同亦非也」一條二十字；卷十三《公羊》昭公二十七年「吴弑其君僚」條，「天下之公義」句下脱「也以天下之公義」七字；卷十五《穀梁》莊公九年「齊人殺無知」條，「無知又非大夫」句下脱「而以殺大夫」五字；卷十七《穀梁》成公十六年「刺公子偃」條，「不訊於羣」下脱「臣不訊於羣」五字：皆賴此本補完。其餘單詞片句咸有關考訂。通計全書改正至五百六十餘字，可謂多矣。

或疑此本行款與《邵氏書目》所記呂鶴田家藏本不同，恐非宋本之舊。不知此書元祐間奉旨刊行，當時即有吴、蜀、江東西各處刊本，此見于本書龜從跋中。呂本十三行者必爲北宋吴蜀諸本之式，此則直據淳熙丙午温州瑞安縣學所鋟梓録出，故避諱亦至慎字爲止也。

收藏鈐有「世學樓藏書記」、「陳書崖讀書記」、「天都陳氏承雅堂圖籍」、「陳氏藏書」、

「子孫永寶」、「新安陳氏校定典籍之章」諸印。末有墨書「嘉慶二十有三年訪陽城張子實于京華城西僧寺獲攬是册因記」二行,不署何人。陽城張氏則决爲古餘。具見自明以來諸家流傳之緒,與互爲珍重之意,洵可謂希覯之祕笈矣。己巳十一月自日本回國,行裝甫卸,即奮筆校勘,先後凡九日而畢。沅叔手記。

四庫館寫本春秋會義跋※

昔年於琉璃廠翰文齋見有寫本《春秋會義》四十卷,宣紙朱闌,大楷工整,首行標「四庫全書」,其行格字數亦與今七閣本無異。撰人題「宋鄉貢進士江陽杜諤」,前有自序及任貫序,貫亦蜀人。余重其爲鄉賢著述,欲購藏之,緣諧價未成而罷。原書有魯人鄒道沂跋,言此爲《永樂大典》輯出之本,得之京師廠肆。然考之《四庫全書總目》,則未見其書,意當日擬進而漏未收入者也。嗣晤宗人治薌,言是書光緒時山東有新刻本,因以一部見貽。取而觀之,乃知爲孫君葆田所刊,即從鄒氏藏本録副者也。考是書宋時晁、陳二家書目均載之,明永樂中修《春秋集傳大全》尚采及杜氏説,至朱錫鬯著《經義考》,遂言其已佚,蓋自明以後久無傳本矣。四庫開館時,此書爲楊太史昌霖所輯,第輯成後復經繕録正本,而忽爾見遺,未解其故。設非鄒氏出其祕藏,孫氏付諸剞劂,將煌煌鉅帙或長埋於塵氛蠹屑之中矣。

孫氏校刊時曾撰校例十則，盛推其博洽，至謂此書在《春秋》部中猶《禮記》之有衛正叔《集説》焉。其序文詳考此書源流，惟祇引《郡齋讀書志》、《書録解題》二書，其他别無佐證。余偶閲徐星伯《宋會要》輯本，其《崇儒門·求書類》有一則云：「紹興二年十月十九日，右司諫劉棐言，『臣少嘗游蜀，見眉州進士杜萼萃八十餘家《春秋》之説，而又自立説以自斷之。願詔宣撫處置使司上其書各十部，留之禁中，頒之經筵，賜祕書省、國子監等處』。詔：『劄與張浚，如有本，令津發前來。』」云云，以此證之，此書在宋南渡初已有盛名，且經進御矣。惟所言八十餘家之説，今以編中引用諸書考之，自《左氏傳》以次祇三十二種，又劉向、劉歆、鄭康成、潁子嚴、歐陽氏、蘇氏諸家，初無八十餘家之多。而晁、陳二目俱稱所引凡三十餘家，與今書正合。然則劉棐所言或傳聞未審歟？抑杜氏成書時有所删訂歟？余喜於此書得一佳證，足補孫氏之所未備，故詳述於後。聞鄉人方纂《通志》，異時當録以遺之，爲蜀中著作增一故實，毋令窮經好古之士終於泯没而無聞，斯亦吾輩之責也。

按：《四庫》鈔本爲四十卷，孫氏付刊時仍編爲二十六卷，以符杜氏之舊第。鄒君道沂原籍江西，以隨宦山左，遂占籍聊城。光緒戊子科中式山東鄉試舉人。余曾觀盛伯羲藏書，其明鈔《國朝典故》中，《天順日録》卷四後有「弟子鄒道沂校」一行，知爲意園典試山左所取士。觀於網羅古籍，耽嗜校讐，薰習師門之遺風，亦近代雅流也。壬申嘉平月記。

明鈔春秋五論跋※

此明寫本，棉紙，藍格，半葉十行，行二十字，十年前得之琉璃廠文友堂書肆者。按此書宋吕大珪撰，《四庫》著録，附於《春秋或問》後。《通志堂經解》收之而未言出於何許，余取與兹帙對勘，通計二十餘葉中改訂乃至五十字，爲之欣愉不已。

舉其要者言之，如一葉「其於君臣之義」下補「或未明也而吾聖人則一正之以君臣之義」十七字；五葉「而行周公之典禮」下補「以周公之典禮」六字。此外，如《論一》「禮樂征伐之無所主而已也」，「主」不誤「出」；「夫子匹夫也」，不脱「也」字；「大抵學者之患」，「患」不誤「失」。《論二》「葬宜書日也」，「葬」不誤「奔」；「危之隱之可也」，不誤「隱也」；「遷戍襲奔」，「戍」不誤「成」；「前目而後凡者」，「目」不誤「日」，「凡」不誤「月」。《論三》「所謂明分義者」，「明」不誤「名」；「明因會伐而如京師」，不誤「會我」。《論四》「晉楚之從交相見」，「從」不誤「後」。《論五》「爲人臣而稱以向闕」，「人」不誤「大」；「而休又從爲之説」，「又」不誤「之」；「録戎者」，不脱「者」字。此咸於義例有關。昔人云，讀書一字不可放過，良有以也。

書衣有朱筆跋二行云：「明鈔本，有『滄葦』朱文方印，乃季振宜藏書也。紙色、墨色古香可愛。」下署「北堂」二字。卷中鈐有「滄葦」、「昌平王氏北堂藏書」、「蕙鈴」、「孝廉方正」各印。

按：王蕙鈴字北堂，昌平人，舉孝廉方正，喜收羅古籍，與龔定菴友善。余曾收得元十行本《穀梁傳注疏》、明雙栢堂本《越絶書》，皆北堂所藏而定菴爲之題識，蓋亦北京嗜學之士。然時不越夫百年，地不出於郊畿，而幽燕之間已無有稱道及之者，故余附記於册尾，聊以見此書傳授源流，無使有名氏翳如之歎，且冀他日言燕京藏書家事者得所采擇焉。壬申二月清明前二日藏園老人記於鳳阿丙舍。

春秋傳注跋※

是書爲烏程嚴啓隆開止所著，凡三十六卷，舊寫本，九行十八字。缺第九、第十、第十一，共三卷。鈐有「周春」、「松靄」、「芚兮」、「松靄藏書」、「臨安志百卷人家」、「吳重憙印」、「中嶧」、「石蓮闇藏書印」諸印記。卷首有康熙戊子竹垞老人手跋六行。書衣有書簽，文曰「唯自勉齋藏書記」，有唐鵜安翰題墨筆題字云：「此爲周大令持贈槎翁之本，然非近抄，國初人手筆也。」以藏印及題識考之，此書舊爲潜采堂藏本，後歸周松靄，旋以贈吴槎客，由吴氏以後入於唐鷦安家。唐居於嘉興，光緒中遺書散出，時吴仲懌侍郎適奉朝旨駐滬，得其鈔校祕册甚多。近歲吴氏藏書又散，余得此本於廠市書坊。此本書流傳之大略也。

書前有自序一篇，題「丁酉菊月」，爲順治十四年。次爲提綱八則：一明原，二明義，三明事，四明文，五明内外，六明告，七明筆削，八明考。序後有《諸國廢興原委考》等目録一葉，而其後衹存《大夫爲卿考》一文，當是他篇佚失，衹存此文耳。卷末附《著書年譜述》一篇，乃康熙戊辰姪民範所撰。

按：開止此書以攻《胡安國春秋傳》爲主，初名《春秋大聲》，原爲舉業而作，先之以標題，次之以别論經義。書成，請正於虞山錢東澗。東澗許其能據《傳》以通《經》，據《經》以訂《傳》，有箴膏肓起廢疾之功。獨惜其以通《經》著述之書，却爲應試而作。覆書累千餘言，屬其慨然改正，芟削無梗，節爲一書。開止遂遵其説，凡涉及舉業者悉删薙之，專以明《經》爲務。歷丙申、丁酉二年而書成，更名曰《春秋傳注》。又四年而開止卒。其書大旨謂聖人著書之旨莫大乎具所絶筆與託始之意，託始以魯隱公見弑而始，其終也，以請討陳恒而終。蓋痛夫亂臣賊子之事而作《春秋》以懼之也。文公以前政在諸侯，文公以後政在大夫，二百四十二年間但有大夫弑諸侯，不聞諸侯弑天子，《經》爲大夫作，不爲諸侯作也。其發明《經》旨皆獨抒所見，不蹈襲故常。東澗稱之爲「尼父之功臣，康侯之諍友」，洵非過言。

據民範所述，開止以畢生心力專治此《經》，其稿至十二易始定。將付剞工，遽捐館舍，遺稿託之民範。不意癸丑間村居忽遭回禄，稿本悉化飛灰。洎民範年已垂耄，乃於其姪處得往時改稿，繕此副本。夫以程功之篤，年時之久，艱辛歷盡，僅得告成，而時命蹇屯，并此遺稿亦幾歸於堙滅。今幸而存矣，而卷帙缺殘，補拾未知何日，著書傳世之難至於如此，亦可慨也。兹取民範後述録於左方。其竹垞跋語亦附於後，庶後之覽者藉以粗見其著述之旨，而其人之聲名姓氏亦得顯播於桑海絶續之餘，斯亦區區表章之微意也乎！庚辰九月四日藏園識。

著書年譜述

是書也，我叔開止所著也。叔少治《春秋》，慨世之宗《胡傳》者多附和雷同者，未有能明大旨。竊謂《春秋》之大旨莫重於誅亂討賊，而治亂賊尤莫嚴於大夫。識此以貫二百四十二年之始終，要以根據《左氏》，箴砭《胡傳》爲著書之本旨。顧自慮窮鄉後學，何敢妄有著述，以蹈荒經蔑古之譏！實因舉業起見，故先之以標題，繼之以別論經義，名其編曰《春秋大聲》而未敢遽以通經自命也。始於天啓子、丑，庚午科試，以經藝受知於毘陵鄒□常先生，以及寅、卯，遂有就緒。甲申、乙酉之後，絶意進取，益專心卒業，念兹在兹。至丙申，命範清稿，請正虞山錢牧齋太史，深加歎賞，以書見遺，累幅數百言，稱爲「尼父之功臣，康侯之諍友」。顧惜其舉業兩歧也。於是謹遵先生教，凡有涉於舉業者悉芟之，專以明經爲務，早夜精研，必欲傳千古不傳之祕，至夢寐飲食，無非經義。猶憶範嘗侍食左右，見叔穆然若思，忽投箸而起，起而書，書已復食，指食前蔬菜顧謂範曰：「我頃有所得，雖八珍之味，何以加此乎！」其專心篤好若此。丁酉而書大成，更其名曰《春秋傳注》，命範録之。出其稿紙，皆零星補綴，不啻再易三易，至有十二易而始定者，其反復詳慎如此。録就再正虞山，乞其序，未幾而錢太史已逝矣。嗚呼！我叔當聖遠言堙之會，不憚排羣説而爲是書，先生獨見賞於世俗意論之外，豈非千古之僅事歟！孰意序未出而知已云亡，良可憾也。然舉是書之提綱挈領，貫穿全經之要，已具載於原所遺札中，故即以弁之簡。方欲付之剞劂以公世，夫何書成而心血已枯，我叔亦於辛丑歲捐館矣。痛念疾革時無他囑，唯以此書爲諄諄。爰是揮淚手録，携至林村。不意癸丑慘遭回禄，凡所著書文稿本並遺像俱成灰燼，可勝悼歎！今年範年已七十有六矣，兩目雖未昏華，而精力衰落，自分無幾歲月，恐此書一旦散佚，有負所托，他年何顔相見於地下。其原所清稿又經改削者，向存文昭姪處，移來繕寫副本。夫此書之果有當於宣聖微旨，堪繼丘明之席，以救文定之非，垂天壤而炳日星與否，余小子則何敢知？第以我叔三十餘年攻苦心血，重以遺命，敢不盡述，以俟後之善讀經者。至其間不無訛謬舛錯處，總在先叔没後，無可攷證，仰冀高明鑑之。康熙歲次戊辰仲秋，姪民範敬述。

朱竹垞手跋

《春秋傳注》三十六卷，烏程縣學生嚴啓隆爾泰撰。爾泰名注復社，甲申後遁跡，自稱巔軨子，始爲是書示生徒，以胡氏爲非，不敢盡糾其繆。錢尚書受之勸其改作，乃復點竄舊稿成之。繹其辭，庶幾鍼膏肓而起廢疾矣。康熙戊子二月，竹垞老人書，時年八十。

跋校本春秋繁露※

《春秋繁露》十七卷，明刊黑口本，半葉九行，行十七字，四周雙闌。前有慶曆七年四明樓郁序，後有嘉定三年樓鑰跋，又嘉定辛未胡榘跋，蓋榘從攻媿得善本，屬其兄重刊於江右漕臺者也。明本雖出於江右本，而訛脱百出。黄蕘圃假得秦敦夫所藏虞山錢氏述古堂影宋鈔本，校勘一過，凡奪文訛字咸依以讐正，蓋《大典》本未出以前，此爲最勝矣。余篋藏適有明刻，與此底本正同，因從主人假得，竭三日之力臨寫終卷，所訂正殆數千言。余昔年在保古書坊見孔葒谷手校《大典》本及明活字本，亦移録於此明本上。

昨歲從上海涵芬樓假得明影宋寫本，因屬趙君萬里代爲校勘於《漢魏叢書》本上。據趙君云，其佳勝與《大典》本相同，半葉九行，行十八字，與述古堂影宋鈔本行款相同。今以此本參之，凡訂譌補脱之處，視涵芬樓本多吻合，惟與《大典》本則偶有出入，豈如蕘圃所言，或《大典》纂輯時稍加點竄耶！

考卷十三之首明本缺二番，其文爲《四時之副》第五十五凡二百六十五字，又《人副天數》第五十六篇首三百九十六字，按之涵芬樓藏明影宋寫本及蕘圃所校述古堂影宋鈔本，皆缺佚如故；惟取《大典》本證之，皆完然具存。余以爲歷來影本及《大典》本皆同出一源，惟他本多缺卷十三之首二葉，《大典》所據乃初印本，獨不缺耳。己巳十一月沅叔識於長春室。

四書類

明鈔本論語意原跋※

《論語意原》宋東谷先生鄭汝諧撰，書凡二卷，文淵閣著録，刊入《武英殿聚珍版書》。汝諧仕歷及此書刊版先後，《提要》已詳著之，惟《四庫總目》爲二卷，《聚珍版書》則分爲四卷，而陳氏《書録解題》又載爲一卷，蓋前後編次不同，非文字有異也。庚辰新歲，偶游廠肆，得明鈔殘本一册，存下卷，棉紙，烏絲闌，半葉十行，行二十字，板格下有「小草齋鈔本」五字。繕楷工雅，卷中匡、恒、桓均缺末筆，當是據宋刊録出者。

按：小草齋爲長樂謝肇淛在杭方伯齋名，在杭著有《小草齋集》，博學多聞，家富藏書，官京曹時常從祕閣傳鈔典籍，故其鈔本尤爲世所寶貴。余別藏有《北磵集》，亦其家所鈔也。藏印有「晉江謝氏家藏圖書」朱文印，又有「周雪客家藏書」、「家在元沙之上」、「春雨樓校藏書籍印」等三印。考雪客即周在浚，爲櫟園先生長子。元沙疑亦周氏印。春雨樓當爲宛平查氏映山，余在他書曾見之。此帙雖佚其半，然歷經康、乾以來名家藏弆，鈐印纍纍，其爲昔人珍重可想。

余取聚珍本略校數葉，文字初無差異，然分卷不同，知宋時傳本確爲二卷，可糾聚珍本重編四卷之非。即此一端，已足貴矣，况録自明賢，源出宋刻，寧不以斷珪零璧視之耶！壬午臘日，藏園記。

羣經總義類

宋刊河南程氏經説跋※

《程氏經説》七卷，第一《易説》，第二《書解》，第三、四《詩解》，第五《春秋傳》，第六《論語》，第七《禮記》、明道伊川《改正大學》。宋刊本，半葉十一行，每行二十字，白口，左右雙闌，版心上方記字數，下方記刊工。其姓名有余欽、張岩、蕭韶、劉元、葉茂、潘才、裴榮、俞正、黄中、江僧、徐浩、吴從、劉太、俞政、徐佐、劉六諸人。避帝諱至慎字止，敦字不避，是孝宗朝刻本。前後序跋無存，未審刻於何地，然觀其字體方整，而筆致圓渾，頗似豫章風氣。

取明刻《遺書》本對核，頗有差異。舉其大略言之，如卷二《書解》，論《書序》者宋本原爲五則，明本則自「孔序云」至「作堯典」止接連爲一，其異一也。宋本各卷原解先標經文，其解説遂聯貫而下，明本則於經文之下解説别行起，低一格，其異二也。又，各經説皆有注文，雙行附於本句下，至爲清晰，明本多將小注誤作大字，與解説淆雜不分，其異三也。卷五《春秋傳》於十二公之始祇標某公二字，明本則於每公下叙述名氏、世次、即位、謚法一二行，其異四也。卷六《論語説》宋本於《子罕・麻冕》章以下纂集舊説，自「子絶四」至「賢者辟地」，凡十則，明本則至《麻冕》章而止，其下各則，謂與全書重出，删之，其異五也。又，《孟子説》宋本存「盡信書」一則，明本亦刊落不存，其異六也。至於卷第，亦有更易。宋本《詩解》自《小雅》以下析爲第四卷，明本則併入第三卷，於《春秋傳》列爲卷四，《改正大學》列爲卷五，《論語説》仍爲卷六，而别析《孟子説》爲卷七，但存其標目，而無文字。宋本原書面目緣是蕩然無存，可爲慨歎。然設非余目覩宋本，又烏知後人竄亂之謬至於是耶！餘若文字之奪失譌舛，取宋刊校之，偶一披卷，焉烏帝虎觸目皆是。惜余方從事《蜀文輯存》，苦無暇晷，不及竱心勘正，爲之一掃榛蕪也。

同學邢君詹亭新獲此本，持以見示，屬爲考訂，略披終卷，舉其犖犖大端表出如右，以復於詹亭。儻異時有志丹鉛，當馳簡叩門，更爲一瓻之請，君或者其不余吝乎？歲在壬午二月之杪，藏園老人傳增湘書於昆明湖上清華軒西廡。

熹年謹案：此邢贊亭先生藏書，跋亦應邢氏之請而作。據先祖壬午十二月初五日日記云：「贊亭來，携《程氏經説》相示，告以確爲宋刻，但少第八卷耳。」則此書實不完本也。

校元本十一經問對跋※

※通志堂本以盧抱經校元本校。

此寫本《十一經問對》，昔年與盧校《逸周書》、《東觀餘論》同獲，當時以元人所作，頗忽視之。辛酉秋，以三書同歸密韻樓主人。嗣觀《通志堂經解目録》，言此書通志堂本多缺文，當按元刻補訂，因假以北來，取通志本手勘一過。卷中墨釘咸爲填補，字句亦略有改定，并手鈔何異孫序及盧抱經、嚴修能二跋，以贖余前時疏失之咎云。聞順德李芍農侍郎藏有元刻，異日當訪得以資校證。癸亥五月下浣，沅叔記於藏園龍龕精舍。

豐城開州治之八月，會曾、鄒二教諭於講堂，相與言曰：近府庠小學訓導爲學生承問失對而停職。叩其詳，則曰：某日按察官下學□調，坐定，喚一長成學生問之曰：「讀何書？」對曰：「《論語》。」問：「《論語》者何？」對曰：「孔門師弟子討論文義之言語也。」問：「『子曰』者何？」對曰：「孔子説的言語，聽者記之，以爲子曰也。」問：「孔子生於何時？」對曰：「生於魯襄公二十一年十一月庚子日。」問：「卒於何時？」對曰：「卒於魯哀公十六年夏四月己丑日。」問：「孔子卒時有子無？」對曰：「孔子止一子，名鯉，字伯魚，先孔子亡。」問：「有孫無？」對曰：「有一孫，名伋，字子思。鯉所出也。」問：「孔子父爲誰？」對曰：「叔梁紇。」問：「孔子母誰氏？」對曰：「顔氏。」問：「孔子有兄弟無？」對曰：「有兄，名孟皮，而弟未聞。南容三復白圭，孔子以其兄之子妻之是也。」問：「孔子有姊妹無？」對曰：「有姊，而妹未聞。《禮記·檀弓》：孔子與門人立，拱而尚右，二三子亦皆尚右。孔子曰：二三子之嗜學也，我則有姊之喪故也。」問：「孔子有女無？」對曰：「有，『子謂公冶長可妻也，雖在縲紲之中，非其罪也。以其子妻之』是也。」問：「孔子之妻，伯魚之母誰氏？」對曰：「師傳未言及此。」按察遂責訓導云：「秀才教人子弟，怎不説盡！」取招停職。嘗聞劉玉源云：北官最善於問。據所問，亦皆人所易知者。設或更問孔子之母是前母、後母？孔子之兄是同母兄、異母兄？孔子之姊幾人？孔子之妻一曰亓官氏，一曰上官氏，今闕里鄆國夫人殿何以止稱官氏？鯉氏生幾歲而先孔子亡？自弗父何至孔子凡幾代？自孔子而上不知何以孔爲姓？自子木金至叔梁紇皆不稱孔姓者何？其先宋人，不知何時遷居於魯？倘承是問，其何以對？雖然，小學之訓又不貴夫如此之纖悉攟摭，特任訓導者，盍思夫職之所當盡，難疑答問所宜詳悉，以教人也。嘗有感於教諭之相與言，因就《六經》、《四書》、《十七史》、《左傳》、《通鑑》、文公《綱目》擇其可助蒙訓者，緝爲《小學問對》。福教熊天慵注小學書，盛行於世，詳小學之事辭，略小學之問對，蓋其所務者大。予之所集者小，小學之士，能就問對中時切講究，以求夫所謂格物致知之學，則所學亦未嘗不可大焉。近年徒規規於詩簡之習，至有音節未通於聲律，雕蟲責效於旬時，惟見教道日卑，蜀日騰謗。吁！此《問對》之所由作也。子游曰：「子夏之門人小子，當洒掃應對進退則可矣，抑末也。本之則無，如之何。」諒哉！戊戌八月望，茂林何異孫自序。通志堂本卷首脱序文，兹據盧文弨校元本補入。

此元時茂林何異孫所著也。黄氏《書目》云「設爲經疑，以爲科場對答之用」，今按何氏自序，其緣起乃因小學訓導爲學生承問失對而停職，故緝爲是書，以助蒙訓，非爲科場設也。元時爲校官者，必先試而後授之。及至官，不得不勉盡其教人之責，撰爲講義，以時示諸生。其弊雖亦具文而已，然賢者尚能舉其職，不賢者亦知顧其名，自今觀之，猶令人慨然思古風焉。是書固爲教小學設，然其所訓，亦有折衷儒先，擇取精當，而不唯以一家之言爲墨守者，惡得而廢諸！異孫之履行，吾未知其詳，其云豐城開州治之八月，會二教諭於講堂，因言及按察責訓導之事。考豐城之升爲富州，在至元二十三年丙戌也。書成而序繫以戊戌，則大德二年也。巽孫蓋嘗爲教官於豐城者。書中引王稼村先生《講義》，講暮春浴沂爲實周之夏五月，且云於杭州府學講此一章，則稼村必是杭之校官，而郡志闕焉，其名不可考矣。志惟載何庚孫嘗爲吾杭教授，竊疑庚孫必巽孫之訛，惟其同官，故知之詳悉如此。是又當著之以諗夫修郡志者。是書有通志堂梓行本，無何序，卷有更易，而後二卷闕文最多。今本係從元版鈔得者，乃毛子晉藏本，紙亦糜敝，然猶有可據以補通志堂之所闕者。其《儀禮》中有兩條本有問而無對，余爲足成之。此書於《三禮》祇略舉其郛廓，不若《論語》、《孟子》之條析爲詳也。乾隆四十有一年，歲在丙申，九月晦日，東里盧文弨抱經氏書於鍾山書院。

乾隆四十一年八月十九日，盧抱經閲。是日於鍾山書院中砌芍藥臺。卷一後。

八月二十八日閲，接儀徵汪庸夫書，以《孟子章指》借我。予辛巳年所見本尚缺末一卷，今得録全矣。快甚！抱經盧文弨識。卷二。

九月七日燈下校。日苦不足，奈何！卷三。

是卷亦八月十九日寫畢即校之，東里盧文弨書。卷五。

此書《通志堂經解》所刻者失其自序，末二卷多闕字，抱經學士得元版鈔此本。乾隆甲寅，學士曾郵示予，未及録副。次年予得明人藍格鈔本，較此更勝，即以呈學士。卷中字畫不甚明了者，即據予本校改。時學士年七十有九矣。是年冬下世。學士既没，藏書星散，盡落估人手。仁和宋助教大樽與估人約，凡學士手校書，每一册易以銀錢一餅。此書亦歸助教。予以明鈔本易得之，重是名儒手澤，珍祕不敢褻視。予别有校通志堂本，已貽錢唐何夢華。嘉慶十年歲在乙丑秋八月十二日，歸安嚴元照書於畫扇齋。

乾隆石經考文題要書後※

此《石經考文題要》彭文勤元瑞奉敕所撰，書成於乾隆五十九年九月，進呈後經高宗嘉賞，御製序文冠於篇，此册則文勤當日所書之副本也。舊爲楊幼雲繼振所藏，幼雲以隸書題籤曰「乾隆御定考文提要經進副本」，旁注曰「南昌相國手校，宋刻面目藉此以存，學者守之爰得寶」，所以珍惜之者甚至。光緒時歸於徐梧生監丞，近歲徐氏藏書散出，余於廠肆得之。每經各自爲卷，凡十有三卷，每葉十行，經文標以大字，各本異同。雙行分注於下，每行十八字，大字一占小字四。間有朱筆增入某本某書，則文勤續有考訂，隨時加注於行間者。即舉《周易》一經言之，經文舊本自唐宋石經、宋本九經、元至善堂九經、宋本注疏、岳珂本、巾箱本之外，復歷引唐宋以來説《易》諸家，如李鼎祚、楊萬里、朱震、張浚，以至元之吴澄，凡二十餘家，旁求廣索，以定一字之是非，其涉覽之博，辨析之精，考據之勤，可謂不遺餘力矣。然當時見嫉於和珅，幾興大獄，雖賴高宗調護，幸得保全，而其書竟不勒石。嘉慶初年，文勤再疏申請詳察，僅將碑字略加脩補，初議迄未能行，亦可見此書之遭逢厄運矣。其時阮文達撫浙，乃屬門人許宗彦刻之。考宗彦刻書序署嘉慶四年，而文勤疏請察覈爲嘉慶八年，似面奉自行刊刻之旨在先，而疏請脩補在後也。嗣後吴振棫督學蜀中，又重刻焉。學人乃稍稍得見其書，吁，可慨矣！余幸藏此副本，乃稽諸《實録》，參之《宮史》，並旁考姚氏《竹葉亭雜記》、吴氏《養吉齋叢録》二書所紀，述其原委，附之篇末。此亦一代典制所關，非儒生《丹鉛餘録》可得而擬，故不辭瑣屑而詳誌之焉。

考乾隆五年，江南金壇恩貢生蔣衡以六十歲後手書《十三經》上於朝，賜國子監學正，令內廷翰林詳覈舛訛，藏於懋勤殿。洎五十六年，高宗以歷年創建辟雍，重刻石鼓，獨《十三經》祇有武英殿本，未經勒石，乃議取衡寫本刊之石版，列於太學。於是開石經館，以和珅、王杰爲總裁，董誥、劉墉、金簡、彭元瑞副之，命金士松、沈初、阮元、瑚圖禮、那彥成隨同校勘。又以卷帙繁多，令再遴派三人，以足校勘八員之數。五十七年刻成，凡一百九十碑。五十九年夏，高宗幸避暑山莊，文勤以校正石經事未隨扈，命每晨携筆硯入乾清宫，金勤恪簡爲之備食，於是文勤得盡觀天禄琳瑯所藏宋元槧各經，多人間未見之本，與監本、坊本考其同異，著爲一書，名曰《乾隆石經考文提要》，凡衡書不合於古者俱改正之。

書成，高宗大爲嘉賞，有「校訂釐正皆係彭元瑞專司其事」之諭，遂特加太子少保銜，賞大緞二匹，並御製序冠於卷首，命仿《五經文字》、《九經字樣》之例，刊置卷末，頒行天下。和致齋相國深嫉之，大毀《提要》不善，併言非天子不考文，宜議元瑞以重罪。高宗諭曰：「彭元瑞本以乾隆御定石經加其上，何得目爲私書？」和譖不行，乃招門下客爲撰《考文提要舉正》，分訓詁、偏旁、諧聲三門，以爲己作，奏進之。盡翻文勤説，謂衡書非誤，考文不足據。且訾其不合坊本，不便士子，請飭禁銷毁，並命文勤不得私藏。高宗歎曰：「留爲後人聚訟之資，亦無不可。」其事始寢。然考以《實録》，九月十七日諭旨言：「《考文「《考文提要》一書。簡覈明備，無難家誦户習，著鐫版頒行天下。」並定「三科後考試命題俱照頒發者改正，倘再沿用坊本，考官分别議處，士子停科。」所以鋭意推行者甚至。及十月十五日諭旨，乃言：「該書呈覽，抽閲數條，不過字句書體間有異同，於聖賢經義初無出入。」又言：「士子操觚搆藝，不必以一二字之增減、偏旁之同異爲去取，著總裁等折衷妥議」云云。就前後諭旨觀之，其詞意顯有矛盾，蓋當時已入和珅之讒，王言亦竟反汗矣。今試檢書中考正文字，其關於微言大義正多，固不僅沾沾於偏旁點畫之字體也。自奉折衷再議之旨後，和珅乃密令人將碑中糾正之字，一夜盡挖改之，而《提要》亦遂擱置不議矣。

仁宗親政，和珅既誅，文勤以《考文提要》事深歉於心，八年六月上奏，略謂石經碑文與聖祖、高宗御纂欽定各書間有異同，請詳加察覈。奉諭令董誥、朱珪、紀昀、戴衢亨、那彦成將石經全部公同詳細校勘，除曾奉旨改刊各條外，實無違背更改之處。奉旨：「石經早已刊行，勿庸改易，其遺漏筆畫及鐫刻草率各條著查照脩補，以臻完善。」蓋文字繁重，憚於改更，仁宗未嘗留意文事，祇作平淡數語。聊以解紛耳。然文勤亦奉面諭，准其原書自行刊刻。此阮氏浙刻所由來也。說者謂文勤校石經時，所見内府宋刻羣經多世所罕覯，每一經所引，薈萃至數十本之多。嘉慶二年乾清宫災，天禄琳瑯歷代珍儲宋本存於昭仁殿者咸付一炬，尚賴《提要》引證得以存其大略，是此書之作，校經之功固勤，而因是藉存宋刻經書之面目，其爲功尤偉，此後學不可不知者也。

夫聖經賢傳，自古師儒傳習，文字已不免異同。故鴻都刻石，昭示萬世，實爲一朝之大典，參稽考辨，不厭求詳。漢、魏石經尚矣，至唐代兩宋已不免有遺議。近世學者謂唐之石經「于」「干」不辨，「専」「專」莫明。兩宋所刻，南仲以「豐」配「禮」，光堯易「陂」爲「頗」。此類差訛，咸爲世詬。今蔣衡乃鄉曲儒生，既未聞深研訓詁，亦未得多見舊刊，所據以傳録者不外監本坊書，其疑誤後學自所難免。高宗運際熙明，創脩鉅典，正宜廣延鴻博，題之國門，羣言殽亂衷諸聖，此其時也。顧乃就衡進本遽付雕鐫，勒限二年，取其易以集事。時編脩洪稚存預收掌詳覆之事，有上石經館總裁書，主張畫一校讐義例，期於精善。所舉經注參錯，前後倒置，脱文衍字，别體俗書，凡二十四則。並請於漢、唐、兩宋石經之外，搜羅宋、元舊刻，以竢參詳。其言可謂深切著明。同時正、副總裁雖有六人，而文勤奉旨實專其責，稚存所陳，多從其説，故《考文》一書引證即極博通，考訂亦號精審。其《春秋》三《傳》所正字體較他經爲多，則邵二雲一人之功也。夫以文勤之通才博學，佐以伯元、稚存，三人皆經術湛深之士，竭三年之力以成是書，論其有功經學，是足與毛氏之《六經正誤》、岳氏之《九經三傳沿革例》並駕齊驅，附刊經末，寧復多慙！顧當時見嫉權奸，造爲異論，事遂中沮。實則高宗年登大耋，急欲觀成，臣工仰承意旨，艱於改作，遂進調停兩可之辭。上亦陰喻其意，故有留爲後人聚訟之諭。嗚呼！當國家全盛之時，脩千秋不朽之業，典其事者又當時鴻生鉅儒，宜可以掃羣經之榛莽，懸日月而不刊，乃事雜言龐，機緘反覆，匪特不能竟勘正之功，幾欲毁棄其書，使不留貽於天壤，事之駭怪，無逾於此。此文勤所以深憂宿憤，又九年而有再請察覈之疏，雖碑未改刊，而書許傳播，亦聊足慰情矣。今彭書盛行，習經者人手一編，匡謬正俗，奉爲準繩。而和相所撰《舉正》一書早已湮滅無存，獨其所刊《禮記》爲門客所紿，以十行本僞託紹熙本，留爲後人笑端，與賈秋壑、廖瑩中輩同爲遺臭而已，寧不可重歎也哉！歲在壬午二月朔，後學傅增湘謹識。

小學類

宋刊本方言跋※

《輶軒使者絶代語釋别國方言直解》十三卷，宋慶元潯陽郡齋刊本，半葉八行，每行十七字，注雙行同，白口，四周雙闌，版心上記大小字數，下記刊工姓名。前録郭璞序，又慶元庚申會稽李孟傳序，又東陽朱質序。

收藏有「横經閣收藏圖籍印」、「華亭朱氏」、「顧仁效收藏圖書」、「仁效」、「顧元慶鑑賞印」、「揚州季氏」、「振宜之印」、「滄葦」、「季振宜藏書」。李孟傳跋第二葉闌外有「野竹齋裝」四字。

壬子春，余客燕京，適盛伯羲祭酒遺書散出，正文齋譚篤生、宏遠堂趙聘卿以二千金捆載數十篋入市。余詣宏遠堂，覩此書，告以此蜀人遺著，頗欲得之。趙云：「書爲合貲公置，若此書歸我者固易言也。」既而列價拈鬮，此書竟爲譚估所得。譚頗識版刻，恒以高價居奇，余往問值，則云非五百金不可。時余絀於資，告以二百金，不可得，遂輟議，回津後私自惋歎而已。會伏暑，譚遘疾，孫君伯恒爲調護之，疾篤，持此書告伯恒曰：「傅君常欲得是書，吾固心許之，特價未諧耳。今余病恐不起，藥餌之資不足於用，願得二百金歸之」。余感其言，急持金入都，載之以歸。旋携至滬上，以示楊惺吾、沈乙盦、繆藝風，均各有題識。藝風語余，意園得書後，王蓮孫祭酒曾假得，影寫付鐫，持以示人，咸以其字如翰苑官體書，與宋本風格絶不類。蓮孫慚沮，遂匿不示人。因縱臾亟爲印行，公諸當世。余遂先浼綬經同年寄日本小林氏製珂羅版百部，旋又屬藝風督陶子麟精摹付刊，而王雪澄丈爲之校記，即今編入《蜀賢叢書》者是也。

按：此書自明以來歷藏野竹齋沈氏、華亭朱氏、長洲顧氏、揚州季氏，皆有印記可證。然以余考之，即錢遵王《敏求記》所載之本也。據《敏求記》言：「舊藏宋刻本《方言》，牧翁爲予題跋，紙墨絶佳，後歸之季滄葦。」此本正有季氏四印，季氏《延令書目》載此書四本，牧翁跋。今册數既符，而牧翁跋則不存。詳檢朱質跋，後葉乃影寫補入，是必因牧翁題識在此，清初以禁書令嚴，撤去之。又卷二之一、二兩葉亦屬鈔補，正爲有「㮲娥之臺」一段，疑其眉間必有題字，亦緣其人有違礙而易之，此可以意測知也。

意園此書得自何人不可知，第自季氏散出後，别無名家印記，則其沈埋於世者殆二百餘年，故乾嘉以來治《方言》學者，皆不得見宋刻。惟盧氏言，校記刊成，始見李文授本，因撰《補遺》一卷。然據王雪澄校記證之，則所舉李本異字，與兹本多有不合，王氏疑抱經所見乃影宋本，非宋刻原本也。又戴氏臚列所見諸本，首爲宋曹毅之本，注云：「明正德己巳影抄。」余考之《愛日精廬藏書志》著録此本，卷末有「正德己巳夏五得曹毅之宋刻本手影」一行，李孟傳、朱質兩跋亦同。是戴氏《疏證》所引實即此本。然余遍檢各目，别無曹毅之刻《方言》之説，其所以定名者，祇據題跋一行耳。以余考之，《方言》自宋時有蜀、閩刊本，然李孟傳序已言閩本外不多見，則自來相傳只潯陽郡齋本，更無曹氏重刊之説。揣其題跋之義，當是謂得曹氏所藏宋本耳，非謂曹氏所刻也。設果宋代有曹氏重刊之説，不應自愛日精廬外絶無他證。且所舉曹、朱兩跋及文字不同，與李氏本無以異，則所謂曹毅之本即潯陽李氏本彰彰明矣。此其故由於二百年來宋刻本不可得見，見一影本遂以曹毅之本稱之，及更見宋本，又以李文授本稱之，而不知其實爲一本也。余别藏有明正德澶淵李玨刻本，備列李、朱二跋，知正出於潯陽本。其刻書原序亦不言有曹氏本，設同時有一宋刻異本，甯不稱述及之耶！此又不待辨而知其致誤之由矣。

余前歲曾取吳琯《古今逸史》本與宋本對勘一過，兹舉其要言之。如卷二「及其所愛曰偉」，「偉」不誤「諱」；「其肥臟」，「臟」不誤「脏」；「餬託」，「託」不誤「託」。卷三「詐通語也」，「語」不誤「詐」。卷五注「楚轉聲也」，不誤「聲轉耳」。卷九「其柄謂之矜」，「矜」不誤「鈐」。至其脱文，如卷六「或曰狙」下，有「狙，伺也」注三字。卷十三，「宛蓄也」下，有「類法也」正文三字；「𪘏短也」下，有「音肬贅」注三字；注「言不封也」下，有「墓如慕也」注四字。至「秦有㯓娥之臺」因奪失致貽笑端，盡人而知，更勿庸贅舉矣。尤異者，李孟傳序漏落至不可勝計，如「惟《方言》之書最奇古」下，脱「孟傳頃聞之」云云一百五十八字。「《方言》多識奇字」下，脱「《太玄》多有奇語」六字。「本朝歐」下，脱「文忠王荆公蘇長公曾南豐」十一字。「而附以所聞」下，脱「一二蓋惜前輩之言久或不傳也」十三字。其他單詞賸義，偏傍點畫，所在差違，往往而見。余故精寫重鋟諸木，俾承學之士得憑此本以訂戴、盧、錢諸家之説，或進而疏通證明之，則於故書雅訓或不無小補歟！壬申二月初八日，藏園居士記。

諸家題跋録左方：

此即錢遵王售於季滄葦宋本書之一，其後雖經顧、朱遞藏，而不見於著録家。兵燹之餘，鬼神呵護，乃爲沅叔所有。將倩良工重刻，驚人祕笈行見流傳千萬本於天壤間，何幸如之。壬子仲冬，宜都楊守敬記於上海，時年七十有四。

《方言》十三卷，宋刊宋印本，後有慶元庚申兩跋。書中避諱至惇字，即甯宗時刊本。季滄葦、顧仁效、顧元慶、朱大韶遞藏。仁效、元慶均長洲人，居陽山下。朱大韶華亭人，横經閣即其藏書處。國初歸滄葦，《季氏書目》云：「揚子《方言》六卷，四本，牧翁跋。」即此書。錢跋疑在慶元跋之後，書禁嚴時撤去一葉，影寫六字補之。書十三卷，《季目》云六卷，誤。壬子十月，繆荃孫識。

意園得此書時，曾爲余舉宋刻勝景宋本數事，許之借校。從公鮮暇，願未果也。人天永隔，復見此書，老淚滂沱，乃不勝如菴春露之痛。沅叔欲重刻傳之，此固意園有志未竟者也。壬子十月，姚埭老民植書。

壬子夏秋之交，意園藏書始出，沅叔同年得精槧名校本甚夥，而以《方言》爲甲觀。絳雲三跋不可復讀，而紙版古香騰溢，真足爲驚人祕笈。意園宋元版不多而至精，其書之最烜赫者《禮記》四十册，寬整如新，吾與沅叔皆議價而莫能舉。然吾廛得一《孔叢子》，雖號稱嘉祐刻本，實不及此書遠矣。信知沅叔真有書福者。甲寅立春，羣碧主人鄧邦述記。

江安傅氏藏宋本甲觀。夏正甲寅二月上丁，長洲章鈺記。

余舊藏揚子《方言》正是此本，而紙墨尤精好，紙是南宋樞府諸公交承啓劄，翰墨燦然。於今思之，更有東京夢華之感。

跋見有學集四十六卷。牧翁所藏想歸天上，則此本由乙而推甲矣。沅叔寶諸！藝風檢記，茗理迻寫。

余所見宋本書紙墨必精，此本蓋南宋，非北宋也。方今舊本益稀，小山所云推甲蓋有慨也。甲寅五月，王闓運觀。

鬱華閣所藏宋槧之精整完好者，惟黄唐本《禮記正義》與此書爲巨擘。自壬子散出，多入景賢手，此則爲燕超主人所獲，否則亦隨《禮記》諸書入我篋矣。蓋景氏得書後，未幾即統舉宋本售諸文。中有黄善夫刊《蘇詩》、汀州本《羣經音辨》，亦盛氏書中之上駟。然舍《禮記》外，無可與此書抗者。雖同爲宋本，當視其著作爲次第之，此書直甲之甲者，豈可作甲觀耶！丙辰八月，棘人袁克文。

鬱華閣藏書流傳我邦者，余亦獲數種，皆我邦舊刻。如此宋本乃歸沅叔先生，物宜各歸其本主，我不以爲憾也。丁巳十二月九日，内藤虎。

意園舊藏宋本不多而至精，孝先之言甚碻。昌綬所收《甲申雜記》、《聞見近録》已贈藝風，《倚松老人詩》亦歸寒雲，皆宋刻宋印孤帙。此更爲漢代蜀賢遺書，宜沅叔奉爲鎮庫重寶也。丁巳閏二月，仁和吴昌綬謹志。

此本與盧抱經所校李文授本殊不盡合，如卷九「艗艄」，盧校本「艗首」，此本仍作「艄」。卷十二「⿰食景音映」，盧校李本音「影」，此本仍作「映」。「盪歇」，盧校李本歇下作「許竭」二字，此本作「泄气」。又，注中「渴」作「竭」，此仍作「渴」。皆不可解。抱經所見殆景寫或傳校之本，必非真本也。沅叔見示此書，因書數語，冀他日重作校記，以匡盧氏之誤耳。丁巳七月，盛鐸。

龔孝拱手書小學三種跋※

此册昨歲獲自吴門晉古齋裱家，所寫凡三種，曰《漢黄門令史游急就》，曰《梁周興嗣次韻王羲之書千字》，曰《南唐韓熙載奉勑集王羲之書五百字》，每半葉十二行，行十八字，烏絲闌縱横格，筆致奇縱，作古體書，結構務爲恢閎，意態亦極雄偉，於書法中可謂異軍特起，生面别開者矣。其《急就》後跋語云：「從王伯厚所引皇象書碑本寫。伯厚所録爲宋太宗書及顔師古注二本，碑本有顯然誤者，則參用二本，碑本缺焦滅胡一章，宋太宗多後漢人續末二章。唯趙孟頫臨碑本乾隆間詔刻於西苑之閲古樓者，予家舊有拓本，與伯厚所引多不合，俟當校定重書。龔橙。」

按：龔橙字孝拱，爲定盦先生之子，後易名公襄，字公襄。博學多聞，爲人跌蕩負奇氣，世傳其晚號半倫，及導引英軍焚圓明園事，皆非其實。觀譚復堂所爲公襄傳，略言治諸生業久不遇，間以策干大帥，不能用，遂好奇服，流寓上海，習歐羅巴人語言文字。咸豐十年，英吉利入京師，或曰挾龔先生爲導，君方以言讋酋長，换約而退，而人間遂相呰謷。以是而言，君以習絶國方言，通知外情，爲英使威妥瑪治文書，正藉英人之力以紓禍變，寧有快心事仇，如張元、施宜生所爲耶！特以懷抱奇略，無所發抒，又好爲新奇異誼可怪之論，爲世駭愕，遂被以放誕奇僻之行。嗚呼！自古有非常之才者，恒負舉世之謗，豈不重可哀哉。譚氏又稱君「噩近世講許、鄭學者之日敝，乃求微言於晚周、西漢，以摧陷羣儒。」余昔於獨山莫氏見所評定諸書，皆恣口譏評，横加批抹，然亦實具高世之識，非妄爲詆呵者。今篋中藏有桂氏《札樸》、《尚書大傳》等，亦君隨手點勘也。丁丑七月十一日，藏園老人識。

宋刊漢隸字源跋※

《漢隸字源》六卷，宋刊本，本書半葉五行，注雙行，行十七字。首洪景盧序，大字，半葉五行，行十一字。次綱目、碑目，半葉九行，行十九字，白口，雙闌，版心上記大小字數，下記刊工姓名。末有附字三葉，葉尾有嘉定壬申重修題記四行。收藏有「華之方印」、「大興朱氏竹君藏書之印」、「朱錫庚印」、「劍光閣印」、「道州何氏」、「何紹基印」、「子貞」、「道州何氏詒愷」、「雲龍萬寶書樓」、「東洲草堂」各印記。又有「質野書房」隸書朱文大印。書衣有蝯叟識語，兹録如左：

此宋版《字源》，朱笥河先生藏本，今歸道州何氏。憶得此書時，與吾仲弟子毅共相欣賞。今毅歿已廿年，每一檢閲，不勝愴愴。咸豐己未二月，蝯叟記。

按：此書各家著録未見宋刊本，汲古閣有影鈔本，今歸江南圖書館，舊爲八千卷樓丁氏所藏。皕宋樓有鈔本，則明代陸師道手寫，以詒文衡山者也。此宋刊本，舊藏朱竹君家，嗣歸何子貞太史。近年何氏遺書散佚，兹帙爲邃雅堂所得，余昨歲得覯於坊中，匆匆展閲，會迫於南中之行，不及詳檢。因貽書告袁君守和，亟爲館中購取，緣金石之書，宋版流傳最爲稀覯，而館中舊藏古本，率皆殘缺奇零之帙，似此珍祕之品，未宜失之交臂也。繼聞守和竟斥重金購藏。小除夕藏園祭書，携之以至。余留置几案，取汲古閣本粗爲勘定，其糾正之處頗多。余頗疑毛氏付梓時，似據鈔本上版，實未曾目覩宋槧也。

考汲古刊本寫刻精善，頗爲世重。然以宋刻核之，則誤失宏多。昔翁覃溪先生謂「毛氏據宋槧之已漶者重繕開雕，楷之工不足贖其隸之謬，直是一不曉隸書者爲之過録，不特失其神，且失其形，其於字之曲直、俯仰、斷續、伸縮，皆所不知，夕攵之不辨，口口之弗審，偏旁毫釐之失，則字非其字，勿問源矣。毛氏汲古閣雕板書數十百種，烜赫人間，未有若是書之謬戾訛舛，貽誤天下後世者也。」觀翁氏所言，痛斥毛本如是，則宋槧之足貴從可知矣。今毛本之誤，顧氏《隸辨》糾正至八十九事，然其所舉，皆爲字形之訛舛，無煩複述。茲就綱目、碑目、附字中校正所得言之。如第七條「程勑」，不誤「柱勑」；十六「婁言」，不作「屢言」；十八「可辨」、三十六「不可辨」，「辨」不誤「辯」；四十四「蔡過書」，不脱「過」字；四十六「自路都尉始」，不脱「路」字；一百三十三「文玉」，不誤「文王」；一百五十一「難辨」、一百七十五「不可辨」、二百七十「無一可辨」，「辨」皆不誤「辯」；二百七十九「水經云：鉅野有荆州刺史」，不脱「鉅野有荆州刺」六字；三百一「种氏石虎」，不脱「种」字；三百五「民息牯」，不作「息胎」。附字内卌字下「德惠修長」，「修」不誤「攸」；「廿有六年」「廿」不誤「世」；「固嘗辨之」，「辨」不誤「辯」。他如字體之異，「勑」之作「勅」，「額」之作「頟」，「訛」之作「譌」，更不可勝計矣。又宋槧遇諱字缺筆極謹，如玄、讓、瑗、完、弘皆缺末筆，今汲古閣本無一缺筆。至末葉行書跋云：「《文正公集》並《奏議》、《漢隸字源》，歲久漫滅，嘉定壬申，郡丞莆陽宋鈞重修」凡四行，今汲古閣本亦失載。故余以爲毛氏付梓時，未親見宋本者，其説似不可易也。壬申正月初四日，藏園居士記。

宋拓本隷韻跋※

《隷韻》宋拓殘本，卷首存表文十一行，碑目十二開半，本書存卷三、卷四、卷六、卷八、卷九，通五卷。所缺者爲卷一、二、五、七、十，凡五卷。所存各卷中亦時有缺番。有秦恩復、江藩、阮元、徐渭仁、王宗敬、趙烈文、楊守敬諸跋，兹移録後方。書簽爲趙撝叔所題，外册爲沈韻初筆。封面有西蠡校記一行，則費屺懷太史所記也。

月前涂厚菴參議携此帖見眎，言爲銅山張君芍圃所藏。芍圃酷嗜碑板，精於鑑别，此帖前歲獲之完顔景樸孫都護蕭齋中。當時日本估客多方鉤致，芍圃以其爲海内孤本，恐其流出海外，竟以高價得之。近頃患痢，卧病六月，將斥此以爲藥餌之資。余擬爲介，歸之北平館中，緣春間館中收何蝯叟所藏《漢隷字源》宋刊本，余曾爲之作緣，今得此帖並篋而儲，洵可爲一家眷屬矣。按此本舊出於天一閣，後歸於阮文達。嗣是而後，則徐紫珊、沈韻初遞爲藏弆。光緒中葉，爲吾鄉李眉生廉訪所得，今册中「鄞江李氏」及「蘇鄰鑑藏」二印尚存。眉翁僑居吴門，其蘧園與子美滄浪亭近距咫尺，故以「蘇鄰」自號，惜未加題識耳。眉翁殁後，古書名畫一時星散，咸爲顧子山、吴清卿、沈仲復、陸存齋、汪柳門分携以去，而費屺懷太史所獲尤多。此帖亦於辛卯、壬辰間歸於桃花塢矣。匋齋開府江南，大張珊網，廣集琳瑯。時屺懷已逝，其哲嗣叔謙方待官金陵，遂不能世守，進於寶華菴中，觀帖尾吳、張二氏題款可考而知也。辛亥匋齋歿於吾蜀資州，其珍藏品物悉輦歸燕京，凡吉金、樂石、寶繪、法書以及宋元古刻書籍，三五年間散落於海内外者不可僂指以計，而景樸孫以居近比鄰，所攫取乃獨富，此帖遂隨宋元諸劇蹟而移入半畝園焉。今芀圃雖幸獲藏，然駸駸又不自保矣。嗚呼以寥寥之殘帙，百餘年來流轉者凡歷六七姓，「雲烟過眼」，公謹所以名篇，後此之墜雨飄風，正不知屬諸誰氏。摩挲展翫之餘，不禁感喟横集矣。辛未殘臘，藏園居士沅叔氏識。

復藏《隸韻》十卷，獨缺碑目一册。刻本即從此册摹出上版，惜少表文半篇及碑目半册，未知海内藏弆家得有全帖否。嘉慶壬申正月五日，秦恩復識。

敦夫太史所藏乃餘清齋之故物，董文敏有跋語，惜缺表一首。老友趙晉齋云，天一閣藏本有表文半篇，今爲雲臺先生所得，碑目亦殘缺不全，藩曾補完之。敦夫刻本碑目下半册即藩所輯也。嘉慶庚辰九月二十一日，江藩識。

此宋搨《隸韻》，舊人罕見之。其所摹各碑，以今存者較之，無一筆差謬。然則碑之亡者皆可依據，勝於展轉以意全之矣。元家藏此半部，共七册。合之江都秦氏所藏半部，竟成全璧。兩淮鹺使阿厚菴鐫於木板，世人始共寶之矣。阮元。

敦夫先生所藏《隸韻》半部，道光丙申燬於火，求廬山真面者惟此區區耳。咸豐元年正月，滬上徐渭仁記。

秦氏殘本今在程蘭川通判處，辛亥八月親見之，丙申之説人言不足信也如此。癸丑之春，蘭川時在北捕通判任，金陵失事之後，至今不通音問。其所携宋拓碑刻能無遇劫火否？余藏此本困圍城者半年餘矣，身命如夢泡，安能保此。若我兩家藏本俱遭兵燹，則人間無片紙隻字。幸有阿厚菴之轉刻，使古人精靈不至絶滅也。咸豐四年二月二十一日，滬上徐渭仁。時年六十七。

范氏、秦氏藏宋刻《隸韻》知之已久，而未得見。香嚴翁獲古墨本每以見示，獨未及此。光緒丁亥來吴門，始從嗣君遠宸獲觀。聞秦氏本已燹，斯本乃碩果僅存，其寶之哉！能静居士趙烈文謹識。

婁氏《字原》首書碑名於目，以下所采之字但以數記之，使人按次以求其目，檢閲爲勞。此劉球《隸韻》例仿《字原》，而每字即注碑名於下，最爲直捷。顧易爲陰文，反使椎拓維艱。細玩此本，當日亦是木質，以其無石泐痕、墨色深淺不一知之。阿厚庵重刻，又易爲陽識，則印工較易，故今流傳尚多，可謂善變矣。余在日本曾得一古刻殘本，非《字原》，亦非《隸韻》，而每韻之字較婁、劉爲多，疑是元人所爲，然未能詳也。附記於此。宣統元年三月二十三日，宜都楊守敬記。

惟分韻始明。《説文》每字單收，且多小篆，故以分部爲精。隸書每字數體，一朝各異，故顧南原《隸辨》截然分韻，向不知其所由，嘉慶八年七月十九日，芸臺夫子入覲，過岱西之張夏驛，出示所藏《隸韻》，始知《隸辨》所宗，並得古今韻字之别。且其前叙碑目，可補諸書未備，惜殘缺過半，僅留吉光片羽耳。濟寧王宗敬謹識。

光緒三十四年戊申夏四月，高郵吴同甲在江寧節署敬觀。

《隸韻》六册，西蠡費氏所藏，今歸陶齋尚書。光緒三十四年三月，在江寧節署寶華菴敬觀。張謇。

丙寅秋七月，銅山張伯英芍圃觀於北京後海之橋西草堂。

宋本切韻指掌圖跋※

温公《切韻指掌圖》通行爲明洪武邵氏本，然分卷爲二，後附檢例，已非舊式矣。其後《墨海金壺》張氏所刊即出此本，而近時吾川新本又從張本覆雕焉。余昔年游南中，得影宋本，爲汲古閣所寫，鉅編精楷，絶可愛玩，旋歸之北平館中。第毛氏所摹原本則不可得覯矣。數年前，曾聞内府流出宋版書籍數帙，有《中興聖政本末》、趙注《孟子》及此書，其蹤迹隱祕，無可追尋。新春人日，廠友魏經腴忽舉此見眎，則正祕閣所藏，與余所得影寫本正同。版式闊大，高七寸八分，寬五寸二分，白口，左右雙闌。序文八行，行十五字。檢例行格不等，有七行、八行、十行者。次《字母圖》，次《類隔圖》，次《四聲圖》。其字母以陰文别異之。末有嘉泰癸亥番易董南一跋。跋之後有紹定庚寅四世從孫跋，尾葉闌角有「程景思刊」四字。各葉刊工姓名有：林宏、林盛、万全、万千、万可、陳琳、葉室、周文、昌、永、寧諸人。字體厚重，鐫工精整。宋諱惟弘、玄、朗、匡、恒、貞缺筆，而構、慎等皆不避，意據北宋原本翻雕者。收藏印記明代則有陳惟寅叢書堂、沈弘正各印。清代則有季滄葦、徐健菴各印。入内府後又鈐有「天禄琳瑯」、「天禄繼鑑」、「嘉慶御覽之寶」各璽。蓋進御已在仁宗朝，故天禄前、後目皆不及載也。取新刻校對，開卷董南一跋「嘉泰」即誤爲「嘉定」。其圖中部位間有歧易，韻字亦頗差互，皆據以一一更定。而四世從孫重刊跋語各本咸失載，兹補録左方。尤可詫者，明邵光祖自撰檢例附後，然以宋本勘之，則其中十七則均爲温公原書之文，僅首葉及《捷法詩》、《檢類隔切例》、《廣韻類隔今更音和》三則爲邵氏所增補。設非目覩宋刻，則邵氏冒竊之迹後人竟茫然而莫辨矣。噫！異哉。壬申正月十一日，藏園識。

右　先文正公《切韻指掌圖》，近□印本於婺之麗澤書院，深有補□學者。謹重刊于越之讀書堂，□□子孫。紹定庚寅三月朔，四世從孫□敬書於卷末。

顧亭林手評轉注古音略跋※

《轉注古音略》五卷，明楊慎著，李元陽校，蓋刻於滇中者也。半葉九行，每行二十字。顧亭林手評，當爲著《唐韻正》時所考訂。歷藏璜川吴氏、曲阜孔氏，有微波榭跋語，詳記得書原委，其爲亭林手迹自屬可信。其考訂咸就闌上作隸體書，兹舉其訂正各條。如三江「從」字云：「從字即容、七恭、秦用等切，見諸經典者不外此等。而淙之一音，以《檀弓》例之，又未始不相通也。」十灰「能」字云：「阮瑀《七哀詩》：『冥冥九泉室，漫漫長夜臺。身盡氣力索，精魂靡所能。』今本改『能』爲『迴』，不知《廣韻》十六咍部元有能字，姚寬證之以《後漢書·黄琬傳》『欲得不能，光禄茂才』，以爲不必是韻矣。詳《唐韻正》本字下。」五歌「頗」字云：「唐開元十三年，敕改《尚書》『無偏無頗』句爲『無偏無陂』，謂與下文『義』字相叶。蓋不知古人之讀『義』爲『俄』，而『頗』之未嘗誤也。《易·象傳》：『鼎耳革，失其義也。覆公餗，信如何也。』《禮記·表記》：『仁者右也，道者左也，仁者人也，道者義也。』是『義』之爲『俄』，而其見於他書者，備數之不能終也。王應麟曰，宣和六年詔《洪範》復舊文爲『頗』，然監本猶仍其故，而《史記·宋世家》之述此書則曰『無偏無頗』，《呂氏春秋》之引此書則曰『無偏無頗』，其本之傳於今者則亦未嘗改也。」儀字云：「《易·漸》『上九、鴻漸于陸，其羽可用爲儀。』范諤昌改『陸』爲『逵』，朱子謂以韻讀之良是，而不知古人之讀『儀』爲『俄』，不與『逵』爲韻也。今據以訂正。」六麻「離」字云：「《小過》『上六，弗遇過之，飛鳥離之。』朱子謂以韻讀之，當作『弗過遇之』。而不知古人之讀『離』爲『羅』，正與過爲韻也。今據以訂正。」五尾「久」字云：「《招魂》：『魂兮歸來，北方不可以止些。增冰峨峨，飛雪千里些。歸來歸來，不可以久些。』《五臣文選》本作『不可以久止』，而不知古人讀『久』爲『几』，與『止』爲韻。《詩》曰：『何其久也，必有以也。』又曰：『吉甫燕喜，既多受祉，來歸自鎬，我行永久。』是古人讀『久』爲『几』之證。」六語「舍」字云：「《太史公自序》：『有法無法因時業，有度無度物與舍。』今《漢書·司馬遷傳》亦作『舍』，而後人改『舍』爲『合』，不知古人讀『舍』爲『恕』，正與『度』爲韻。《曲禮》：『將適舍，求毋固。』《離騷》：『余固知謇謇之爲患兮，忍而不能舍也。指九天以爲正兮，夫惟靈脩之故也。』是古人讀『舍』爲『恕』較然可見。今從是本正之。「下」字云：「《隋書》載梁沈約《歌赤帝辭》：『齊醍在堂，笙鏞在下，匪惟七百，無絶終古。』今本改『古』爲『始』。不知『長無絶兮終古』爲《九歌》之辭，而古人讀『下』爲『户』，正與『古』爲韻也。《詩》曰：『于以奠之，宗室牖下，誰其尸之，有齊季女。』是即古人讀『下』爲『户』之證，詳《唐韻正》本條下。」八霽「陂」字云：「按：『無平不陂』，釋文云：『陂字亦有頗音』，故《書》之『無偏無頗』唐開元間敕改爲『陂』，因此考之，古音相去遠矣。前於『頗』字下辨出，此處亦不得混而一之」。十一陌「借」字云：「李白《日夕山中有懷》詩：『久卧名山雲，遂爲名山客。山深雲更好，賞弄終日夕。月銜樓間峯，泉漱階下石。素心自此得，真趣非外借。』今本改『借』爲『惜』，不知《廣韻》二十二昔部元有『借』字，而『傷美物之遂化，怨浮齡之如借』，已見於謝靈運之《山居賦》矣。詳見《唐韻正》本字下。」皆考辨正確。其他隨筆瑣志，不更悉舉。卷尾有顧氏手記一則，孔氏一則，録之左方，而近時袁抱存、方地山兩跋亦附著焉。此帙舊藏於方氏，頃歲乃流入坊肆者也。辛未八月十八日，薑菴記。

自三代六經之音久失其傳，古文之存於今者多後人所不能通。以其不能通，而輒以今世之音改之，於是乎有改經之病。始自唐明皇改《尚書》，而後人往往效之，然猶曰「某舊爲某」，則其本文猶在。洎乎近日，鋟木盛行，而凡先秦以下之書率臆徑改，不復言「舊爲某」，則古人之音亡，而字亦亡，此尤可歎者也。余不揣寡昧，僭爲《唐韻正》一書，一循唐音正軌，而尤賴是書以尋其端委，俾學者知讀經自考文始，考文自知音始，而古音之亡者終不亡，此厚幸矣。癸巳冬十二月，崑山顧氏記。

翌日酉初，李子德伻來，鄙著韻書甫就藁，因具始末答之。亭林再記。

顧氏《音論》，向借朱氏休度抄本觀之。又於朱氏静思堂檢得《古音略》一本，係顧氏亭林著《唐韻正》時考正原本，而前三卷獨缺，不勝悵悵耳。乾隆二十九年甲申二月，誧孟記。

是書佚其前半，先君子藏之三十餘年。今春璜川志忠吴君出所藏對勘，恰是顧氏考訂原本，可稱奇遇矣。即以舉貽，酬以程君寥天一墨二枚，此一時之快事也。嘉慶辛巳佳辰，微波榭記。

《古音略》五卷，顧亭林手批，南海孔氏舊藏，今歸江都方地山夫子。乙丑閏四，觀於沽上旅邸。夫子自云，此批校本之甲觀也。予謂此雖明人撰著，然得亭林批，便不覺升庵爲野狐禪矣。洹上袁克文題并識。

亭林以考文知音之學寫示良友，尚無乾嘉校勘習氣。孔氏父子展轉得之，俾名賢手蹟分而復合，殊有趣味。大方。

收藏有「璜川吳氏收藏圖書」、「孔廣根印」、「孔繼涵印」、「葒谷」各印。

藏園羣書題記卷第二　史部一

紀傳類

題百衲本史記※

此帙集宋元而成，其板刻凡六種。其一曰淮南轉運司大字本，三十九卷。半葉九行，行十六字，注雙行二十二字，白口，雙闌，版心上記字數，下記刊工姓名。間有元代補刻。宋諱弘、殷、讓、玄、敬、貞、樹、桓字等皆缺筆，補版不盡避。列傳卷三十五後官銜二行，文曰：「左迪功郎充無爲軍軍學教授潘旦校對，右承直郎充淮南轉運司幹辦公事石蒙正監雕。」存世家卷一至六，卷九，卷十八至二十，卷二十二至二十五，卷二十七至三十，列傳卷十二至二十三，卷三十三至三十七，卷六十七至七十。其二曰宋黄善夫本，四卷。半葉十行，行十八字，注雙行二十三字，細黑口，雙闌，版心上方記字數，避諱至桓字止，右闌外記篇名。每卷後記史若干字，注若干字。存世家卷五至八。其三曰中統本，四卷，半葉十四行，行二十五字，注雙行同，白口，四周雙闌，宋諱不避，版心下方間記人名一字，左闌外記篇名。存表卷三，列傳卷三十至三十二。其四曰元彭寅翁本，七卷。半葉十行，行二十一字，注雙行同，黑口，雙闌，版心上記大小字數，左闌外記篇名。存本紀卷四，列傳卷二十四至二十九。其五曰元大德九路本，二十六卷。半葉十行，行二十一字，注雙行同，黑口，四周雙闌，版心記字數及刊工姓名，上魚尾上記「饒學」、「番學」、「番江路學」、「樂平」、「錦江」等字。存本紀卷五，表卷四、五，書卷一至八，世家卷十八、十九、二十一、二十六，列傳卷一至十一。其六曰南監本，二十八卷。半葉十行，行十九字，注雙行二十七字，白口，四周雙闌，版心上記大小字數，下記刊工姓名。有元明遞修之葉，明修者版心有「弘治三年補」五字。宋諱桓、慎皆不避，是源出北宋胄監也。存本紀卷一至四，世家卷二十六，列傳卷十一，卷三十八至四十五，卷五十二至五十八，卷六十至六十六。目録後有補版官銜名六行：

元統三年五月　日　刊補完成

儒司該吏　高德懋　樊道佑

所委監工鎮江路丹徒縣儒學教諭楊文龍

江浙等處儒學提舉司吏目　阿里仁美

登仕江浙等處儒學副提舉　陳旅

承事郎江浙等處儒學提舉　余謙

沈子培南監本《史記集解》識語附後：

南監《集解》向來校刊家不甚注意，余獨重視之，而苦無佳印本。今日與滈化本並几同觀，乃知此是滈化嫡子也。紹興九年，詔下諸郡，索國子監元頒善本校對重刊，此其是歟？元統重脩銜名亦有關考證者。寐翁。

此百衲本史記，舊爲宋牧仲所藏，各卷均鈐有「商丘宋犖收藏善本」、「緯蕭草堂藏書記」二印，蓋即宋氏所集也。又「許氏德華」、「橫塘後裔」、「悦菴」三印，在黄本中。存八十卷，内宋本一，元本三，凡淮南轉運司大字本三十九卷，黄善夫本四卷，中統本四卷，彭寅翁本七卷，大德九路本二十六卷。余又增入南監本二十八卷，其中重複不計者，通得一百一卷。此六本中，淮南本、南監本爲《集解》，餘三本兼有《索隱》，黄本則并有《正義》也。

《按鐵圍山叢談》載唐李汧公號善琴，乃自聚靈材爲之，曰「百衲琴」。王隱《晉書》載董威輦於市得殘繒，輒結以爲衣，號曰「百衲衣」。《廣川書跋》載蔡君謨書《晝錦堂記》，每字一紙，擇其不失法度者連成碑形，當時謂之「百衲本」。是琴也、衣也、碑也皆有「百衲」之名，其所由來舊矣。錢遵王《讀書敏求記》《史記》下云：「予昔藏宋刻史記有四，而開元本亦其一焉。今此本乃集諸宋板，共成一書，大小長短，各種咸備。李汧公取桐絲之精者雜綴爲一琴，謂之『百衲』，予亦戲名此爲『百衲本《史記》』，以發同人一笑焉。」百衲本之見於藏書家此爲最朔。其後，雅人好事者游戲神通，争相慕傚，而咸以《史記》爲之職志，於是百衲《史記》之名流播於書林者，乃不一而足。以余所知，遵王而外，又有汲古閣之「百合錦」。視孫從添《藏書紀要》嗣後大興朱笥河家有之，劉燕庭家亦有之。錢、毛、朱三氏之書至今蹤迹渺不可得，劉氏之書則光緒之初歸於姚彦侍方伯。姚氏藏書，端匋齋督兩江時，斥數萬金舉而儲之清涼山下江南官庫，而獨取此書歸之私篋。既而聯姻於項城袁氏，此書乃爲女公子奩中物，遂以貽圭庵公子。劉氏玉海堂從匋齋假出，影寫付刊，遂得傳播於世。其中《集解》本二：一爲十四行二十四字，一爲十行十九字。又三家注本二：一爲十二行二十五字，一爲十二行二十二字，皆南、北宋刻，且爲罕覯之本，至足寶也。余昔年亦欲仿其製集爲一帙，顧以宋本不可猝致，乃取明代秦藩、汪諒、王延喆諸本，襞績成書，聊備一格。然東施效顰，未免相形見絀矣。

壬申之夏，文友主人魏經腴言，津門某君以官事繫累，急舉藏書求售，中有百衲本《史記》，余未敢深信。及異日郵致，則舊裝十有七册，赫然出於四本之外，爲前人所未見，得之喜可知也。雖其中宋元雜出，不免微有遜色，然淮南大字本居其半，溯源既古，傳世極稀，昔郁氏藏本衹二十九卷，愛日精廬藏本亦衹三十卷，而皆珍詡甚至，侈爲奇書，此則三分有一，甯不氣壓萬籤耶！九路本雖大德所雕，而流傳於後者視宋刻尤罕，故諸家藏目絶少著録。余景祐本中原配入二十餘卷，今此帙又得二十六卷，亦足自豪矣。南監本余先後收得五十二卷，沈乙盦極重視之，謂此乃北宋監本之遺，雖元統、弘治迭經修補，版入南雍，或者以爲習見，然自嘉靖張邦奇重刻後，此版久絶，傳本無多，故特取以彌其缺，或不致貽鳧脛狗尾之譏乎？

又《史記》之外，前人仿述古主人百衲之製者尚多，如黄蕘圃有《宋文鑑》，以宋刻大小字五本集成；《昌黎先生集》以宋刻殘本四種集成；汪氏藝芸精舍有《春秋經傳集解》三十卷，以岳刻各本集成；《唐文粹》一百卷，以明覆本各種集成；余得繆藝風遺書中有《北堂書鈔》一百六十卷，以嚴鐵橋刻殘本、姚彦侍活字殘本及新、舊鈔校本集成。又昔年在吴門收得《太平廣記》五百卷，以明談氏、許氏刻本，明活字本，明藍格鈔本集成。此皆百衲本之支流餘裔，臚記於編，後之譚書林掌故者，宜於殘編焦尾之後，特闢此門以納之，亦化腐朽爲神奇之妙用乎！楊惺吾《藏書紀事詩》列有「百衲本」一題。

甲戌八月二十一日，秋雨連綿，竟日無叩關之客，獨坐小園，景物清寂，殊爲悶損，手理篋藏自遣，因泚筆志之。藏園老人書。

明影寫宋刊本史記集解跋※

此明鈔殘帙，乃從宋刻影摹者，賈人謂是元鈔，余以其麻紙闊簾，而字蹟古拙測之，要是成、弘以前人所録，故所用猶宋元間舊紙。半葉九行，每行十六字，注雙行二十字。佚去本紀六卷，缺卷三、四，卷九至十二。表二卷，缺表一、二。世家十三卷，缺三至八、十至十三，十七至十九。存者一百九卷。卷後有校刻官銜名，文曰「左迪功郎充無爲軍軍學教授潘旦校對，右承直郎充淮南路轉運司幹辦公事石蒙正監雕」，凡兩行。今所存者《年表》第八、《曆書》第四、《李斯列傳》第二十七、《樊酈滕灌列傳》第三十五、《匈奴列傳》第五十、《滑稽列傳》第六十六。檢劉翰怡新翻本核之，題銜各卷皆與此合，是其照宋刻影鈔殆無疑義。

余考大字本《史記集解》其存於今世可考見者，甘翰臣家有二十九卷，潘明訓家有三十二卷，余家所藏爲宋牧仲故物，乃有三十九卷。翰怡藏本爲吴平齋故物，卷帙最多，亦祇存四十五卷，然最可貴者，其中有十數卷確爲蜀中刻本，其餘各卷及各家所藏，均淮南路所覆板也。翰怡新刻木既據家藏本入木，不足者又借潘氏本以補之，其餘所據亦鈔本耳。書經展轉鈔傳，譌失殆不能免，暇時當取新翻之本與此舊鈔勘正之，其得失之數庶釐然可信矣。庚辰六月初九日，藏園老人識於昆明湖畔之清華軒。

元彭寅翁刊本史記跋※

此元大德彭寅翁刊本，半葉十行，每行二十一字，注雙行同，黑口，左右雙闌，中縫記大小字數，在上下方不定。卷首標題小題在上，大題在下，注文《集解》、《索隱》、《正義》皆具。目録九行，大字，目後有隸書木記二行。文曰「安成郡彭寅翁刊于崇道精舍」。《十二諸侯年表》後有「安成郡彭寅翁鼎新刊行」木記二行，鐫工精麗，板匡微小，是亦建本之佳者。鈔寫補入者爲卷六《始皇本紀》，卷七《項羽本紀》，凡二卷。别刻補入者爲列傳五十七《司馬相如傳》至卷六十二《酷吏傳》，凡六卷，係中統本，半葉十四行，行二十五字。此本無《正義》。

按《史記》舊本宋刻傳世者，檢各家所收藏及余所目覩者，可得十餘種，而元刻傳世者轉絶罕。自中統本、九路本外，惟此彭寅翁本。然中統二年當宋景定二年，其時元朝尚未建號，故世謂之蒙古本，未可降與元本儕，則號爲元刻者祇九路及彭氏二本耳。大德九路本余祇存殘本二十餘卷，此外未見全帙。彭氏本流傳亦稀，余生平所見者，常熟瞿氏有七十四卷，即愛日精廬張氏舊藏也。沈乙盦曾收得三十餘卷，頗自珍惜，嘗謂余曰：「遷史舊刻兼收《正義》者，宋惟黄善夫本，元則祇彭寅翁耳」。前歲南游，於廬江劉惠之家曾覯一部，其中配入别本數卷，未爲全璧。此外徧檢諸家藏目，絶未見有著録。余曩收商丘宋氏百衲本，係宋元兼采，中有彭本七卷，慰情勝無，聊備一格。

此帙舊爲順德李芍農侍郎家藏，近年其孫勁莾北來求學，肄業於輔仁大學。侍郎遺書數萬卷，多古刻名鈔，勁莾惜其歲久敝壞，携入廠肆，倩工裝褙，此書以舊經水浥，又苦蟲傷，不易脩整，乃決思捨去。余展轉浼人商讓，遂以千金易之。因屬文友堂主人爲致善工，精心補綴，不惜功費，不限時期，凡閱一年有半而裝潢始訖，整齊明净，焕然改觀，從此雙鑑樓中《史記》舊刻，自景祐本、百衲本、中統本之外又增一善本矣。爰詳述源委，垂示忠郎，俾知此本雖屬元刊，而良未易遘，且衡其品第，固宜與宋板同珍也。至其文字異同得失，竢參校他本，當别著之。己卯九月二十四日，藏園識。

明金臺汪諒刊本史記跋※

明刻《史記》近世通行稱善本者，有震澤王氏、金臺汪氏、關西廖氏及秦藩府刻，凡四本。四本之中以王本傳世最多，次則秦藩本，而汪氏本、廖氏本較爲希覯。四本咸具《集解》、《索隱》、《正義》，且版式行款相同，付梓同在嘉靖初年，而其源又皆出於南宋黄善夫本，宜若文字差異無多矣。余偶以汪本與王本粗事比核，則汪本之勝異乃迥非王本所及。

茲先考汪氏校刊之始末，而臚舉異同於後，以爲讀遷史者之一助焉。

按：汪本半葉十行，行十八字，注雙行二十三字，白口，左右雙闌。每卷首小題在上，大題在下，與秦藩、王氏、廖氏三本相同。所微異者，大題在下，以小字旁書。此汪氏以意爲之，決非古式。首行有「莆田柯維熊校正」七字，目録後有「明嘉靖四年乙酉金臺汪諒氏刊行」牌子二行。前有嘉靖四年鉛山費懋中序，後有六年柯維熊跋。費序稱諒得舊本重刻，懇大行人柯君徵奇徧求諸家舊本，參互考定，反覆數四，歷兩歲而始就，視陝西之刻尤號精絶。又言，白鹿本無《正義》，陝西雖有之，而《封禪》、《河渠》、《平準》三書特缺，柯君悉爲增入云云。考序中所稱白鹿本爲正德十年白鹿書院所刊，余家有之，其注無《正義》，與所言合。陝西本則正德十二年廖鎧闗西刊本也。其行款與汪本、王本、秦藩本同，所異者左闌外紀篇名，又以數卷爲一册，於版心上方通計本册葉數。此本余只獲殘本數册，配入明百衲本《史記》中，未能詳校。又費、柯二序皆言汪氏得舊本重刻，而不明言爲何本。丁氏《善本書志》據錢氏《甘泉鄉人稿》謂《索隱》序後有「紹興三年提舉鹽茶幹辦公事石公憲刊」三行，以爲此本即從紹興本出。然石本久已失傳，而此本行款正與黄善夫本同，則其與王氏、秦藩同出一源殆可斷言也。惟王氏雕鎸雖精，而校讐未審，故奪失閎多。汪本則經柯氏之手，搜求衆本以定其異同，歷時二年以勤爲訂正，故費氏推其校閲之精，謂得此而二本不足觀，殆非侈言矣。兹取各卷脱文，凡王本無而汪本有者備列於後，則二本之優劣自見焉。

一、《周本紀》四，二十七葉第四行，「攻幽王」下脱注文九字：「《索隱》曰繒國名夏同姓」。

又，五行，「驪山」下脱注文三十八字：「《正義》曰《括地志》云驪山在雍州新豐縣南十六里。《土地記》云驪山即藍田山。按驪山之陽即藍田山」。

二、《漢武本紀》十二葉前六行「晉灼曰蓋」下脱注文九字：「辭也。或曰符，謂瑞應也」。七行「路弓乘矢」上，王本有「是甘泉更」正文四字，汪本無。

三、《禮書》一十一葉後二行「則不可欺以」下脱正文及注二十五字：「曲直衡誠縣鄭玄云：衡，稱也。縣謂錘也。《正義》曰：音玄。則不可欺以」。

四、《律書》三葉十行「朕能任衣冠」下脱注文八字：「《正義》曰：朕音而禁反」。

五、《律書》三，六葉後二行「律中仲吕」下脱注文二十五字：「《正義》曰：中音仲。《白虎通》云：言陽氣將極中充大也。故復中言之也」。

又，十二葉前二行，「二十八宿」下脱注文六十一字：「《正義》曰：宿音息袖反，又音肅。謂東方角、亢、氐、房、心、尾、箕，南方井、鬼、柳、星、張、翼、軫，西方奎、婁、胃、昴、畢、觜、參，北方斗、牛、女、虛、危、室、壁，凡二十八宿，一百二十八宿星也」。此卜十母十二字注亦不同。

六、《吳太伯世家》二葉前四行，「克殷求太」下脱正文十八字：「伯仲雍之後得周章，周章已君吳，因而封之，乃」。

七、《宋微子世家》十六葉前十行「子悼公購由立」下脱正文及注文四十八字：「《年表》云：四十九年。《索隱》曰：購音古候反。悼公八年卒。《索隱》曰：紀年爲十八年。子休公田立。休公田二十三年卒，子辟公辟兵立」。

《楚世家》三十葉後二行「故爲婚姻」下注文脱誤，汪本改正如下：凡三十二字。「《正義》曰：壻之父爲姻，婦之父爲婚，婦之父母、壻之父母相謂婚姻，兩壻相謂爲亞。」

八、《孟嘗君傳》十葉後四行「東入齊者」下脱正文十七字：「無不欲彊齊而弱秦者。憑軾結靷西入秦者」。

九、《信陵君傳》三葉前九行「爲能急人之困也」，「困」字下脱正文二十一字：「今邯鄲旦暮降秦，而魏救不至，安在公子能急人之困」。

十、《范雎蔡澤傳》九葉前七行「木之有蠹也」下脱注文八字：「《正義》曰：音妬，石柱蝨。」

十一、《西南夷傳》六葉前四行脱正文四字：「卒爲七郡」。

右舉其奪訛之尤甚者凡十四則，汪本皆不差誤。其它單詞賸義，尚未能悉舉，其視王本自爲精善。然合宋元諸本參之，則汪本奪訛亦正不尠。如《秦本紀》三十一葉「與三晉燕伐齊」下脱《索隱》十一字，「白起攻楚取鄢鄧」下脱《正義》十一字，「取郢爲南郡」下脱《正義》二十七字，「會襄陵」下脱《正義》三十六字，「白起爲武安君」下脱《正義》四十七字，及「江南爲黔中郡」下脱《正義》三十字。綜計一葉之内脱一百六十三字，而王本皆有之，此又汪本之失校，遜於王本者也。至如《司馬相如傳》中木蘭及青丘兩《集解》，則此本并脱，而王本亦正同，所謂「楚則失矣，齊亦未爲得也」，蓋其所從來者遠矣。

日前張菊生前輩方校印宋本《史記》，以王本脱誤數則馳函見訊，因取汪、王兩刻比勘得失，並搜討校記，又得數事，以復張君。異時黄善夫本影印流傳，當屏絶人事，重事丹鉛，庶幾刊謬訂訛，使數百年來殘闕竄亂之文，皆審慎亭平，以歸於至當，則區區所述或足爲喤引乎！丙子九月二十有八日，藏園老人記。

明震澤王氏刊本史記跋※

明嘉靖時《史記》凡二刻，其傳世最著者，無如震澤王氏本，其書半葉十行，每行大字十八，注雙行二十三字，與秦藩、汪諒本咸同，而文字乃互有得失。近時涵芬樓翻印宋刻黄善夫本，三家注咸具，其行款與王氏本悉合，知王氏所據正爲黄善夫本。然取以對勘，各卷《正義》奪佚者有《周本紀》、《孝武本紀》以下凡十條，一百七十六字，疑王氏所據之本或有殘缺，故差失如此之多也。顧此本雖不免奪佚，而以武英殿本校之，其可以補正者，仍有《集解》三十五條，不全者七條，《索隱》二十五條，不同者十九條，《正義》五十二條，不全者四十八條，是不失爲善本也。此本摹雕至精，初印者楮墨尤明湛可喜，余求之十餘年，始見兹帙，獨爲精印完善，因斥百金收之。

又，此本覆刻精善，肆估遂去其牌記，以充宋刊。余領故宫圖書館時，見《天禄琳瑯》著録之宋本《史記》，如嘉定六年之萬卷樓本，祕書省正字張耒校對本，皆取王氏本改刻牌記。故歷年閱肆所見，其各卷牌子罕有存者。此帙目録後之篆文木記，集解序後之隸文木記，索隱序後之延喆識語七行，悉皆完具，尤足寶貴。舊爲盧抱經學士藏書，有「盧氏藏書」、「盧文弨印」、「紹弓氏」、「抱經堂印」、「文弨讀過」諸印。卷中有朱墨筆考證評語，書於眉上，行間點擲精整，爲趙徵介星瞻手録歸震川評點，各册均有題識。丁丑七夕，藏園老人識。

木記識語録如下式：

震澤王氏刻梓 目後篆文

王氏刻于恩褒四世之堂 集解序後隸文

延喆不敏嘗聞於 先文恪公曰國語左傳經之翼也遷史班書史之良也今吳中刻左傳郢中刻國語閩中刻漢書而史記尚未板行延喆因取舊藏宋刊史記重加校讐翻刻于家塾與三書並行於世工始嘉靖乙酉臘月迄於丁亥之三月林屋山人王延喆識於七十二峯深處 楷書，右索隱序後。

宋刊後漢書殘本跋※

《後漢書》宋刊殘本，存帝紀五至十，列傳一至二十五，又四十、四十一，又四十五至六十，凡爲卷四十有九。半葉十行，每行十八九字，注雙行二十三字，細黑口，四周雙闌，板心上方間記字數，亦有分記大小者。不記者約三之一，上魚尾記後紀幾、後傳幾，下或接書《漢書》幾，蓋兼記大題也。每卷首標小題在上，大題在下，左闌外記篇名。避宋諱至慎字止，然間有不避者。劉攽校注加小墨圈以隔别之，或記於每卷後。

按：《范書》南宋建本有二：一爲嘉定蔡琪一經堂刊本，八行行十六字，陸氏皕宋樓、劉氏嘉業堂皆有之。一爲慶元劉之問本，十行十八字，即是本也。黄蕘圃有殘本，見於《百宋一廛賦注》。張金吾有殘本，見於《藏書志》。徐氏積學齋藏殘本，見《藝風堂書影》。余所目覩者，袁漱六舊藏，今歸德化李木齋師，中亦闕數卷，目録後有木記二行，云「建安劉元起刊於家塾之敬室」與蕘圃所言合。此書雕鐫精美，字體方峭，紙墨明湛。建本之妍麗可喜斷推此種，與黄善夫刊《史記》正同，可見一時風氣。

然校勘未精，差失時見，何小山至斥爲闖肆惡本。今就殿本郭、符、許列傳勘之。如《郭太傳》注「鄭公業之名亦同焉」，「焉」不誤「也」；「與服雜事」，「事」不誤「字」；「弟子以千數」，不誤「子弟」；「擾之不濁」，「擾」不作「撓」。《茅容傳》「既而以供其母」，「供」不誤「共」。《孟敏傳》「甑以破矣」，「以」不作「已」。《黄允傳》「允以此廢於時」，「時」不誤「世」。《符融傳》「風性高簡」，「風」不誤「夙」；注「既到官，融往相見」，不脱「既」字。《許劭傳》「操乃爲隙脅劭」，「爲」不作「伺」。此皆宋刻之佳者。然其訛謬可指者，如《庾乘傳》「由是學中以下爲貴」，「由」誤作「曰」。《符融傳》「但即土埋藏而已」，誤合「即」、「土」爲「堲」字。《許劭傳》「平輿人也」，誤作「千輿」。其最甚者，《郭太傳》末「初，太始至南州，過袁奉高」至「名聞天下」凡七十四字，本注引謝承《後漢書》之文，今誤作大字，溷入正文。錢竹汀舉其四失：一，謂蔚宗避其家諱，此傳前後皆稱林宗，不應忽而稱名；二，其事已載《黄憲傳》，不當重出；三，叔度書字而不書姓；四，前云「名震京師」，此又云「名聞天下」，詞意重沓。則其由注攙入顯然矣。又以下左原以下等十人皆因林宗附見，所謂「録其章章，著之篇末」者也。故他本皆附傳末，此本乃提行别起，若附傳者然，尤失原書之旨。明嘉、萬以後本皆沿其誤不改。是皆疵纇之大者，何氏斥爲惡本，洵非過論。余既舉其佳字著之於篇，而於違謬之甚者，亦不欲爲之曲諱。蓋是非自有定論，非可以意爲抑揚也。

昔人謂范書難得佳本，以余所見衡之，北平館所藏紹興九行大字本實爲最勝，曾取汲古閣本勘誦一過。次則正統本，亦源出宋刊，多存舊式。若此本之寫刻精良，要自可喜。然讐勘未審，與蔡純父本同爲魯衞之政，徒取悦流俗之目而已。

此書出福山王文敏公家，十年前文德堂韓大頭曾舉以相眎。當時喜其版刻精麗，亟欲收之，而苦於高價難償。旋以千五百金代友人王君購致之。近歲王君盡斥藏籍，此書歸於鄧君君翔。其後鄧氏又不能守，遂爲聚珍堂劉賈所得。庚午殘臘，劉賈爲債累所窘迫，欲貶值脱手，余乃以千二百金獲之。蓋經歷六年，流轉數姓，而卒入於篋藏，余於兹書殆有夙緣耶？按此書士禮居藏二部，皆爲殘本。愛日精廬所藏亦祇二十八卷。此本所存尚得四十九卷，較黄氏固不及，而較張氏則已贏。藏園乙部多有舊刻，惟《范書》獨無古本，得此適彌其缺，良非偶然也。

元大德本後漢書跋※

《後漢書》帝、后紀十二卷、光武及皇后紀分上下卷。志三十卷、列傳八十八卷，列傳凡八十，其中馮衍、郎顗、班彪、蔡邕、袁紹、儒林、文苑、方術各傳分上下卷，故爲卷乃八十有八。大德寧國路刊本，半葉十行，行二十二字，注雙行同，黑口，四周雙闌，版心上記字數，下記刊工姓名，明成化補刊則下記監生某人。每卷首小題在上，大題在下。前録景祐元年牒文，文後有「大德九年十一月望日，寧國路儒學雲教授任内刊」二行，蓋九路所刊，而所據乃景祐本也。各卷後列校正人名，有張㮚、王鰲叟、王師道、胡大用、程紹慶、李荆安、張能官、在張㮚下，加一「孫」字，當爲㮚之孫也。李繼善諸人，其署名或一人、二人、三人不等，亦有題寧國學正某人者。每卷鈐「賴古堂藏書」印，知爲周櫟園舊藏。此本祇存九十七卷，别訪殘卷不獲，嗣於文友堂殘書中檢得《范書》數種，皆元、明舊刻，乃取宋元遞修本補入十三卷，嘉靖南監本補入十卷，雖樂昌之鏡未圓，而天孫之衣可補。從此展卷之餘，差免抱殘之憾矣。宋刊元修本半葉十行，行十九字，注二十五、六字不等，黑口，單闌。間有「大德九年補刊」、「元統二年補刊」字。所補各卷爲列傳卷四、五，卷二十，卷三十一至三十四，卷五十九、六十，卷六十四下至六十七，凡十三卷。嘉靖南監本半葉十行，行二十一字，黑口，雙闌，版心上方有「嘉靖九年刊」字。所補各卷爲帝紀卷六、七，志卷三、四，卷八至十三，凡十卷。

昔何義門校《後漢書》，跋云：「觀劉氏刊誤諸條，乃知在北宋即罕善本，緣前人視之不如班書故也」。黄蕘圃亦言：「《後漢書》本宋刻佳者不可多得，如建安劉元起敬室本，又有一大字本，按：此即指蔡琪一經堂本，半葉八行，行十六字。吴槎客有十四卷，余亦藏有殘卷。義門至斥爲市賈之下劣者。雖名爲宋，而實不及元明本，蓋以所從出異也」。余生平所見《范書》，以紹興大字本爲最善，此外則正統本、汪文盛本，亦稱佳刻，以正統本出於淳化本，汪刻出於湖北茶鹽司本，其根源爲古舊，訛謬亦較少也。此大德九年寧國儒學所刊，即世所稱九路本者。前列景祐元年余靖上言，知其源實出於景祐，然其流傳於世乃絶稀。觀錢泰吉記兩《漢書》校本，臚列北宋以迄成化，凡七八本，而獨未及見元刊。惟虞山瞿氏、海源閣楊氏目録乃有之，德化李椒微師家有前、後《漢書》，余曾見之，頗爲完飭。此帙出周櫟園家，不審何時散佚，缺卷至二十有三，余取宋元遞脩之本補得十三卷，喜其同出景祐也。其餘則姑以南監本充數，以竢異日訪尋焉。

考陳仲魚校大德本，舉其可寶者五事。陸存齋校蜀刻殘本及蔡氏一經堂本，亦標列異文，可以糾正汲古訛奪者凡數十事。余以此本校汲古閣刻，其佳勝之處亦夥。撮其要者言之，如《鄧隲傳》論「况其後嗣乎」，其下不脱「事具古史考」五字；《寇恂傳》論「于寇公而言之矣」，注文不脱「《論語》孔子之言」六字；《張純傳》「務於無爲」下，注文不脱「曹參惠帝時代蕭何爲相國，遵蕭何法，無所變更」十九字；「樂必崩」下，注文不脱「《論語》宰我之言也」八字；《廣陵思王荆傳》「今天下争欲思刻賊王以求助」下，不脱「寧有量耶，若歸并二國之衆，可聚百萬，君王爲之主，鼓行無前，功」二十五字；《胡廣傳》「詢於芻蕘」下，不脱「國有大政，必議之於前，訓諮之於故老」十五字，並注「叔向曰」云云二十字。此節明嘉靖崇正書院本脱失。至如孝和帝諱肇，不作「肈」字，《鄭玄傳》「師事京兆第五元先」，不脱「先」字。其零璣屑玉，殆難以更僕數矣。惟《郭太傳》末，「初泰始至南州」以下七十四字，以注攙入正文；《康成傳》之「爲父母羣弟所容」，誤加「不」字；《阜陵王延傳》之「扶樂」，仍誤「扶桑」；皆未能盡善，則其誤失自宋本已然，沿訛踵繆，正非一日，亦不必專爲元本咎矣。

又按，此本卷前有儒學雲教授任内刊行兩行，卷末尚有雲謙跋，惜余此本已佚去，兹依《丁氏善本書志》補録之。其文曰：「江東憲副伯都公語謙曰：『浙西《十一經》已有全版，獨《十七史》則未也，今文移有司，董其役，庶幾有成！』謙應曰：『此盛舉也』。宛陵郡學分刊《後漢書》，自大德己巳孟夏刻梓，至仲冬書成，版計二千四百四十有奇，字計一百二十餘萬。郡侯謹齋夏公力贊其成。大德九年乙巳，河南雲謙跋」。據此可得刊書之源委，而董其役之雲教授，其名字籍貫亦藉以傳焉。明代嘉靖時歐陽鐸在廣東刻范《書》、即依此本覆刻，行款正復相同，錢竹汀常許爲佳刻。學者若難致元刊，則得此亦足爲勘正之資，蓋此本乃景祐再傳之嫡嗣也。至日本舊時所刻大字本，雖亦稱翻雕元版，然行款已改，惟卷末僅存張桌、王蒸叟校正人姓名，不足重矣。乙亥五月二十二日，藏園老人識。

宋刊本南齊書跋

梁蕭子顯著《南齊書》五十九卷，宋刊本，半葉九行，每行十八字，白口，補版間有黑口者。左右雙闌，版心上方記字數，下方記刊工姓名，版式高七寸三分，寬六寸。宋諱敬、玄、殷、弘、匡、竟、貞、徵、桓、慎、璇等字均缺末筆，補版不缺。字體方峭嚴整，補版至元代則趨圓軟。桑皮厚紙，開幅寬展，高至一尺二寸。卷末有治平二年崇文院送杭州開版牒文，照録左方。每卷鈐「禮部官書」朱文大印，印高三寸八分，闊一寸六分，蓋明代官印也。牒文如下式：

崇文院

嘉祐六年八月十一日

勑節文宋書齊書梁書陳書後魏書北齊書後周書見今國子監並未有印本宜令三館祕閣見編校書籍官員精加校勘同典管勾使臣選擇楷書如法書寫板様依唐書例逐旋封送杭州開板

治平二年六月　日。

此本志第七卷第三葉、傳第十六卷第十葉爲明以來傳本所無。

壬子春暮，余自南中初還，僑寓津門，然時時入都訪書。一夕走宏遠堂書肆訪趙估，坐定即出一巨帙相示，帙高至尺有二寸，翻閲之則觸手生硬，厚逾梵夾。時燈昏室闇，展卷已精采奪人。趙估語余曰，此不過三朝板之佳印者，然其價當與宋本同。余漫應之。問其價，索銀幣二百元。周旋良久，至夜分，乃議定百二十元。解囊畀之，持書疾歸，展覽竟夕。宋本居十之九，元補板十之一，而明補板無一焉。翌日旋津，舉示同好，僉謂七史流傳至多，然如此巨帙精印者乃絶罕覯，尚未以爲瓌寶也。癸丑春，友人章君式之假去校勘，一日過訪，揖余曰，一事可爲君賀，余於書中發現奇祕矣。急詢其故，乃曰《南齊》自明以來全書缺失者四葉，武英殿刊板時，盡出祕閣之藏書，與徵集海内之進本，而不能得一者，今君有其二。且志中一葉又適爲巴州諸郡，與君故鄉地望相接，兹寧非異事耶！余聞之且喜且慚，蓋如此孤本祕笈，余以無意獲之，然藏之篋中將及一年，乃得良友爲我發此覆，又滋足愧矣。余得此於宏遠堂，詢書之所自出，堅不肯言。然余見其連車入肆時，有聚珍板書多種，皆有穆彰阿印記，爲當時御賜者，而此書之敗篋亦在焉。則此書出於鶴舫相國家殆無疑矣。其肆中同時所見者，尚有宋本《于湖居士集》，聞亦出其家。余與宏遠堂議價垂成矣，而爲人所攫去，至今思之，悵惋無已。

此書每卷首尾有「禮部官書」朱文大長印，其印間有跨在陰陽葉之間者，可知當時固係蝴蝶裝矣。余因疑此書必舊爲内閣大庫所藏，不知何時流出，改爲線裝，而入穆相之家。蓋今日京師圖書館所收内閣大庫之書，所謂「眉山《七史》」者，皆厚皮紙蝶裝，鈐「禮部官書」長印，與此無一不合而獨於《南齊》乃無一册之存。疑自嘉道以來，庫書盗出者當不止此一帙矣。汪啓淑《水曹清暇録》載内閣辛字庫中藏有宋元本書籍，可知當時固有知之者矣。

眉山重脩《七史》，九行十八字。摹印極早，字畫方整者宋刻靈活者元刻，而無明補，爲《七史》中僅見之書。後有治平三年崇文院送杭州開板行文，是北宋刻於杭，南宋刻於蜀，兩處梓人，天水最稱良工。《儀顧堂題跋》云：第三十九卷缺第五葉，以十四葉改刻五字補之。此本無補葉，陸本已有嘉靖脩版，則遜此遠矣。壬子冬月，江陰繆荃孫識。

南監本《七史》，蜀大字本字體方整，元代有重脩之板，稍趨圓活，明嘉靖又經補刊，則更爲劣矣。此本首尾一律，定爲宋元間所印，絶無元補之迹。馮夢禎刊本即從此翻彫，可覆按也。或謂宋紙薄而韌，無此紙之厚重者。然余所見元印鄭氏《通志》即此等紙也，書之以質世之博涉者。壬子仲冬，宜都楊守敬記於上海寓廬，時年七十有四。

此書源流，繆老人跋語至爲詳審。江安傅氏得於日下，云出穆鶴舫相國遺篋。沅叔通懷樂善，不吝乞假，詳檢一過，知陸皕宋跋明脩本所缺四葉，則志第七之三葉、傳十六之十葉原文具在，爲嘉靖以後讀蕭書者所未見。志七第三葉係志巴州諸郡，與沅叔故鄉地望相接。蜀大字本爲蜀人得之已爲佳話，而墜篇復出，又有巧合如斯者。昔蕘圃老人得宋刊《吳志》單行本，矜詡甚至，墨緣書福，知不能耑美於前也。就敝篋明補本校補竣事，喜書簡末。歲在癸丑暮春之初，長州章鈺同僑津門。

《容齋二筆》卷十一「古錞于」條引「南齊始興王鑑爲益州刺史」云云一百一字，即此卷第十一葉内之文。「段祖」作「段祚」，並謂《宣和博古圖》亦引之。然則此段文字尚有旁證，不至孤行。然微元本具在，雖見它書稱引，亦孰能斷爲此卷佚文而掇拾之耶！乙卯七月朔立秋後三日，保山吳慈培記。

校宋本南齊書跋

眉山《七史》，世傳本多已入南監，故有嘉靖間補刊之葉，於通行本補正殊尠。此宋本《南齊書》，余壬子歲得於廠市宏遠堂，傳爲穆鶴舫相國家物。鈐有「禮部官書」朱文大印，桑皮巨幅，厚如梵夾，審爲元初印本，意亦内閣大庫書之早出者，然已改蝶裝爲線裝矣。其紙幅印本與北平圖書館藏各史同，其印文有跨在葉之陰陽兩面者。各卷字句視通行本頗有差異，其最足珍者，則卷十五州郡志第二葉，卷三十四列傳第十葉，爲各本所未見。四百年來，《南齊》缺文凡有四番，兹竟獲補其半，恐天壤間更無與兹本抗行者矣。昔年章君式之、吴君佩伯屢從假校，附有題記，佩伯亟逝，更鄭重以校本相付，此校記即從吴本録出者也。墓草凄蕪，楹書散佚，僅傳此戔戔者，藉以報九原之良友，念之輒爲愴然！戊辰冬，沅叔附記。

通行本缺文二番録後：

永寧郡

長寧　上黄

武寧郡

樂鄉　長林

巴州三峽險隘山蠻寇賊宋泰始三年議立三巴校尉以鎮之後省昇明二年復置建元二年分荆州巴東建年益州巴郡爲州立刺史而領巴東太守又割涪陵郡屬永明元年省各還本屬焉

巴東郡

魚復　朐䏰　南浦　聶陽

巴渠　新浦　漢豐

建平郡

巫　秭歸　北井　秦昌

沙渠　新鄉

巴郡

江州　枳　墊江　臨江

涪陵郡

侍如故鑠清羸有冷疾常枕卧世祖臨視賜床帳衾褥隆昌元年加前將軍給油絡車并給扶侍二人海陵立轉侍中撫軍將軍領兵置佐鄱陽王見害鑠遷中軍將軍開府儀同三司鑠不自安至東府詣高宗還謂左右曰向録公見接慇懃流連不能已而貌有慙色此

必欲殺我三更中兵至見害時年二十五

始興簡王鑑字宣徹太祖第十子也初封廣興王後國隨郡改名永明二年世祖始以鑑爲持節都督益寧一州軍事前將軍益州刺史廣漢什邡民段祖以錞于獻鑑古禮器也高三尺六寸六分圍一尺四寸圓如筩銅色黑如漆甚薄上有銅馬以繩縣馬令去地尺餘灌之以水又以器盛水於下以芒莖當心跪注錞于以手振芒則其聲如雷清響良久乃絶古所以節樂也五年鑑獻龍角一枚長九尺三寸色紅有文八年進號安西將軍明年爲散騎常侍祕書監領石頭戍事上以與鑑久別車駕幸石頭宴會賞

校宋刊本陳書跋※

北平圖書館中舊藏内閣大庫所存宋本《陳書》數册，近歲又續收坊肆殘本，通得二十有二卷，又殘零不成卷者十餘葉。余癸丑秋曾以新覆殿本略校一過。頃收得武英殿原刻，因從館中假得，重事勘正，雖敗葉殘篇亦所不遺。未踰旬而畢。宋本半葉九行，行十八字，白口，左右雙闌。每卷小題在上，大題在下。版心下方記刊工姓名，有陳立、朱梓、朱太、朱光、蔡邠、王能、張禹、袁民、任欽、楊和、王華、王丙、吴宗、童遇、劉昭、許茂、北陳、王昌、田立、許忠、方中、王祖、王昇、王寘、史忠、朱言、徐經、田功、田永、金榮、陳浩、天錫、沈旻、承祖、沈茂、詹世榮、丁松年、施昌夏諸人。其間補版只十之一、二。避宋諱至慎字止，補版則不盡避。存本紀卷五，列傳卷一至四，十一至十六，二十至三十。又本紀一六、列傳十八、九殘葉十許紙。

取殿本對勘，殿本誤而宋本不誤者，如卷一《高祖紀》九錫策文内「衣製杖戈」，「衣製」誤「秉羽」，蓋不知「衣製」出《左氏傳》也。卷五，《宣帝紀》「表上織成、羅文錦被各二百首」，殿本「被」下衍「裘」字，又脱「百首」二字，不知「錦被裘」何以爲詞？「大予祕戲」，殿本「大予」誤「太子」，不知「大予」乃樂署名。《列傳》二十一史贊内「固之蔬菲禪悦」，殿本「禪悦」誤作「蟬蜕」。按《王固傳》中明言其崇信佛法，及丁所生母憂，遂終身蔬食，夜則坐禪，晝則誦佛經。史臣所贊，正指此事也。卷三十三《儒林傳》序「梁武帝開五館，建國學，以五經教授。唯國學乃經經各置助教」。殿本脱「惟國學乃經」五字，是分經設教之制不顯矣。又《戚衮傳》「衮時騁義，擿與往復」，殿本「時騁」誤作「朝聘」，尤失其意。其它單辭隻字，可以匡謬訂譌者，不暇覼縷。

至各卷校記，乃嘉祐時校官曾鞏等所識，原奏記所謂「《陳書》三十六篇始校定，可傳之學者。其疑者亦不敢損益，特加疏於篇末」是也。然明以後諸本多佚之，此本尚存。列傳三、二十八、九、三十等卷六條，爲南、北監本所無，今亦備列於左，以資考證焉。

校記附後：

列傳三：

《侯瑱傳》：「分搥蕩頓蕪湖洲尾」，或本作「分頓」，疑。

「吳明澈字通昭」，或本作「通炤」，疑。

列傳二十八：

「江德操字德藻」，或本作「江德藻字德藻」，疑。

列傳二十九：

《陳寶應傳》：「此皆明恥教戰，濡須鞠旅」，恐有誤。

潼州刺史李腊，或本作「季腊」，或本作「李睹」，疑。

列傳三十：

《始興王傳》：「王飛禽除伏波將軍」，或本作「仗後水軍」，疑。

宋刊本魏書跋※

《魏書》一百十四卷，宋刊本，半葉九行，每行十八字，白口，左右雙闌，版心上記字數，下記刊工姓名，間有元時補版。原版字仿歐陽體，嚴峻方整，補刻則漸趨疏俊，元刻益加圓活矣。桑皮堅韌，厚如梵夾，紙幅寬展，印工清朗，與余舊藏《南齊書》相同。每卷鈐「禮部官書」朱文大印亦同。又有「少谿主人」、「季振宜印」、「滄葦」朱文諸印。少谿即明嘉禾項篤周，意此與《南齊書》必同爲内閣大庫藏本，惟此帙流出較早，已經項氏、季氏收藏。考《延令書目》亦載此書，第未注明册數耳。全書六十四册，鈔配者九册，爲帝紀卷三至十二、列傳卷一至七、凡十七卷。鈔卷亦有季氏印，或明季清初人補寫耳。

此書版入南監後，印本多模糊不可辨，且斷爛釘補，雜然刺目，世謂之邋遢本。涵芬樓發憤欲重印古本全史，遍徵海内外藏書家，《魏書》獨無宋刊全帙。張菊生前輩得密韻樓藏本，約得半數，京館舊藏大庫本亦衹存七十四卷，然已有元代補脩之葉矣。尚缺三十許卷，窮搜遍訪，迄無可補。余告以徐氏藏此書，而未敢云必可致也。頃者，司業後人出藏書求沽，余指名索之，不日載全書至，詳檢一過，雖有鈔補之卷，然宋版所存爲多，元脩衹十之一，蓋未入南監前所模印，至可寶也。惟《魏書》自明以來缺有二葉，一爲列傳卷四第十六葉《廣平王傳》内文，一爲志卷十四第十二葉《樂志》五，永平三年劉芳奏疏文，檢此本仍屬闕如，殊爲遺憾，意非得宋代初印殆不可復覯耳。菊生以假印往商，既不可得，余乃以善價收之，庶涵芬缺卷藉此補完，而余儲之雙鑑樓中，俾與《南齊》爲侶，蔚然爲眉山雙璧矣。

入春以來連獲異書，《文苑英華》既與衢州本《居士集》偕至，而慶元初版《禮部韻略》亦旦晚可諧。頻歲懿親凋喪，情懷殊惡，摩挲卷帙，聊以銷憂。不意瓌寶連翩見投，沈鬱爲之一舒。古緣清福，娱兹暮景，信天之佑我爲獨厚矣。庚午六月二十五日，藏園居士揮汗記。

校宋刊北齊書殘本跋※

北平圖書館藏眉山本《北齊書》凡二十六卷，内閣大庫舊物。存者自卷三十六至五十終，即列傳二十七至四十二也。半葉九行，行十八字，白口，雙闌，版心上記字數，下記刊工姓名，與諸史同。避宋諱至愼字止，惟補版極多，宋版存者祇十之三四，明初補版脱誤彌夥。

余取武英殿本對勘，每卷改訂少者數字，多至十餘字。然其字句異同多有可疑者。令如卷三十九《祖珽傳》「乃受山東課輸」句下，遂接「大文綾並連珠孔雀羅等六百餘疋。令諸姬擲樗蒲，調新曲，招城市年少歌儛爲娱。游諸倡家，與陳元康、程子容、任胄、元士亮等爲聲色之游」云云，與殿本前後倒易。或緣原本「大文綾」上亦有「山東」字而誤綴，不足盡據也。又如卷四十五，《樊遜傳》前皆稱名，至策問乃改爲「孝謙對曰」，忽代以字，亦爲不倫。其後四十九、五十兩卷奪誤彌甚，則由於補刊之葉校勘草率所致。近世學者但知佞宋，然如此金根白芨，謚行累幅，要未敢徇俗，而曲爲之諱也。惟列傳二十七、二十九、三十各卷之末尚存校記三條，爲各本所佚，則真足貴耳。癸酉十月二十九日校畢記。

元大德本南史跋※

元大德刊本，半葉十行，每行二十二字，白口，四周雙闌，板心上方間記字數，下記刊工姓名。補版則大黑口，字殊潦草。每卷首行小題在上，大題在下。偶取殿本第一卷校之，頗有佳處。如「經客下邳」，「邳」不誤「邸」；「使帝伐句章」，「伐」不誤「戍」；「潛構崎嶇」，「構」不作「搆」；「契接於已替之機」，「契接」不誤「接勢」；「進至羅落橋」，「落」不誤「洛」；「將遣將吏百僚敦勸」，不脱「將遣」二字；「進公爵爲王」，「進公」不誤「公進」；固以義洽四海」，「以」不誤「已」；「當受天命」，「受」不誤「授」；「二年二月乙丑」，「乙」不誤「已」；「三月己丑」，「己」不誤「乙」；「置東宫長騎步兵翊軍三校」，「三」不誤「二」，皆以此本爲勝。通計一卷中改訂得二十餘字，則全書訛舛當不可勝計矣。考皕宋樓、鐵琴銅劍樓均藏有此本，然瞿本有嘉靖元年修版，陸本有嘉靖十年修版，此帙雖有補刊，要是元修元印，固遠勝之。全書完整，聞爲海源閣所庋，第無印記可證，秖存「恩福堂藏書記」一印，或煦齋相國遺籍耶？卷七十九、八十兩卷用明南監本配入，未免白璧微纇耳。卷首序以文義考之，似失去一葉，檢《丁氏善本書志》，迺所失正同，是此版脱佚葢亦舊矣。兹録存左方，以爲異時補正之資焉。

《南史》所載宋、齊、梁、陳本紀十卷，列傳七十卷，李延壽撰述之筆詳矣。僕請組而言之。宋高祖討桓玄，除晉孽，自爾骨肉相殘，七傳爲齊太祖所滅。齊興僅二十四年，東昏、和帝廢弒之禍酷烈。梁武受禪，輕納侯景，結怨東魏，疆埸淪亡，子孫被其弒逆，國祚易而爲陳。傳四帝而後主無道，納隋叛降，竟爲隋俘，天下混一歸於隋。吁！四朝代謝，不過一百七十三年，彼享國修短、廢興治亂之迹，史臣述之，垂世鑑戒，一開卷間瞭然在目，覽之者鮮不惕然於心。較之唐堯在位七十載，周家傳祚八百六十有七，天壤差殊。静言思之，固以下有脱葉。郡侯吕公師皋提綱於先，繼蒙郡同知張公雲翼偕僚屬振領於後，遂成此書，江左後學感廉使幸惠之德不淺也。蜀人蒯東寅忝郡文學，黽勉與力，因喜書成，傳之永久，與天下覽者共之，故爲僭引筆序其顛末云。大德丙午立夏拜手謹書。

元大德本北史跋※

元大德刊本，半葉十行，每行二十二字，黑口，四周雙闌，版心下方間記刊工姓名，上方陽葉記刊書地名，陰葉記字數。其地名有「信州路儒學刊」、或作「信州儒學」，或「信州路學刊」，或「信州學刊」，或「信州刊」，或「路學刊」，或「本學刊」，或「州學」，或「信學」，或「學刊」不等。「信州路象山書院刊」、或作「象山書院刊」，或「信州象山刊」，或「信象山」不等。「藍山書院刊」，或作「信州藍山刊」，或「藍山刊」不等。「信州路道一書院刊」、或作「道一書院刊」，或「道一刊」，或「道刊」不等。「玉山縣學刊」、或作「玉山儒學刊」，或「玉山縣學」不等。「永豐儒學刊」、或作「永豐學刊」，或作「永學刊」不等。「弋陽縣學刊」、或作「弋陽縣學」，或「弋陽學刊」不等。「上饒縣學刊」、或作「上饒縣刊」。「貴溪縣學刊」。或作「貴溪學刊」，或「貴溪學刁」不等。以全書詳檢之，卷一至五十刊者爲信州路儒學，有方洽、周益、周己千、周之冕、孫粹然校正等字。卷五十一至七十二刊者爲象山書院。卷七十三至八十刊者爲藍山書院。卷八十一至八十三刊者爲道一書院，有楊燧校正、聶則遷校正、陳志仁校正等字。卷八十四至九十刊者爲玉山縣學，有鄭道寧、王烈校正等字。卷九十一至九十三刊者爲永豐儒學，卷九十四至九十八刊者爲弋陽縣學，卷九十七至九十八刊者爲上饒縣學，卷九十九、一百刊者爲貴溪縣學，皆無校正人名。惟皕宋樓本據《儀顧堂題跋》，刊書之地尚有稼軒書院，余别藏殘本亦有之，兹本獨不見，蓋卷六十至七十二乃以補刻版配入也。舊爲季滄葦所藏，見《延令書目》，有「季振宜藏書」朱文小印。又「恩福堂藏書印」，當爲英煦齋。至「秋菘齋印」未悉何人。此與《南史》均傳爲宋存書室散出者，惜缺失第四十二、四十四至五十，凡八卷。頻年戎馬縱横，文物塗炭，幸糾桓者知故紙可以博金錢，不致以宋版《公羊》裹玉佩，《永樂大典》糊油簍，亦良足幸矣。

今以殿本校之，卷一魏本記「廣漠之野」，「漠」不作「莫」；「爲與魏和親計，四十二年遣子文帝如魏」，「魏」字皆不誤「晉」；「控弦上馬將百萬」，「上」不誤「士」；「賈彝、賈閏、晁崇等」，「賈彝」不誤「買彝」；「旌旗絡驛」，「驛」不作「繹」；「及徒何高麗新夷」，「新」不誤「雜」；「高原王樂真等七軍」，「高原」不作「高凉」；「天賜二年冬十月慕容德死」，「月」不誤「日」；「泰常五年以彰靈命之先」，「命」不誤「令」。其他異字尚多，要以元刊爲勝。至《瞿目》《陸目》所舉「凉武昭王」，「凉」不誤「梁」，「長城大狩」，「大狩」不誤「太守」，按之皆信然。知南監翻雕以後，沿訛踵繆正多，若非得元本殆無以矯正之，況此帙爲元時摹印，又前於瞿、陸所藏，彌足珍異。閲者幸勿以寫刻粗率而皮相失之耳。

鈔本南北史合注跋※

此書爲明季李清映碧所撰，凡一百九十一卷。清嘗病南北諸史之冗雜，乃博采羣書，考定異同，以成此書，於原史頗有增删改正之處，當時推爲鴻著。然迄未刊布，惟恃寫本流傳。乾隆時修訂《四庫全書》，館臣曾取以著録，旋以他故，與所著《不知姓名録》同時撤出。故至今《總目提要》不列此書，而趙刻《簡明目録》據初定之稿付刊，此書尚存於目，亦書林之掌故也。

前歲議選印《四庫珍本叢書》，推余編定目録。余以此書爲乙部有名之作，雖見絀於一時，終當傳布於後世，乃決議付印。其時七閣撤出之本尚存於故宫，及詳加檢理，則庫鈔原帙頗有缺殘，緣是中止，私衷時引爲憾。今忽覯此本，朱闌楷字，完整如新，每册前後均鈐御璽，館臣所擬提要亦冠於篇首，知爲七閣繕本之一。展玩之餘，欣喜無量。設當日及見此，早已萬本流傳矣。是此本雖屬館鈔，傳至今日恐已成爲孤帙。後之得者幸勿徒以官本視之。壬午七月十三日藏園老人識於宿雲巖。

宋小字本唐書跋※

此宋刊《唐書》殘帙，存卷自列傳二十二起，至一百五十止，其全書總卷爲第九十七至二百二十五卷。中缺一百三十三至三十六、一百四十七下至四十九上，凡得一百二十三卷。半葉十六行，每行二十九字，白口，左右雙闌。宋諱桓、慎字皆不避闕，蓋南宋初本也。字體秀勁，筆意在褚、顔之間，斷爲閩中所刻，與習見建本之鋒稜峭厲者迥然不同，蓋南渡之初尚存古意，不似孝、光以後，專以精麗爲長，此時代刀法之變遷，不僅繕工之有優劣也。余舊藏百衲本《通鑑》，其小字十五、六行者，與此正同。他如日本官庫所藏《初學記》，江南館所藏《晉書》，其密行細楷亦類此。

近歲涵芬樓彙印百衲本《廿四史》，以《唐書》難得古槧，因假静嘉堂之陸氏書摹影以歸。而陸書頗有缺卷，以北平館本補之，仍苦不足。適余在滬肆收得此書，凂張菊翁前輩代爲諧價，菊翁因就此中攝取三十六卷，以彌其缺，於是宋刻《唐書》遂有小字合璧本傳播於世宇，亦書林中一快事也。菊翁付印時，曾取此本與武英殿本對校，歷舉周處、封倫等傳文字不同，可以正殿本之失者凡六事。若盡發此百許卷，詳爲勘誦，其獲當何如耶！丁丑六月初十日，清泉逸叟識於藏園之萊娱室。

藏印有「歐陽玄印」、「宋景濂印」、「萬卷堂印」，及宋蘭揮諸印，其流傳之緒可以考見。別有「紫玉玄居寶刻」一印，未審何人，竢博考之。又，第八十八、九，一百三十七、八各卷，字迹方板，刻工疏率，神氣索然，決非原刻。豈宋末坊肆覆雕，抑明代有翻本，取以補入耶？疑莫能明也。沅叔又識。

唐書藝文志注跋※

鈔本，墨格，版闌外左下方有「藕香簃鈔」四字，蓋出自藝風繆氏也。原書以《新唐書·藝文志》爲主，下注《隋志》有無異同，凡書之存亡，及後人輯本，皆詳列之。其考訂訛舛，則加「謹案」二字，《舊唐書》原文則低一格附焉。

按：此書不題撰人，觀其所引輯本各書，已至近代，則亦近人所爲也。宣統三年，余謁唐春卿尚書於學部。聞尚書自注《唐書》，每入署治事，恒挾數册自隨，因舉詢之。自言生平致力此書已二十年，昔由廣州航海北上，船未啓椗而火發，衣裝盡燬，獨《唐書注》稿挈之隨身，尚未輦致，因得幸免。近日屬藁已畢，第須重理，再録定本耳。其後尚書殁於津邸，余詢其姪婦某氏，言原稿尚扃篋笥，門人有集資刊行之議。今匆匆又十年，音問寂然，則其事未舉可知。方尚書掌學部時，藝風前輩方領圖書館事。意此帙必從唐氏録副者。其卷中尚有藝風增訂數十條，獨老人惜墨如金，未誌其原委，使後人疑莫能明耳。

明刊新唐書糾繆跋※

此本雕印精整，前後未有序跋，當爲萬曆時所刻，每卷後記「海虞趙開美校刊」一行。後有紹興戊午湖州教授吴元美跋，則趙氏此刻必從吴興郡庠本出也。昔邵二雲太史藏宋刊本，錢竹汀曾假以校補明刻之奪誤，今宋本存佚已不可考，其所云明刻者，即此趙氏本也。涵芬樓藏有舊寫本，密行細書，當爲宋本原刊之式，余曾假得，未獲盡校。此外惟知不足齋本號稱佳槧，其書經錢氏竹汀、顧氏澗薲手勘，且勤勤考訂，於吴氏多有匡正。余以兹刻略事讐對，文字初無大異，惟卷二《鄭絪作相時事皆不實》條「至元和四年二月罷」下，脱「黄裳罷」三字。七葉十行。表中丁亥、戊子、己丑三格均有差失。其最甚者爲卷二十末《柳宗元傳》下，脱文三十行，乃將卷六《郭潛曜姓不同》、《南昌公主》、《張説字誤爲鋭字》、《雍王畢王房各有景誤》四條之文羼入補之，此疑傳本適缺末二葉，肆賈欺人，妄取他卷之文以彌其隙，趙氏不察，遂因仍而刊播之，豈知其文固在卷六中，此間顯然爲複出乎？今館中既欲采此刻以傳，宜取此兩卷脱文誤字改訂，以綴諸後幅，毋令沿訛襲謬，貽累於後來也。乙亥八月初三日，藏園老人書於邵窩。

校本新唐書糾繆跋※

前歲《四部叢刊三編》印行，徵書於余，因以家藏萬曆趙開美本付之。其末卷錯簡則依影宋本補録於後，然卷中誤字未能校正也。頃於文琳閣書坊見一趙本，經前人校過，朱墨爛然，因假歸詳閲。原本朱筆爲吴枚庵手蹟，係從盧召弓校本迻録。墨筆爲翁月舫中丞在壽州圍城中用知不足齋本校正，并取錢竹汀考訂各條録於眉上。余以錢氏考訂刊入鮑本，不復備鈔，惟枚庵所識及召弓校字，其訂正鮑本之缺失者甚多，遂逐卷臨之，一夕而畢。異日倘重印此書，兩家校記，大可增入也。辛巳二月二十日，藏園識。

宋刊本五代史記跋※

歐公《五代史記》，各家所著録者莫古於慶元本，余曾得一帙，各卷有「後學魯郡曾三異校定」一行。次則元宗文書院本，意園盛氏有之，後歸於密韻樓蔣氏。其書十行二十二字，友人章式之校過，云絶少佳勝。此外更古者，有《延令書目》所載北宋本，顧未見其書。近時劉氏玉海堂有宋刻中字本，今已摹雕行世。余審其字迹雕工均不甚工，或南渡初坊刻也。

壬戌殘臘，書友魏經腴忽舉兩册見示，存序目、本紀卷一至十二，凡十二卷。半葉十二行，每行二十二字，白口，左右雙闌，版心上魚尾下記史本紀幾，下魚尾下記刊工姓名及字數。刊工有高安禮、熊焕、吴世榮、徐信、高安道、吴信、蔡侃、王受、吴小二諸人。宋諱如朗、弘、殷、敬、玄、匡、胤、貞、恒、勖等字皆缺末筆，佶、慎不缺。審其筆致刀法，於豫章爲近。當是歐史現存最古刻本。鈐有「榮觀堂書印」朱文大章，篆法印色至爲古舊，意爲明人，第亦倉卒莫由考索也。記之以俟當代博雅君子。

余得此本後曾取武英殿本對勘之，十二卷中改訂凡一百餘字。如卷一「温客謝曈」，不作「曈」；「徙封吳興郡王」，不脱「徙」字；「流俗本宣從玉者非」，「玉」不誤「王」；「宰相張濬私與汴交」，不脱「宰相」二字；「楊行密遣朱瑾」，不脱「朱」字；「天子復位」，「位」不誤「立」；「人見者咸以爲忠」，不脱『人』字；「王怒，以爲崔胤殺之」，不脱「爲」字；「佑國軍」，不誤「祐國」；「殺宰相柳璨」，不作「燦」。此各條慶元本皆同，惟「曈」字、「玉」字慶元本亦誤。又殿本《考證》卷七《唐愍帝紀》「静難軍節度使藥彦儔爲副」，館臣言「儔」當作「稠」，然自慶元本以下皆誤。不知此本正作「稠」也。又「愍帝遣王思同會諸鎮兵「兵」下此本有「以」字，各本皆脱。討之」，館臣謂監本「思」訛作「師」，今從上下文改正。不知此本正作「思」也。又卷十二《周世宗紀》「甲辰，殺左羽林大將軍孟漢瓊」，館臣謂監本脱「瓊」字，今增正。余按漢瓊爲後唐宣徽使，以清泰三年三月見殺，不應復出見於後周。今此本作「漢卿」，乃別爲一人，據此可糾《考異》誤改之失。其他奪文異字往往多所補訂，不及備舉。若全書尚完，其匡正當復不尠。然猶幸戔戔者尚存，使後人得見歐史之古本，不可謂非書林之瓌寶矣。

余得是書後，適舉藏園祭書之典，與祭諸君咸題名卷首。兹迻録於後，以見一時良會，正未可多得，而首題之王、吳二公，已墓有宿草矣。可勝歎哉！

汾陽王式通、仁和吳昌綬同觀。

壬戌十二月，自津來京，二十三日沅叔同年招游藏園，并及同好五舉祭書之典。是年沅叔所得爲宋本《五代史記》十二卷，宋本《唐百家詩選》八卷，宋本《義豐集》一卷，宋巾箱本《四朝名臣言行録》二卷，宋本《揚子法言》十卷，宋本《太玄經》一卷，宋本《播芳大全文粹》四卷，宋本《尚書注疏》二十卷，元本《遼史》一百十六卷，元本《蒲道源閑居叢稿》十三卷，元本《道園類稿》五十卷，明藏本《墨子》十五卷，尤爲銘心絶品。墨緣書福，歲益光大，敬書歐《史》卷端，以志盛集。長洲章鈺記。

是日同集者嘉定徐禎祥、長白彦悳、蕭山朱文鈞、吴興徐鴻寶、吴江沈兆奎、豐潤張允亮。期而不至者仁和王克敏、豐潤張恂。年年與祭而以歲暮南歸者，江寧鄧邦述也。

祭書方畢，書友魏經腴又持歐《史》序目一卷來，以百番易之。「厚價收書不似貧」，殆爲我詠矣。沅叔附記。

校馬氏南唐書跋※

宋馬令撰，三十卷。舊傳明時靖江朱氏有宋刊本，久已無存，惟虞山瞿氏有姚舜咨寫本，正從宋刻傳出，余屢欲校勘此書，以遠道無從郵致。前歲南游，於吴門見近人屈君校本，乃適從姚本勘正者，因取蔣刻本照録焉。茲舉卷一異字著之，如《先主書》「常夢水中黄龍」，不脱「水中」二字；「匱乏者賙給之」，「賙」不誤「調」；「當建王恪後」，「建」不誤「吳」；「孝莫大於隆親」，「大」不誤「重」；「周鄴爲保勝軍節度」，「勝」不誤「信」；「三表許之」，「三」不誤「上」；「都虞候李元景」，不脱「元」字。其他各卷改定尚夥，不能悉舉也。姚氏原跋録之左方，以見茲書之原委焉。

正德辛巳，余聞江西葉潛夫云：靖江朱氏藏有宋刻馬令《南唐書》，許借未往。迄今二十餘年，余恒往來於懷，竟無所遇。客歲館於宫保秦公，偶鬻書者持元刻陸游《南唐書》來售，殘編斷簡，漫不可讀，姑手録以備一家言。今年春，得主洛川張君家塾，暇日乃出馬令《南唐書》觀之，云是先公官閩時所録。余曰，此余二十年求之未獲者也。遂抱疾録一過，藏諸篋笥，庶爲陸游合璧。若夫評隲異聞，具馬端臨《經籍考》，茲故略云。嘉靖辛丑四月晦日，句吳茶夢道人姚舜咨跋。

校陸氏南唐書跋※

陸游《南唐書》，皕宋樓有影宋鈔本，陸氏跋稱其致佳，並舉《潘佑傳》脱落至多，皆賴補定爲言。然余游東時，於静嘉文庫觀書，未暇及此也。此陸勅先原校本，亦藏鐵琴銅劍樓瞿氏，其所據則錢遵王藏鈔本也。屈君從之假校，余與馬書同見之於吳門，以蔣氏合刻本對勘之。新春穀日動筆，上元夕乃畢。《瞿目》稱汲古閣初印本奪文至多，如《烈祖本紀》「保大十年放進士王克貞三人及第」下脱三百三十六字；《宋齊丘列傳》「若窺伺謀篡竊」下脱二百四十九字；三徐等列傳「謂常夢錫曰：吾不意其」下脱一百六十一字；劉、潘、李巖、張龔列傳「後主在東宮開崇文館」下脱三百九十八字。今檢蔣刻各卷，脱文咸已補完，而其他奪訛仍復不尠。以陸校正之，如《元宗紀》「遺我壽州，劉彦貞書曰」書下脱「其詞」二字。下脱「大同穎州團練使郭瓊等致書於淮南壽州節度使麾下」二十二字；「馮延己孫忌皆罷」下作「延己爲左僕射，忌右僕射」九字，刻本誤作「左、右僕射」。《朱匡業傳》「犯令無所貸」下脱「戮一二人」四字。《潘佑傳》「陳喬」下脱「韓熙載共」四字。「佑與其間」脱「後主」二字。刻作「及」字。「以潘卿稱之」下脱「而不名佑」四字；「嘗作文」下脱「一篇名增別其辭」七字。「物亦無奈何」下脱「兩不相干，故泛然之也，故浩然之也」十四字。皆依據錢遵王本訂正。然陸氏所舉各傳中脱文，如「援據精博」下有「合恉」二字；「文不加點」下有「後主咨賞」四字；此二則勅先所校無之，是遵王本尚不及姚舜咨影宋本之爲善，皕宋本乃舜咨舊藏，是姚氏當時固同寫馬、陸二書，不知何時分析。而蕘圃跋顧澗蘋本乃謂遵王鈔本較錢磬室本爲勝。是明鈔三本當推舜咨爲甲，遵王次之，磬室宜降而居丙矣。又蕘圃記丁卯歲收得穴硯齋鈔本，格旁有「虞山錢遵王藏書」七字，以謂勅先所校必即此書。及取出對勘，時有不同。是遵王所藏固有兩本。今姚舜咨本尚存海外，猶可浼人借校。穴硯齋本未知流落何許，殊可念也。安得盡聚諸本，薈萃一堂，擇善而從，一洗傳鈔覆版之謬失，顧不幸歟！校本有黄氏二跋，已刻入《蕘圃題識》中，兹不贅録。癸酉上巳日，書潛偶記。

西夏書稿本跋※

周春撰，舊寫稿本。存《載記》五卷，《地理考》一卷，《官氏考》一卷，《列傳》四卷。《載記》一至五題《西夏書》卷三至卷七，《載記》一前有缺葉。《地理》、《官氏》兩考題爲《西夏書》卷九、卷十。以全書標卷核之，缺卷一、卷二、卷八，未審所缺者爲何。其卷二記毅宗事，衹草書一葉，文亦未畢，似松靄未成之藁本也。惟《列傳》四卷獨爲完具。前有自序一篇，題下注云，「先欲單行，故有此序。」兹取原文附之後幅，儻有褚少孫、班昭其人者，因而足成之，以備霸史之一，庶無負松靄露鈔雪纂之苦心乎！

嘉慶甲子仲夏既望，見詁經舍課題，思欲撰《西夏書》。五旬而藁粗具，正效橐茝之蟄，俄求龍樹之方。未暇討論，因之中輟。竊念他史莫難於志，而《夏書》惟傳最難。列傳既完，全書易就。但乞鈔胥兩手，何須藩溷十年。垂炳燭之餘光，先成四卷；備西朝之覇史，媿乏三長。綴集舊聞，搜羅逸典。訪壬戌無名之記，燼簡罕傳；弔中興李夏之都，荒墟安在。聊比崔鴻、蕭方等之作，且補孫巽、劉温潤之亡。所冀博雅通儒，摘瑕糾謬云爾。太歲月日同在□□□□□□□□周春識。

編年類

百衲宋本資治通鑑書後※

《資治通鑑》二百九十四卷，用宋刊本七種合成，内紹興二至三年兩浙東路茶鹽司公使庫刊本約居三分之二，大字建本約居五分之一，餘卷以密行小字宋本五種及鈔本八卷足成之。各本行款列後：

第一種：版匡高六寸六分，廣四寸七分。每半葉十二行，行二十四字，白口，左右雙闌，版心上記通鑑幾，下記刊工姓名。字體方整渾厚。避宋諱至構字止，慎字間有剜痕，當爲後印時所剔去者。卷末有司馬光《上通鑑表》、元祐元年尚書省下杭州鏤版劄子及紹興初兩浙東路茶鹽司刊板監修及校勘官銜名。題「紹興二年七月初一日兩浙東路提舉茶鹽司公使庫下紹興府餘姚縣刊板，紹興三年十二月二十日畢工，印造進入」。其後有紹興府及茶鹽司官吏銜名六行，校勘監視諸人銜名十七行，均爲嵊縣、餘姚兩縣進士、學官及簿、尉等。當是紹興三年刊成於餘姚者。存一百七十六卷。

第二種：版匡高六寸二分，廣四寸四分。每半葉十五行，行二十五字，黑口，左右雙闌，版心記正鑑幾。點畫勻整，字體略長，刻有鋒穎。避宋諱至敦字止。存十一卷。

第三種：版匡高五寸六分，廣四寸一分。每半葉十四行，行二十四字，白口，左右雙闌，版心記正監幾。首行間加「司馬温公」四字。字體疏秀古勁，似江南圖書館所藏之十六行小字本《新唐書》，當是南宋前期建本，宋諱敦字不避。存八卷。

第四種：版匡高六寸二分，廣四寸四分。每半葉十六行，行二十七字，黑口，左右雙闌，版心記正監幾。筆意古雅疏勁，刊工極精。避宋諱至慎字止，敦字不避。存八卷。

第五種：版匡高六寸三分，廣四寸五分。每半葉十六行，行二十七字，黑口，左右雙闌，版心記正監幾。密行細字，彫工不及他刻之精，避諱亦不謹嚴。存二十卷。

第六種：版匡高六寸六分，廣四寸三分。每半葉十一行，行二十一字，細黑口，左右雙闌，版心記通鑑幾。大字精楷，秀麗方峭，雕工極有鋒穎。紙質瑩細，墨氣亦致佳。頗似黄善夫本《史記》、劉元起本《漢書》，是建本中之最佳者。宋諱敦、郭皆缺筆。存六十二卷。

第七種：版匡高五寸七分，廣四寸二分。每半葉十五行，行二十四字，白口，左右雙闌，版心記監幾。字體精勁，與十四行本同，避宋諱至敦字。存一卷。

以上七種每卷鈐有「宋本」橢圓小印，「季振宜讀書」、「汪士鐘印」回文、「藝芸主人」各印。紹興本中字體稍拙者鈐有「顧」、「從德」、「焦氏家藏」、「項氏子昌」、「毛氏九疇珍玩」諸印。十五行黑口本即第二種。有「東吴沈天用記」朱文印。惟首卷獨無季、汪兩家印記，末卷鈔本亦然，疑前後或有題記，爲賣書人撤去者。

按：宋刻《通鑑》常熟瞿氏、歸安陸氏、北京圖書館皆有之，然實祇兩種。其一爲十一行十九字本，紀年下記干支，間附音釋，前人稱之爲蜀中費氏進修堂本，亦號「龍爪本」。瞿氏之三卷殘本、陸氏之大字殘本、北京館之大庫蝶裝殘本皆是。然以余觀之，三家所藏均非蜀刻，亦非一刻，實爲宋季及元初各地之覆刻蜀本也。其一爲十一行二十一字本，版框視前本差小。瞿氏之全本、陸氏之一百四十九卷殘本、北京館中之殘本及此帙第六種所存之六十二卷均是也。陸氏本無題跋考證，强題爲北宋。瞿氏之全本有紹興二至三年浙東茶鹽司刊書題銜，避宋諱至郭字，則其爲南宋寧宗以後閩中覆刻紹興浙東茶鹽司公使庫刊本明矣。

惟此帙中之紹興二年浙東茶鹽司公使庫本，版式字體猶存北宋古茂遺矩。緣公庫開版，例宜進御，故寫官削氏必選精良，校勘監修又皆時彦。且時屬南渡之初，舊工猶在。用是詳審齊整，迥然不同。余嘗遍考各家書目，均未録及此本。惟《天禄琳瑯後目》載有一本，雖未注行款，頗疑即此紹興本。何以言之？以余藏此帙中之紹興本各卷，凡字體古拙者皆鈐有顧、焦、項、毛四家藏印，與《天禄後目》本同，且出於季滄葦家亦同。當係季氏得紹興本兩殘帙，集成全書，而以襞績所餘，補以小字本各種，又成此百衲本。其後百衲本輾轉歸於汪氏，列入《藝芸書目》中。泛觀簿録，《通鑑》元祐初刻久絶天壤，廣都原刊亦渺不可尋，唯存此紹興官刊，爲元祐嫡子，巋然爲傳世諸本之冠，至可寶也。

其他密行小字本五種亦皆初印精湛，且無一種見於諸家著録者。其中有四種即前列之第二、三、四、五四種。版心題「正鑑」或「正監」，頗疑爲與南宋人撰《續通鑑》同刊者。

綜觀全帙七種刻本，年代歴高、孝、光、寧四朝之遠，版刻聚浙東、建安各地之良；既爲人所必讀之書，又多世所未見之本，可謂探四部之驪珠，不僅重千金之狐腋也。

昔同治乙丑歲，先大父勵生公官金陵，得元刊《資治通鑑》胡注，即世所謂「興文署本」者。獨山莫邵亭先生題耑，謂「略去外礙，增值以售，亦可謂能鑑其真者矣」，是爲吾家藏書之鼻祖。余頻年蒐采，宋元槧本略有所儲，差幸仰承先緒，今復得此鉅編，正與梅磵注本後先輝映。敬題藏書之所曰雙鑑樓，並援蕘翁之例，别寫得書圖，徵求通人題詠，上以表先人之清德，下以策小子之孟晉焉。丙辰十一月十一日，江安傅增湘記。

余既爲此記，其明年，以全書寄南中商付影印。會涵芬樓主人張菊生前輩得宋刊十一行本，行款與前所記第六種之大字建本同，而闌外紀帝號，是宋時據大字建本翻雕者，首尾特爲完整。於是舉此帙中鈔配與缺損卷葉各爲抽换，期歸精整，故印本與前記不盡合。己未初春告成，附識同好。增湘再志。

宋本入注附音司馬温公資治通鑑跋

是書不著編輯名氏，蓋南宋建陽書坊《通鑑》節本之一，半葉十四行，行二十三字，注文雙行二十五字，版心鑑幾上方記字數，闌上有標注，左角記某帝。中闕十九卷，以别本配入，標題皆割補填寫，足成卷數。配本板式爲半葉十五行，行二十六字，注文雙行，版心鑑幾上方記字數，下記刊工姓名一二字不等，左闌角記某帝。以瞿氏《鐵琴銅劍樓書目》證之，乃《吕大著點校標抹增節備注通鑑》也。此本序跋全失，無從考核，大率當時坊刻文場資用之書。每卷後附《考異》，或大字，或雙行小字。音釋不著何人，史事皆注出某書，間采史論，如吕、葉、胡、林之類，而胡氏爲多，蓋取自《讀史管見》。别本逐句點讀，精要處加墨擲，國名用陰識。自十五至二十三卷，四十九、五十卷，六十三至六十六卷，八十至八十三卷。瞿氏所收亦殘本，謂原書百二十卷，前十二卷爲《通鑑君臣事要總記》，分類摘事，以便行文摭拾。今闕卷互有參差，祇十五、十六、四十九、五十凡四卷可補瞿書之佚耳。瞿本僅見《千頃堂書目》，此本絶無著録，亦足珍異。有閩中督學使者温葆淳一印。余得此於上海利川書屋，蓋杭州吴氏舊藏也。

元至正刊通鑑續編殘本跋※

朱君翼庵既舉宋本《册府元龜》一帙爲壽，復媵以元刊陳桱《通鑑續編》二卷。此書世行者多明刊本，而元刊乃絶罕覯，惟孫氏《平津館藏書記》有之。此帙摹印既精，而紙背爲元代崑山縣錢糧册子，尤可寶翫，雖斷珪零璧，亦足珍矣。翼庵跋尾至詳核，兹録之後幅，余更不贅及云。九月十九日，藏園又記。

右元本《通鑑續編》殘帙兩卷。按原書總二十四卷，盤古至高辛爲一卷，契丹建國之始合五代爲一卷，宋有國至歸於元爲二十二卷。此十七、十八兩卷多高、孝兩朝事。每葉十八行，每行二十二字，注雙行，板心下方間有刻工姓氏，的爲元刊元印，通體字畫遒整，不失大德規模。卷端有「都省書畫之印」，末有「禮部評驗書畫關防」長方朱記。紙極堅韌，爲當時崑山錢糧册子。辛亥後，自内閣大庫散出，余蓄之已十餘年，今以持壽藏園主人。輕塵墜露，知無當於高深，然亦唯區區之意云爾。辛未九秋，蕭山朱文鈞題記。

嚴永思先生資治通鑑補書後

《資治通鑑補》二百九十四卷，明季嘉定嚴永思先生所著也。先生竭三十年之功，綜理一千三百餘年之事，考其異同，補其闕失，一手撰輯，成此鉅編，近代以來未嘗有也。惟卷帙繁重，刻梓維艱，即傳録副本亦不多覯，惟陽城張敦仁、安化陶文毅兩家有之，四庫館徵書之日亦未聞訪録呈進。洎咸豐初元，江夏童氏得傳鈔本，始以活字排印百部。然校勘未精，譌奪滋甚，且傳印無多，訪尋不易，學者率未獲寓目，深以爲憾。至光緒丙子，武進盛旭人觀察得童氏本，重加校正，仍仿聚珍版印行，即此思補樓本是也。前録先生自序及凡例二十四則，次録黄淳耀序，許自俊序，談允厚後序，而附以錢竹汀撰傳及童和豫刻書跋焉。於是先生半世功勤，乃得以大顯於世，而盛氏表揚先哲遺著，其爲功亦自偉異，良可佩矣。

余觀先生自序，言此書發端於萬曆之乙卯，小成於崇禎之庚午，又窮十年之力以改輯之。二十餘年之中，三餐一寢而外，精神無他用，夏以油紙藉臂而書，汗自頂至踵不暇扇，冬則硯冰未融，必火烘日暵而始書之，不敢少輟。及其功竣也，又言此書未就，憂在難成；既成，憂在難守。子孫賢不肖不可知，一難也；兵戈水火之未易防，二難也；上官有力者之借觀，或致遺缺，三難也。三者之中倘有一焉，三十年之苦心盡付東流矣。嗟夫！學者窮老盡氣，勒成一書，而付諸後人，傳之異日，其艱且鉅如此。頭白可期，汗青無日，古今所以同慨歟！乃不意二百年後一刻再刻，匪特卷帙完整，文字無缺佚之虞，且流傳至千百本，研乙部者皆奉爲南鍼，先生螢窗雪案之辛劬，得此藉以少慰矣。

顧余竊有感者，先生壹意著書，不營外事，於學社既少交游，其姓名不出里閈，設令此書不傳，則先生之名亦將隨以俱逝。余昔年游吳門，得先生手書《東坡外記》卷子，筆勢飄逸，細若游絲。嗣又得見陳援庵藏先生書《赤壁賦》一卷，亦俊逸可喜。余緣此欲稽考先生生平事迹，及取二錢撰傳觀之，於著書義例外，他未之及。後閱華亭董氏、常熟王氏筆記，乃有述及先生者，雖事涉瑣屑，然遺聞雅故，亦足窺見一斑焉。蓋先生爲唐時達之壻，家居少出，所往還者惟李長蘅、黄蘊生諸人。輯補《通鑑》，撰述甚勤，薄暮少倦，則與鄰人江季梁孝廉出杖頭錢七文，以四文錢市濁醪，以三文市菽乳，相與上下古今，較論得失，逮丙夜始罷。其《通鑑補》成，卷帙不加於舊，而文字乃增至四倍，時人目爲漲膀《通鑑》，蓋以水浸物曰漲膀，吴俗俚語也。康熙初，朝廷購求異書，輦下一鉅公欲得之，其子徧謁士大夫，祈録副本，浼董閬石爲之序。以是觀之，此書程功浩博，初出不免爲世駭怪，迨其後爲名人所知賞，始有稱重之者矣。其所云鉅公殆即健菴司寇也。惟董氏之序今本不載，意者未附入原稿，遂莫由訪求耶。

余夙志耽書，生平粗有纂述，頗欲躬自董理，次第刊行，以質當世。因循玩愒，晌及頹齡，加以兵禍纏結，物力艱窮，不獨書手雕工，苦於鳩集，即洛陽紙貴，亦復括取無從，禍棗災梨，正恐徒存虚願。撫兹萬葉鴻編，竟能重雕出世，竊羨先生之遭逢，視吾輩今日爲幸多矣。嗚呼，寧不重可悼歎也哉！壬午九月初六日，藏園老人識於雲巖山館。

校漢紀書後※

荀氏《漢紀》，祥符中始鏤版於錢唐，據李巽巖燾跋語，謂家有印本，爲天聖間益州市摹刻，大抵皆差牾，衍文助語，亂布錯置，往往不可句讀。近歲浙江印本，號爲曾經校讎，其實與天聖市刻相似。是祥符刻本南渡初已不可得見矣。《天禄琳瑯後目》載宋版二部，有王銍序，謂是紹興十二年編修王公出使浙東，與袁氏《後紀》同刻。即李氏所稱爲浙江印本者。然版式不詳，其真贋殆不可測。且昭仁殿儲書近已移歸典録，按目而稽，此帙竟同羽化。明正德辛巳，吕枏校刻於高陵，稱得鈔本於徐子容太宰家，缺謬滋多。嘉靖戊申黄姬水刻本，稱得宋本於雲間朱氏，然奪文誤字，觸目皆是。萬曆戊戌國子監刻本，視前二本差勝，未知所據爲何本，以時代測之，當出祭酒馮夢禎手，後刻《三國志》二年。較爲可信，第傳世乃絶稀。康熙中，襄平蔣氏乃取各本互校重刊，附《異同考》於後。《四庫全書》即據此本著録，於字句粗爲訂正，而佚文無由增補也。近時陳氏《帶經堂書目》有校宋本，其書散佚已久，莫由徵信。近人頗疑此目爲僞造以欺人者。惟鐵琴銅劍樓藏影宋鈔本，昔年訪瞿良士於罟里，索閲此帙，每葉二十六行，行二十四字，末卷有校書人官銜一行，且爲葉文莊菉竹堂藏書，其源於宋本毫無疑義。匆遽不及校閲，僅手鈔首葉以歸，十餘年來，往還心目。偶欲取荀書誦之，以焉烏彌望，輒復掩卷，更深悔琴川之游失之交臂也。

乙丑殘臘，廠友持臨清徐梧生司業家遺書來售，中有黄刻兩《漢紀》，荀書爲黄蕘圃手校，所據亦舊鈔本，每五卷後皆有校書人官銜，所紀行款與瞿氏本正同，敬、匡、恒、桓皆缺避，校書人爲山陰縣丞、主簿等官，蓋即李巽巖所稱江浙印本曾經校讐者也。展誦細繹，詫爲未見祕笈，亟揮重金，毅然收之。除夕始以全帙來，發匣中黄刻本從事校録，雞鳴而息，得終三卷。新正楗户不出，竭三日之力，差得竣功。全書增補改易凡二千一百三十有五字，兹舉犖犖大者録於左方，若單詞片語，爲南監、襄平二本訂正所未及者，十居七八，更不具焉。噫！可謂富矣。

顧有不可解者，黄姬水序稱，得宋本於雲間朱氏，按朱氏名大韶，字象玄，其家横經閣藏書最富，余别藏宋本《方言》、宋本陸放翁《劍南詩稿》皆有横經閣印。且相傳有以美婢易放翁諸公手評袁氏《後漢紀》之事，是碻有宋本無疑。黄氏父子仍世以文章名吴中，鑑别要自有真，乃翻刻此書，其沿誤不異於諸本。尤可異者，卷二十一元帝四年全年事，凡八十二字，吕本、監本咸完具無缺，黄刻乃獨逸去，豈黄氏所得乃别一宋刻陋本耶？抑委之鈔胥，任其佚漏，而不及寓目耶？昔人謂明代刻書，輕改古式，竄易字句，往往「刻一書而書亡」，殆未可目爲過激之論矣。

憶壬子、癸丑之間，余蟄居海濱，與保山吴佩伯慈培互結丹鉛之約，郵筒往還，殆無虚日。佩伯篤嗜古籍，尤致力於荀氏書，曾舉正德、嘉靖、萬曆三本互相校勘，又取《漢書》、《通鑑》疏通證明，眉端細字，爛若繁星。嘗恨古刻舊鈔不可得見，無從是正其得失。余歸自虞山，因以手摹首葉貽之，欣懌無似，然終以不窺全豹爲歉。佩伯殁後，其手校諸書，遺言鄭重相付，隱然有依附青雲之意。今得蕘圃校本，乃檢佩伯所勘，比類觀覽，其卷中致疑各條，黄校皆一一爲之補完，知其精心鋭討，所得獨深，於古人遂多闇合。喜奇書之見投，傷良執之長逝，賞奇析異，牢落寡儔，不覺起天地悠悠，愴然涕下之感矣。

初春微雪，兀坐小園，紅梅山茶與翠竹蒼松交光几案，清香古艷，悅志怡神，實新年第一快意之事，泚筆記之，不知其詞之冗也。丙寅人日，藏園主人記。

黄刻本脱文略舉於左：

卷一第五頁第六行，「不以已爲將軍」下脱「故勸武臣反武功遂自立爲趙王耳爲丞相餘爲將軍」二十一字。

卷四第二頁第八行，「趙王郎中田叔孟舒」下脱「等十人髡鉗爲王家奴從王就獄後上聞田叔孟舒」二十字。

卷四第三頁第三行，「九月代相此二字亦校補。陳豨」下脱「反豨少時常稱慕魏公子無忌之養士及爲相守邊」二十字。

卷七第三頁第九行，「故使賈喻意」下脱「而越王乃稽首請爲藩臣奉職貢去帝制因爲書謝自稱」二十二字。

卷七第十六頁第二行，「不足以捍禦」下脱「諸侯請以淮南地益淮陽割淮陽北邊地及東郡益梁足以捍」二十四字。

卷八第十頁第六行，「小國之形也」下脱「合小以攻大敵國之形也」十字。

卷九第十六頁第二十行，「天下共擊之」下脱「是權時之言以脅驕放者而已夫立王侯必天子也而曰天下共擊之」三十七字。

卷十第五頁第六行，「天子不能救當安所」下脱「訴又何以子萬國乃遣助使持節發會稽兵救之未」二十字。

卷二十第七頁第十行，「壽考無疆」下脱「雍容垂拱永永萬年」八字。

卷二十第十三頁第八行，「年七十餘矣」下脱「上書曰年老思土願歸骸骨上慜而迎之」十六字。

卷二十一第五頁第十九行，「遊晏後庭」下脱「故用宦者然國家舊制違古不近刑人之義自後」十九字。

卷二十一第十頁第四行後脱「四年春正月」以下八十二字，吕本、監本皆有之，不史録。

卷二十二第六頁第十行，「必佞此字亦校改。人也」下脱「察觀其言行未必悦於己而合於道者必正人也」十九字。

卷二十二第八頁第十八行，「可四萬人」下脱「一月足以決矣議者皆以爲當今民收斂時不可多發萬人」二十三字。

校官銜名録左：

右通直郎特添差充紹興府會稽縣丞莊革校正卷五、卷二十五、卷三十。

右迪功郎充西浙東路提舉茶鹽司幹辦公事張實校正卷十五、卷二十。

右迪功郎紹興府山陰縣主簿兼主管文字鄭若谷卷十。

考瞿氏《鐵琴銅劍樓書目》據黄姬水刻本與影宋本相較，舉「武信君今卒少惰矣」、「萬户侯拜通爲奉常」各條，謂足訂黄本之誤，於本卷中脱文至數十字乃獨遺之，疑撰目者實未通校全書，不知其苞藏珍異如此，故舉其小而失其大耳。然則古來祕籍霾沉於琅函錦帙之中，而光彩不耀者，不知凡幾矣，可勝慨哉！書此以自策，無令後人復議前人也。藏園又記，丙寅二月。

校靖康要録跋※

此書一名《孝慈淵聖皇帝要録》，始見於陳振孫《書録解題》，爲書五卷，云所記自欽廟潛邸，迄靖康元年十二月事。《文獻通考》同。《文淵閣書目》不著卷數，僅注云二册。《四庫》著録本爲十六卷，然檢《浙江採進遺書録》，載此書寫本三册，不分卷。近人適園張氏

《藏書志》載明代旋松書樓鈔本，乃祇二卷。其卷數多寡乃相懸如此，殊難索解。近時陸存齋得舊鈔十六卷本，刊入《十萬卷樓叢書》中，自爲之序，頗疑陳氏所見五卷者乃别是一本，以其紀事起訖既别，多寡又殊也。第予考適園所藏明鈔二卷本，有錢綺子文跋，其述此書起靖康元年正月，迄二年四月，與十六卷本固無以異，則相傳實祇此一本，展轉沿襲，遂有二卷、五卷、十六卷及不分卷之殊；標名亦有或作「靖康」，或作「孝慈淵聖皇帝」之異耳。

《四庫提要》謂此書記事具有月日，載文具有首尾，決非草野之士不覩國史、日歷者所能作。意必乾道元年洪邁等撰進《欽宗實録》成書之後，好事者撮其大綱以成此編，故以「要録」爲名。陸氏存齋亦以書名全載謚法、廟號，可斷爲《實録》節本之證。按直齋言迄靖康元年十二月。考其時二帝尚未至虜營，至二年正月以後，殘毀汴京，立張邦昌，驅二帝及后妃宗族北去。此皆一代興亡大事，既以要録爲名，不應城破以後戛然中止。意陳氏所見或不完之本也。以余觀之，此書載當時章奏特爲賅備，文字多有他書所不見者。即以蜀人章疏論之，如馮澥《采公論榜朝堂》、《論王安石學術》兩疏，爲《宋史》及《北盟彙編》所未載。其紀述詳贍，本末燦陳，尤非《孤臣泣血》、《南渡》、《竊憤》諸録詭名以竦觀聽者可同日而語。《提要》及陸氏謂撮節《實録》而成，要爲近之。若其撰人時代，余别有説。

辛未夏於廠市魏笙甫許獲舊寫本，藍格，竹紙，十二行二十字，鈔手不工，竟體皆以朱筆點勘。余以其闌格及字迹審之，定爲蕭山王氏十萬卷樓寫校之本。余別藏有鈔本《松漠紀聞》、《吴中舊事》、《中吴紀聞》三種，竹紙、藍格皆同此式，有「蕭山王氏十萬卷樓藏書」朱印，末有王宗炎手跋，可以互證也。全書亦分十六卷，與陸刻本正同，因取以對勘，披卷檢視，其次第即判然各異。陸本分卷大率以文字篇葉相等爲度，王本則卷一終元年正月，卷二終元年二月，以下遞推，每月爲一卷，至二年四月，凡爲月十有六，分卷亦適爲十有六。余謂此每月爲卷與官修書體式正符，亦可爲從《實録》撮緝之明證。意當時舊第必如此，後來取篇葉勻稱分卷，皆出於後人之妄析耳。至其文字奪誤，賴王本補正凡二千八百四十六字。考存齋自序言，鈔帙譌奪，幾不可讀，以家藏三本讐校，更取《三朝北盟彙編》、《長編紀事本末》、《宋史全文》及陳均《九朝編年備要》、李𡌴《十朝綱要》諸書互勘，增補數百字，改正數千字，然後付梓。今以王本證之，其補正之字出於所校外者，又不可勝計。以此知王本之可貴端在舊第未改，故其訛舛不至如後來沿襲紊亂之甚。昔人謂古書必求舊本，其卷第未經後人改併者，方爲可據，其言良可味也。

至撰書之人，自《直齋書録》即不著其名氏，《浙江採進遺書録》言，據卷末「五月一日今上即位」一行，疑爲高宗時人。適園明鈔本錢綺跋亦同。錢氏又據《東都事略·欽宗紀》載孝慈淵聖皇帝尊號乃康王即位時所上，至紹興三十一年金人告喪，方定廟謚。今此書稱尊號而不稱廟謚，當爲紹興三十一年以前所作。已而知其説未爲愜當，又爲之説曰，其時《實録》尚未脩定，或是即稿本撮舉節目而成。余謂此説非也。觀其排比月日，件繫文字，時事源流，翔實可據，與日録、時政記相類，苟非當時士夫所親記，即是後人依據《實録》以成書。至其標題靖康，著書人用本朝年號，固多有之。陸氏疑直齋、貴與皆宋人，不應改靖康之目，殊爲拘滯。即别題孝慈淵聖之稱，亦或出於臣工悲憤之忱，故沿用尊號以志思慕，固不必執此以斷撰述之出於何時也。顧余竊有所疑者，徐夢莘撰《三朝北盟彙編》其自序在紹熙五年，其記欽宗一年之事，搜采遺聞，不遺餘力。今檢其引用書目，凡涉及靖康時事者，如朱邦基之《靖康録》，沈良之《靖康遺録》，李綱之《靖康傳信録》，鄭望之《靖康城下奉使録》，孫偉之《靖康野史》，何烈之《靖康小史》，多全篇收入。即不知撰人之《靖康要盟録》、《靖康事纂》、《靖康小雅》、《靖康皇族陷虜記》、《靖康總載》、《靖康小録别録》亦咸事甄采，可云綱羅宏富，鉅細靡遺矣。乃獨於此煌煌鴻著，首尾完具者，乃無一語見録，殊乖事理。余因此推之，撰書之人必在紹熙以後，其時《實録》固已告成，朝士可得寓目，有志者追維虜禍，發憤而成此編，以爲和戰紛紜因循誤國之炯戒。其載今上即位標題尊號，皆沿《實録》之舊稱，正無庸斤斤爲之致辯者也。

余校勘既終，綜靖康十六月之事觀之，未嘗不悄然而深悲，怫然而憤怒，蓋自古亡國之慘，被禍之烈，未有加於此時者也。然推其禍敗之源，則由和戰不決基之，而用人不當、黨争不息又其次焉耳。

方宣和之末，金人大舉入寇，欽宗倉皇受禪，甫十日而虜已渡河。道君星夜南奔，賴擢用李綱，任以守禦之事，僅得支持。圍城三日，議割太原、中山、河間三鎮及金五百萬兩、銀五千萬兩以和。及勤王兵至，頓悔前議，轉思用兵。迨姚平仲劫寨不克，又罷李綱以謝敵，遣宇文虚中、王球往來議款，仍割三鎮，質肅王。凡先後一月餘而圍乃解。

自解圍之日，以迄金人再至，其時相距尚有八九月，宜足以從容措置矣。乃觀其政地，則所用者爲李邦彦、白時中、吴敏、張邦昌、徐處仁、唐恪、何㮚、陳過庭等庸懦浮薄之流，盈庭争論者，汲汲於黜責蔡京父子及誅竄政、宣誤國奸黨閹豎，枝蔓牽引，黨同伐異，喧呶不休。其賢士大夫持正義者，亦祇知論除黨籍、正學術、復詩賦、禁《字説》，褒卹元祐諸臣、罷王安石配享。當時有「不理礮石，祇理安石；不論肅王，祇論舒王」之諺，時人譏吴敏有十不管之語云：「不管太原，却管太學；不管防秋，却管《春秋》；不管砲石，祇管安石；不管肅王，祇管舒王；不管燕山，祇管聶山；不管東京，却管蔡京；不管河北地界，却管舉人免解；不管河東，却管陳東；不管二太子，祇管立太子。」則一時之輿論可知矣。及七月以後，粘罕已起兵南向，而朝廷方且擢用胡安國，徵隱士尹焞、焦定，争論東宮官之廢講《孟子》，二年正月四日，汴京已破，虜使蕭慶入城，就都堂聽講《月令》、《洪範》，與此事遥相映照，可録入《古事比》。崇任楊時，以師表太學。蓋中樞非人，粉飾承平，當國步瀕危，猶欲從容而談治理，譬如癰疽已潰，而欲刀圭一酌，收效須臾，甯可得耶！

其時臣僚中亦有心怵虜禍，昌言極論者，如胡舜陟《督責大臣疏》有「失今不爲，恐無及矣」之歎。程瑀《論遣使燕山疏》言：「將不素養，兵不素練，金粟不素蓄，器甲不素備，凡二十年之毀棄廢壞者，乃欲圖回於半載，而坐抗封豕長蛇，可謂難矣。」程振亦言：「邊備廢弛，軍政垢玩，宜外務講和而内嚴守備，以徐議刷恥。」吕好問言：「金人得志，益輕中國，秋冬必傾國復來，禦敵之備，當速講求。」而其最劌心怵目者，莫如李若水《奉使軍前劄子》，極言應副欠金銀、歸朝官、歲幣、三鎮四事，宜參酌羣議，早爲之圖，無使長驅深入，以成不支之勢。其時主戰最力者無如李綱，前後疏凡十數上，極言秋高馬肥，敵必深入，宗祀安危殆未可知。是邊衅之不可輕啓，軍備之急宜厲修，當時固有深憂極慮，知其禍之不可倖免者矣。

無如當宁闇懦，羣下偷安，和戰兩途，舉棋不定。城下之盟已定，誓書許割三鎮，敵退遂爾渝盟。且既知三鎮不可失矣，則繕甲厲兵，以圖抵禦，猶可言也，乃虜騎既退，上下晏然，以爲無事。金軍使副，不絶於途，先罷諸道所起兵，以妨梗和議。已而議租税、議五輅、議尊號，往復遷延。且復拘尼瑪哈使臣、通余覩蠟書以挑之。金人怒而興師，進圍太原，猶遣王雲、劉岑、李若水連翩出使，以求緩師。迨太原已破，和議益亟，因詔罷西南勤王之師。至陷真定，攻中山，舉朝震駭，始議置四道都總管府，詔河北、河東便宜行事，并堅壁清野，令尚書省議三鎮棄守。卒之三鎮不足，進而許割兩河，而金人兩路合兵，由真定長驅而薄城下，終於殘毀城池宗廟，俘虜君臣、后妃、宗族以去。

大抵靖康之世，君闇臣庸，議戰則力不能抗，議和則心所不甘；兵至罷主戰之臣以謝之，兵退罷主和之臣以挑之；戰不勝乃祈和，和已成又思挑戰；初則忽戰忽和，繼則且戰且和，終於不能戰又不能和；舉國游移而莫決，敵復多方以誤之，所謂既不能令，又不受命，終趨於滅亡而已。嗚呼！披觀史册，國家敗亡之禍，覆輒相仍，持國政者，值危疑震撼之交，宜衡量彼己，以決進退之策。言戰則合全國之力以赴之，言和則樹十年之計以待之，慎勿徘徊路歧，曠日引年，坐致後時之悔，爲讀史憑弔之資，斯幸矣。

或謂欽宗恭儉自守，承哀敝之後，忽搆强鄰，遂罹播遷之慘，其際遇殊可傷，豈宜苛責？然余觀其行事，則亦愚騃怯懦之人耳，假無外患，亦非守成之主也。聶山奉使，帝以曾夢兩日相逼，遂改名昌以厭之；李若冰奉使，帝以弱兵之兆不祥，至改名若水始遣之；彗出紫微垣，乃云應在虜敗；且虜騎圍城之際而信任邪説，使郭京募六甲奇兵，劉孝竭募北斗神兵，終致喪師延敵。庸妄无識至此，可爲悼歎。此與何㮚之入虜塞吟詩，對虜使歌「細雨共斜風作輕寒」。李邦彦之綴俚語小詞，邦彦美風姿，善謳吟，自言：「賞盡天下花，踢盡天下毬，做盡天下官。」都人呼爲「浪子宰相」。可謂君臣一德矣。附録簡末，以廣軼聞。癸酉正月二十四日，藏園居士書於暘臺清水院中。

《靖康要録》校記據蕭山王氏十萬卷樓寫本校陸心源《十萬卷樓叢書》本。

卷一：

第二十一葉十五行，「牟馳岡」下脱四字：「牟馳岡者」。

第二十三葉十五行，「道官樂官」下脱十三字：「曾經入内醫官輦幕士忠佐並應」。

第二十九葉八行，「金二十餘萬兩」下脱六字：「銀四百餘萬兩」。

卷三：

第十八葉二行，「秉義爲一等」下脱十四字：「忠訓忠翊爲一等成忠保義爲一等」。

第十八葉八行，「除正任」下脱六字：「者并只除正任」。

第二十二葉五行，「奉聖旨」上脱五字：「惟陛下財幸」；下又脱「今後聖旨」四字。

第二十六葉十一行，「文臣中大夫」下脱五字：「轉太中大夫」。

卷五：

第二十七葉十一行，「更不施行」下脱二十二字：「知懷州霍安國知密州郭奉世近降再任指揮更不施行」。

卷六：

第四葉十四行，「或衆所謂」下脱九字：「不可而必用或衆所謂」。

卷八：

第十八葉四行，「辨利與害」下脱二十字：「此以一應萬之要也苟不能致知乎此使是非利害」。

第二十五葉十八行，「則四夷知畏」上脱十八字：「則諸將効命斬一姚古則六軍奮勵斬一姚古」。

卷十：

第十葉十七行，「使天下」下脱五字：「無可任之將」。

第十一葉二行，「而又盛焉」下脱九字：「京西京東罔不被其虐」。

第二十七葉七行，「莫不如此」下脱四十一字：「言官所擊稍涉蔡氏之黨則匿而不行進用之人稍有蔡氏之舊則力加挽引惟効京、攸專權跋扈不知先」。

卷十二：

第三葉十七行，「即降睿旨」上，脱七字：「伏願以宗社爲念」。

第十三葉八行，「塗炭之中」下，脱二十字：「敵纔退師痛自抑損斥去華靡日惟蔬食卑辭厚幣」。

第二十一葉三行，「皆退遁」下脱三十四字：「可以當鐵騎於是廣造戰車其制獨輻雙輪四小而一筄籬運之于前以禦賊馬之衝突」。

卷十三：

第九葉二行，「蔡京之客」下脱十七字：「在京之門專事口語軒輊事機而京尤喜之」。

卷十四：

第十葉十八行，「速行撫諭」下脱二十四字：「及移文鄰路各令安業故兹詔示想宜知悉差曹輔遍行撫諭」。

第十二葉十五行，「以安衆心」無「心」字。下脱四字：「既復妄傳」。

第十四葉十二行，「號令也」下脱四字：「萬一號令」。

第十八葉十七行，「檢視府藏」下脱四字：「稱承庫藏」。

第二十三葉十七行，「徽猷閣待制」下脱十四字：「宣撫判官李綱至懷州徽猷閣待制」。

卷十五：

　第三十九葉七行，「吏部尚書」下脱八字：「王時雍同户部尚書」。

卷十六：

　第十三葉十二行，「女真犯闕」下脱十九字：「革自關中勤王二月虜騎渡河北去分兵圍遼州」。

孝慈淵聖皇帝要録跋

此書《四庫》著録名《靖康要録》，分卷爲十有六。此本分上下卷，自大觀至靖康元年六月爲上卷，七月一日以後至二年五月高宗即位爲下卷。分卷雖異，而文字次第相同。字蹟頗舊，當爲乾隆時所寫。卷中桓、構字皆注「御名」，語涉朝廷亦提行，是源出宋本之證。鈐有「惇虞寓目」、「少河」二印。

是書近代久無刻本。近時陸存齋取家藏三本並以《北盟會編》諸書校訂增補梓行。然余曾得蕭山王氏萬卷樓鈔本，取陸刻校之，訂正增補至二千八百四十六字，撰有跋語，載入《羣書題記》中。今以此本參證之，凡正譌補脱與余校同者，十得七八。但奪佚至全行或十數字者此本無之。是此本雖不及余本之善，而可以訂證陸刻之誤者則已多不勝舉，在鈔白中不得不推爲善本矣。况迭經嚴、朱名家所藏，流傳有緒，寧不足珍哉！辛巳十一月二十八日藏園老人識於長春室。

鈔本三朝北盟會編跋

舊寫本，十四行，行二十四字，語涉宋帝皆提行，源出宋刊，蓋愛日精廬藏書也。首徐夢莘紹熙五年自序，次引用書目，羅列至一百九十六事。目録一至二十五爲政、宣上帙，二十六至一百爲靖康中帙，一百一至二百五十爲炎、興下帙，起政和七年七月四日，訖紹興三十二年四月二十一日，凡四十有六年。

按：此書宋以後久無刊本，光緒初元粤中以活字排印行世，而脱誤至不可勝計，甚者連篇累葉，删落凌亂，真有刻如不刻之歎。戊申歲，許布政涵度依吴甌亭、朱映漘、江艮庭、彭芸楣校本，於吾蜀鎸板，更逐卷附以校記，掃塵之功甚偉。今以此本對勘，符契至多，而單詞賸句，此勝於彭校本尚夥。蓋月霄祕册，其所從來者舊也。

卷中鈐收藏印記有「張月霄印」、「愛日精廬藏書」、「祕册」、「碧山柏氏」、「潘茮坡圖書印」、「潘氏桐西書屋之印」、「茮坡」、「介繁珍藏之印」、「鄧尉山樵」、「乃今日之介也」諸印。

校本三朝北盟會編跋

宋自宣和、靖康以後，史籍散亡，幸夢莘此書紀載特詳，故事蹟所存特爲重要。然宋版久亡，惟恃鈔本流傳至今。余生平所見寫本不下十許。涵芬樓藏明鈔本，大字闊行，源出宋刊，爲張子謙舊物，斷推第一，惜其微有缺卷耳。次則周叔弢藏王氏鬱岡齋鈔本，亦稱罕祕。余皆得假觀略校，頗有勝異。此本雖傳鈔略晚，而字畫工雅，首尾如一，又經吳甌亭、朱映漘、江艮庭先後詳校，視張、王二本殆如驂之靳矣。且文淵閣本以嫌忌之故，文字迥非舊觀，此帙正爲館臣删削之底本，覽之可以得竄易之蹟，則此本之足貴又可由乙而躋於甲矣。光緒季年，許布政涵度開雕此書於吾蜀，其校訂正據此本，故近世推爲佳槧。余聞之舊矣，而原本訖未得寓目。今乃爲心如陶君所藏，携以相示，因爲審定，綴記於册，亦以自矜眼福云爾。己卯東坡生日，藏園傅增湘。

藏園羣書題記卷第三　史部二

紀事本末類

宋淳熙刊小字本通鑑紀事本末跋※

《通鑑紀事本末》四十二卷，宋淳熙刻本，半葉十三行，每行二十四字，間有二十字或二十六字者，白口，左右雙闌，版心下魚尾下先記葉數，次記字數，次記刊工姓名。前有淳熙元年楊萬里序，後有淳熙二年朱熹及吕祖謙後序，筆迹樸厚，似以手書上版者。卷前又補鈔章大醇序，序後銜名兩行，文曰「待省進士州學直學兼釣臺書院講書胡自得掌工，承直郎差充嚴州州學教授章士元董局」。陰葉中又有「印書盛新」四小字。然章序及銜名均非此本所應有，後人由淳祐本録出附此以備考耳。卷中避宋帝諱極謹嚴。以印記考之，知歷藏王弇州、徐健菴、任氏、魏氏、程稟初、胡心耘諸家，并附石琢堂、顧千里手跋二則。

涑水《通鑑》余生平讎誦最久，十年之中，校讀者凡二周，自謂足以繼王勝之而作。昔年既得陶齋宋刊百衲本，合之先世興文署本，並儲一室，因以「雙鑑樓」顔其居。顧袁氏《紀事本末》世稱輔《通鑑》而行者，乃獨無善本，私用慊然。是書各家著録咸爲寶祐大字本，其版明中葉尚存南監，流布廣遠，世恒有之，十餘年間廠市所遇不下十部，數百金即可購致，第初印精善者亦殊罕覯。前歲將軍鳳山遺書散出，中有此書，紙墨明湛，册廣逾尺，字大於錢，取儷鹽官舊刻，頗有齊大非偶之嫌。故余雖目玩之，而心雅不屬也。曩於陶齋遺書中得小字殘本一卷，知其罕祕，私用珍惜。嗣見松江韓氏書中亦有一册，取而視之，其藏印與余本同，知本一書而分析者。此外則並殘卷亦不得見矣。

辛未春薄游吴中，市賈傳言有小字《通鑑紀事本末》一書，多方探索，踪迹渺然。因訪之菊生前輩，亦言似曾寓目，惜一瞥即逝，無可追尋。不數日，世好劉君自淮陽來，挾巨篋見投，啓視之，則固余所夢寐營求之祕帙也。蚨蝶舊裝，黄綾爲衣，碧箋題首，宛然宋宫遺製。展卷諦觀，始知爲殘書兩部配合而成，鐫版既有先後，册式亦復參差，其中殘佚多至七卷，爲惋歎久之。旋載以北還，用資勘讀，由是訪求前書之意因之益摯矣。迄秋九月，菊生郵筒見告，知爲宗君子戴所藏，然未嘗有讓出之意也。子戴爲余戊子同年生，家於虞山，記問淵雅，鑑别精能，收藏舊籍頗富。聞聲相思，神交已久。爰浼菊生作緣，婉辭商之，往返數四，其議始定。且援嚴久能與汪九易張洽《春秋集傳》事相例，並要余以家藏明鈔《孔文仲集》佚文五卷、《張月霄文稿》一卷録副本相貽。子戴旋以全書致之菊生許，并加題識於卷尾，詳考此書本末，及往還商榷之事，凡數百言。至是此書乃歸余所有，然始終未嘗入目也。荏苒數月，遇朋好中北旋者，輒以此相諈諉，然終以千金重寶，舟車行旅，阻滯時虞，審慮傍徨，卒未能致。俄而閘北戰争突起，涵芬樓藏書數十萬卷一夕化爲劫灰，飛機藥彈，紛落市廛，心繫此書，聞之膽落。幸賴菊生嚴扃慎守，得以無虞。洎今歲仲春，趙君萬里以訪書之便，于役申江，備致懇忱，乃乘便載以俱還。自昨歲聞訊尋求之始，以迄於兹，凡歷三百六十餘日，此七百五十九年前之古刻，二千八百九十餘葉之鉅編，乃完然入吾寶藏中，屹然與興文、鹽官鼎列而三，爲書林增一佳話。故詳誌其顛末，以見羅致古籍之事，其委曲繁重，至斯而極，而子戴推善之懷，與菊生護持之力，均非晚近所可及。吾世世子孫其永志勿諼焉。

考此書版刻，世人祇知小字者爲淳熙本，不知其後一再翻刻，其遷變正多。余既得此本，乃取家藏殘本，及劉氏兩本攤卷詳觀，乃恍然余所新收者碻爲淳熙初刻，其餘三本皆翻刻也。據章大醇序，是書刊於淳熙乙未，脩於端平甲午，重脩於淳祐丙午。今以各本考之，新收本字體方嚴，摹印清朗，決無挖補之痕，其中縫刊工人名逐葉咸具，而字數記在下魚尾下刊工之上，尤爲宋版所稀見。且以宋諱證之：構字注「太上御名」，劉氏甲本此處徑書「構」字，子戴斷爲端平未脩版以前所印，其鑑定絶精審。慎字缺末筆，則爲孝宗時開版決無疑義。至余所藏殘帙，其版式字體大略相同，然字畫已多蒙昧，刓補數行者有之，改刻全葉者有之，蓋端平甲午距淳熙初元，已六十年，其刓敝勢所難免，故余斷此爲端平重脩之本。若劉氏所藏二本，其版刻乃大不侔。今以甲本論之：版式字體初觀之似與端平本無殊，及悉心審察，乃迥然各異。以中縫字數言之，淳熙本盡列於下方，端平本雖亦在下方，而存者僅及少數。至此本則移在上魚尾上，且所記絶少，而刊工亦渺無一合，可斷爲淳祐重刻之本。再以刊工驗之，如卷二第九葉，新收本爲宋林，舊藏殘本爲翁晉，劉氏甲本爲葉松，則更可爲淳熙、端平、淳祐三次刻本之明證，不僅脩補而已也。劉氏乙本其板式同，行格同，然中縫書名作鑑幾草書，刊工下方祇一字，字數記在上方，廟諱無一缺避，字體疏瘦而拙滯，淳熙、端平方嚴端重之氣渺不復存，必爲宋末元初取舊本重寫付雕者。以此觀之，是宋時小字有四本矣。設非盡取各本，森陳几案，一一條比而字推之，又烏能碻知其差異如此乎！世人矜言板本之學，大氐窮搜目録，考其行款，或參摩書影，記其格式，遂謂綱要盡在是矣。然此第爲尋行數墨者言耳，若欲確定年代先後，風氣遷移，與夫脩補重刊初開晚印之異趣，非博通廣覽，親見原書，殆未易以空言而懸決也。

余取通行本略校數葉，其字句中頗有差異者。如卷一「則禮安得獨存哉」，「存」作

「在」；「美鬚長大則賢」，「鬚」作「鬢」；「德者人之所嚴」，「德」上有「夫」字；「已而知文侯以媾於己也」，「媾」作「講」；以上「三家分晉」。「可與樂成」，「可」上有「而」字；「楚宣王薨，子成王商立」，「成」作「威」；「秦發韓」，「發」作「伐」；「資蘇秦軍馬」，「軍」作「車」；「或撓秦」，「撓」作「橈」；「儀怒念諸侯」，「怒」作「恐」；「臣竊謂大王羞之」，「謂」作「爲」。以上「秦滅六國」。其意義咸視近刻爲優。余竊意趙節齋所言「嚴陵舊刻，字小且訛者」，所言未可盡據也。或者淳熙初元訖於寶祐已八十餘年，中經端平脩版，刓損漫漶，因而沿誤，勢所難免。若如此帙之初印明湛，寧有是耶。

又，考此本刻於淳熙元年，其時樞方教授嚴州，即就其地開版。楊萬里出守臨漳，過嚴陵。爲序行之，故世稱爲嚴州本。參知政事龔茂良得而奏之，言其書有裨治道，宜取以賜示東宮，增益見聞。孝宗讀而嘉之，因詔嚴州摹印十本，賜皇太子及江上諸帥。事具《宋史》及《玉海》，距刊成方二年也。逮後八十四年，趙與𥲅居湖州，出私錢重刻之。序言「嚴陵舊本字小且訛，乃易爲大書，精加讎校」云云，即諸家常見之大字本也。顧大字本既行世，人喜其莊嚴閎整、豁目悅心，争相讚美。又以嚴陵本世不多覯，更深信趙氏「字小且訛」之言，幾與麻沙坊板狹行陋體者相提並論，朱少河因有「當下奉詔摹印，急就將事，未能盡善」之説。今得此本反覆展玩，書法勁整，有顏筋柳骨之風，且核對頗審，余前略舉訂正諸條，實出大字之上。《儀顧堂續跋》跋湖州本云：「嚴州所刻寫刊精良，校讎細密，遠勝此本，德淵因其字小而改爲大字重刊可也，必欲誣之爲訛，豈公論乎！今兩本具在，孰精孰譌，必有能辨之者」。據存齋所言，於趙序深爲不平，與余所懷脗合。蓋皕宋樓藏有小字殘本，手自編摩，深知其勝，與夫流俗之徒望風逐影者異矣。

然余夙有疑者，此書刊成即奉旨宣索進御，楊廷秀諭諸《通鑑》之户，朱文公比之《國語》之流。至於端平、淳祐，皆依槧舊本，一再脩刻，則當日風行國學，流布海内，宜不下千百本。乃歷觀官私目録所記，大抵湖州之本爲多，而此本竟稀如星鳳。如《天禄琳瑯》前、後目所載凡六部，而小字本無一焉。其他若王阮亭、汪閬源、孫淵如及近代瞿、楊、丁、陸、姚諸家，無往而非節齋所刻者，惟皕宋樓有殘本二十九卷，爲徐虹亭遺書，北平館有殘本三十五卷，爲内閣大庫舊儲。第以余詳審之，皕宋所藏有章大醇序，已屬淳祐重刊，北平館所藏亦同，而淮陽劉氏兩本尚寄余篋中，今已審定爲淳祐重刊及元初再覆者，欲求觀淳熙初元袁氏嚴陵之真本，則薄海内外，舍此帙外斷無第二本。是此書不僅爲衲鑑之附庸，實爲魯殿之靈光焉。瑯嬛福地中無意中增此祕笈，且爲海内無雙之品，良友之意，其錫我亦云厚哉。

按：劉氏所藏乙本，余既據字體粗率及宋諱不避斷爲宋元間重刻矣，嗣逐卷覆閲，則其分卷更有改易者。就其殘存十五册考之，如第一、第二十四、第三十九、第四十、第四十二各卷，每卷皆剖分上下，標題重起，别爲一册，其他各卷尚不可知。是全書既非就原版補修，亦非用舊本翻刻，其爲重加繕録，付諸手民，無可諱飾。然則後人譏爲字小且訛者，恐所見當爲此本矣。

又，考《鐵琴銅劍樓目録》云：是書初刻於淳熙乙未，爲嚴陵小字本，編爲二百九十卷。此大字本乃趙與篡重併卷第，刻於寶祐五年云。其説殊異，未知所據。今兩本並存，其卷第毫無差異。且詳繹與篡序中，亦第言精加讎校，而不及重併卷第之説也。或謂此説所出，必疑袁氏削稿時當以一事爲一卷，故懸揣而爲是言。又此書每卷爲文至三四萬言，積厚葉至七八十葉，其繁重殊常，爲古籍所罕見，遂疑原本決不若是。然以余核之，就令果如其説，則本書自三家分晉訖周世宗征淮南，凡二百三十九事，即每事各爲一卷，亦不足瞿氏所言之數，是其説之茫如捕風從可見矣。瞿氏藏目號爲精審，余懼其沿襲繆訛，淆惑後人之耳目，故附此糾之。

兹取石氏、顧氏手跋及同年宗君題識録之左方，諸家收藏鈐印墨記亦附詳焉。壬申六月二十六日，藏園居士記。時連日猛雨，狂風助之，有傾河倒海之勢。九衢積潦，可以行舟，燕都三十年來無此淫霖矣。

《通鑑紀事本末》一書，仁宗朝有兩江督臣百齡曾經呈進，睿製旌題，因其古今治亂本末可據卷而得也。此書是宋刻原版，傳是樓舊物。今歸吾郡程氏集義，以寶宋名其室，鄭重若此，是書可謂得所矣。舊史石韞玉手跋。

建安袁樞《通鑑紀事本末》宋槧凡二。其一爲小字本，王伯厚所言淳熙三年詔嚴州摹印一部者也。其二爲大字本，節齋趙與簒於寶祐丁巳重刊而序之者也。大字本之板前明尚在南監，故外間印本不少。小字本則僅有宋印耳。此部爲崑山徐尚書所藏，卷端鈐其名號二章，通帙精善，尤爲寶貴矣。道光癸未陽月，程稟初姻孟出以見示，屬加審定，爰書而貽之。顧千里記。

宋刻《通鑑紀事本末》有大小字兩本，藏書家皆能言之。顧大字本明季猶在南監，傳印至廣，小字本則三四百年來罕見著録。明人書目簡略，或未易研尋，有清乾、嘉以後，佞宋之風大盛，簿録如林，而此書踪迹僅一見於《平津館鑒藏記》，再見於顧氏《思適齋集》，此外無聞焉。政變後，方聞輟學之士稍與世隔，致力於搜奇訪古。於是江海間書船四達，多方鉤致，異本日出。戊辰歲晚，予薄遊吳下，忽聞是書見於常賣家，亟往觀，則赫然全帙，即千里所見本，手跋具在。自念先世藏書數萬卷，皆普通讀本，明槧且罕，遑論宋元，此書歸我，勢成孤寄。然懼其落於市井纖兒之手，徘徊十日，始貨裝收之。是書刻於淳熙，經端平、淳祐兩次修板，見章大醇序。此帙字體精整，首尾一律，無修板之迹可尋，而章序由後人補寫，又未足取證，疑印本或尚在端平修板以前。此當以帝諱闕否定之，卷帙繁富，尚未及通檢也。余又疑元師入浙，此板必已遭燬，是以藏書家并元明印本不見著録，宋本宋印遂同孤鳳。驗卷中印記及石顧二跋，知清初在傳是樓，後歸吴門程氏寶宋室，具琳瑯主人二印又當在程後。至平津藏本與此本是一是二，未能臆定，要之二百餘年間此書實常在江左。心耘爲吴下寓賢。中惟程稟初文學集義姓氏稍晦，程爲千里門人，葉調生《吹網録》、《鷗波餘話》中屢及之。千里所刻《爾雅》以板歸稟初，易名「意僻軒重刊」，而盡去千里所列校勘人名印記。調生蓋深致不滿也。予得此兩年，世漸有知者。藏園主人介吾友張君菊生馳書虞山，請援嚴修能與汪九易張洽《春秋集傳》事，以書歸藏園。予與藏園舊忝齊年，其博學遠識夙所推敬。雙鑑樓廣收宋元名槧，爲瞿、楊後勁，更得此書，則雙鑑可易三鑑，爲書林增一佳話，遂慨然允之，爲記始末，以告後世。猶冀區區爪印，附藏園以傳也。辛未冬至日，上元宗舜年記。

每卷書衣有墨記二方，凖式如下：

存耕書塾

讀書當置凈几之上不可於手中翻揉仍須逐板輕揭若以指爪挐之册角皆成痕摺浸易損破近世士大夫往往留意衣服器玩委曲愛護至書籍則不然何倒置如此

右忠正德文集讀書訓節録

樂安存耕書塾

顔氏家訓曰借人典籍必須愛護先有缺壞就爲補治此亦士大夫百行之一或有狼籍几案分散部帙多爲童幼婢妾所點污風雨猫鼠所毁傷實爲累德愚謂世有久假不歸者何異盜跖又顔氏之罪人也

明初本蜀鑑跋※

《蜀鑑》十卷，宋郭允蹈撰。明初刊本，半葉八行，行十六字，白口，雙闌。前有端平三年李文子序，次方孝孺序，序後有嘉靖乙卯嵐山主人佳胤跋。末卷後文子又取《周易》、《孟子》、《通鑑》言山川險要數則於後，而附以跋，時爲嘉熙元年。又淳祐五年古郢别□跋。失其名。

按：此書宋刻本諸家絶少著録，惟此本張肖甫跋言：李蒲汀司徒藏宋刻，甚精，後歸澶汾晁太史，肖甫從晁太史假録之。李司徒即濮陽李廷相，晁太史即開州晁瑮，皆明代藏書名家，有書目傳世。今宋本不可踪迹矣。瞿氏藏明影宋本，余曾得假校，别爲跋語以志之。此外相傳惠氏百歲堂藏元刊本，其書後歸皕宋樓。以蕘翁跋考之，仍爲明初本。皕宋又著録嘉靖刻本，以余審之亦即此本。蓋此書爲明洪武時蜀王分藩西川所刻，大字疏行，仿坡公體。考蜀獻王名椿，太祖第十一子，博綜典籍，容止都雅，帝戲呼爲蜀秀才。二十二年就藩於蜀，聘方孝孺爲世子傅，表其居曰正學，以風蜀人。嘗臨講郡學，著有詩文集各二卷。集中有《送方希直還漢中》詩，詞意古穆，有緇衣好賢之風。此書刊板即在其時，故孝孺奉旨撰序，其署銜尚稱漢中府教授也。其版傳至嘉靖，張肖甫得之，補訂而附跋於後。然則所謂元刻、嘉靖刻，皆此蜀藩本也。緣其字畫古茂，或者疑爲元刻；又見其補版附有張氏跋，遂認爲嘉靖刻耳。第此本流布亦稀，諸家藏目往往無之。守山閣刻本其源從《四庫》出，《四庫》所收是兩淮所進，亦明刻也。適其本有缺葉，故卷八末史論「自中興以來虎臣宿將」以下奪落一百八字，而妄增「億萬年安枕矣」六字以足之，殊爲可哂，檢余此帙，其文固完然具存也。此書叙述簡要有法，其詳於江山險易、道里遠近及歷代戰争餉運之徑途，要有深旨。吾蜀險要雖控於一隅，而形勝實關於天下，梓里人士宜究心及此，以爲捍禦治理之方。惜明刻既罕祕難逢，即守山閣本遠道亦稀得致，異日當取余校本重訂刊行，以餉鄉人。倘得嗜學之士，就郭氏之例，采宋元以來之事迹，輯成續編，則裨益於鄉國其功尤偉矣。蜀人萬里，引領望之。癸酉五月二十六日，藏園記。

校蜀鑑跋※

《蜀鑑》十卷，宋資中郭允蹈輯。余家藏明初刊本，有方孝孺序，又張佳胤跋，疑肖甫就明初版刻而補其殘缺，收藏家稱爲明初蜀本是也。據肖甫跋言：李蒲汀家有宋刊，甚精，後爲澶汾晁太史所得，肖甫從晁氏録存之。今宋刻已不可得覩，各家亦無著録。惟常熟瞿氏有明人寫本，舊爲吴方山家藏，云從宋本影寫，較之蜀本爲勝。余以此書關係鄉邦文獻，鋭欲從事校讐，而瞿氏書道遠不可致。適北平館中新收鈔本，審爲就方山本摹出者，乃假歸，取守山閣本校之，始自壬申四月，至癸酉三月乃畢。瞿氏《鐵琴銅劍樓書目》列舉差誤各條審之，一一都合，然大段脱失者尚多，舉其犖犖大者言之：如卷一標題「關羽失荆州」，今本作「孫權襲荆州」。總論「墮吕蒙之詭計」，上有「輕躁寡謀」四字，今本無之。卷三建興十一年「運米集斜谷」，下有「口治斜谷」四字。又有一行文曰「建興十二年春丞相亮率衆十萬由斜谷伐魏」，今本無上十六字，而誤以「伐魏」二字接「集斜谷」下，是以次年屯五丈原事預屬之十一年矣。卷四「李壽縱獠於蜀」條「布在山谷十餘萬」，下有「落時蜀人東下者十餘萬」十字，今本無之。卷五「晉安帝元興二年桓玄僭位」，今本脱「興二」兩字，則事屬安帝元年。四庫館臣按語以與史不符疑之，不知其奪此兩字也。卷七「唐明皇幸蜀」條「蜀土豐稔」下有「甲兵全盛上大悦」七字，今本無之。又「岐蜀交争」有「岐王使劉知俊攻蜀圍安遠軍」，今本無此十二字，於是以下文「岐王使劉知俊李繼崇將兵擊蜀」等三十八字改目爲綱矣。卷八「孟知祥圖蜀」條「帝以劉訓爲南面招討使」下，有「夏魯奇爲副招討使」八字，今本無之。其脱漏最甚者，如卷八末史論「淪肌浹髓」下，有「中興以來虎臣宿將極力捍禦，如手足之衞頭目，民之戴宋，有死無二，三百年猶一日也。夫以藝祖之宵旰以圖蜀，其艱且勤也如此，蜀在今日爲上流之重也如此，保蜀如保元氣，猶懼不支，况輕視而淺謀乎？念祖宗有蜀之勤，而顧今日保蜀之不易，則昔人之得失可不爲永鑑歟」凡一百八字，今本概行奪去，而以其詞氣未完，乃杜撰「億萬年安枕矣」六字以足之，此爲瞿氏所未及列舉者。合之各卷單辭片語，凡删乙增改者通七百二十餘字，可云夥矣。守山閣刻此書依《四庫全書》本，《四庫》所録爲兩淮鹽政採進者，意即明初蜀本也。《浙江採進遺書録》注云刻本。然觀其奪誤之處視明本尤甚，其或展轉傳鈔而致然歟？

按：李、郭二氏撰述之旨，方正學謂蜀之形勢，天下之險莫先，然考之是非成敗之迹，則忠順以致福，逆亂以取禍，江山之險固不足恃，故畢舉而詳之，名曰《蜀鑑》。此第爲納誨於蜀藩而作耳，非著書之本旨也。《提要》謂論蜀之地勢，可以北取中原，與李舜臣《江東十鑑》同，意欲以勵恢復之氣。余謂此亦非也。考文子作序在端平三年，跋在嘉熙元年，其時金國初亡，元師又起，命闊端將塔海等侵蜀，將自鳳州以入西川。於時，朝廷下備邊之詔，臣寮有保蜀之奏，而帥府應援不及，高稼戰死於沔州，曹友聞敗没於陽平。至三年冬，蒙古兵長驅無阻，遂入普州、順慶、潼川，以破成都，掠眉州。一月之中五十四州俱陷，惟夔州一路及瀘、果、合數州僅存，江淮爲之震動。其後嘉熙改元，乃命李埴宣撫四川，頒安集淮、蜀、荆、襄之詔。文子時官蜀中，躬經禍變，故屬郭氏撰爲此書，詳述歷代戰守勝敗之迹，而於軍政得失，形勢險易、道里遠近尤拳拳致意，所謂述古以鑑今也。推其書成之日，正韃靼陷蜀之時。序言「中興以來，保蜀如元氣，世歷百年，外有虎噬之虞，内懷禎勞之憂，蜀之爲蜀，非全盛比」。則所由燕居深念，目擊動心者，固凜凜於禍至之無日，而非徒爲無病之呻吟，危詞以聳聽也。今吾蜀之禍亟矣。鼎革以還，中樞之威靈不入於夔、巫，據地自王者乃至五六公。鬩牆之争，夙爲喻言，兹乃演及近族。誅求無藝，民願偕亡，禍患之來，殆不可量。吾願執政諸人試手此編，幸垂省覽，勿甘爲井底之蛙，自矜負隅之虎，知險阻之不足恃，而民怨之不可極，幡然改圖，納於治軌。斯非獨吾蜀之幸，抑亦天下之幸也。癸酉五月二十五日，藏園識。

雜史類

邃古記跋

《邃古記》八卷，朱謀瑋撰。明刊本，半葉十行，行二十二字。前有萬曆三十六年謝兆申序，次自序，題銜爲「勑理石城王府事鎮國中尉謀瑋字欝儀撰」。卷一盤古氏、天皇氏、地皇氏、人皇氏、有巢氏、燧人氏，卷二包犧氏、女媧氏，卷三神農氏，卷四黄帝上，卷五黄帝下，卷六少昊、顓頊，卷七帝嚳、陶唐，卷八有虞。其書仿《綱目》之法，列歷代事實爲綱，而雜引諸書所出於下以爲目，上而經史諸子古書，旁及讖緯、道經、地志、雜記、總集、百家，蒐羅閎富。其纂輯之勤，見聞之博，在明人撰述中要爲罕覯，視《皇王大紀》、《通鑑外紀》、《荒史》實爲過之。而《四庫提要》列之《存目》，且謂謀瑋平生著書一百餘種，今不盡傳，傳者此爲最劣，其言未爲允當。按館臣之意以所引多緯書荒誕之説，既非信史，又尠異聞，故斥其書爲不足録。然吾國古史自五帝而上，年代遐邈，本屬荒遠難稽，其逸聞異説見於緯候讖記固多不經，然舍是外又何所取資耶！且歷觀中外古史，其創國之始，得姓受命之源，咸傳有神奇靈怪之説，以聳人觀聽。然則謀瑋此書綱羅邃古，萃於一編，又烏足詫乎！其後馬氏《繹史》稱述前古，於五帝以前事蹟所眘録者亦不出謀瑋引用諸書，而研史籍者咸推爲近代之鴻著，是謀瑋所作寧不尊爲大輅椎輪之始乎！此書流傳極罕，余得於杭州書肆，有「吴江史氏藏書」、「松陵史蓉莊藏」、「史積中印」、「梧軒主人」、「秀夫」諸印。史氏爲松陵舊家，知前人亦以罕祕重之矣。甲戌八月初九日藏園記。

校逸周書跋

《逸周書》古刻有宋嘉定十五年東徐丁黼本，元至正十四年海岱劉貞覆宋本。今元本尚有傳者，宋本則久不得見，世間通行者，以明嘉靖章蘗本爲最舊。盧抱經校定此書，號爲精善，然廣搜衆本，亦僅見劉廷幹元刊爲止，於天水古槧，初未寓目也。

頃從德化師遺書中假得吳琯《古今逸史》全帙，其中《逸周書》十卷乃惠定宇手校，卷末記有「借元印宋刻校對」一行，是近代校此書者惟紅豆得覩宋刻耳。余因取程氏《漢魏叢書》本手自移校一過，惟原校所用爲吳琯本，與程刻頗有差異，大抵改正吳本訛誤之字，檢視程本，乃多不誤，可知程刻於宋本爲近也。

第有不可解者，惠定宇校本盧校曾取之，并注云：「惠曾見宋本」，此正余今日所見之本也。然取盧本對勘，乃多不合，姑舉數事言之：如明本《文酌解》「七陶八冶歸竈」，注言「竈善則陶冶長」，宋本作「歸竈善」。《糴匡解》「舍用振穹」，宋本作「窮」。《大匡解》注「亦相敕也」，宋本作「相救」。《酆謀解》注「神不德之」，宋本作「聽之」。《大聚解》「王親存之」，注「在察也」，宋本作「存也」；「資喪比服」，注「比服，供喪服也」，宋本作「袒喪服」。凡此諸字，皆以宋本爲長，而盧本沿用明本，未加改正。又如《酆謀解》「三施資」，注「旅資以思也」，盧校言「疑當作『施資以惠也』」，不知宋本正作「以惠也」。《武順解》「一卒居前曰開」，注「間有竪」，盧校謂「當作『開猶啓』」，不知宋本正作「開猶啓」也。至若《小開解》「大人枳維公，公枳維卿」，盧校據《後漢書》注補「公公枳維」四字，今宋本原有此四字。《王會解》「卜盧以紈牛，紈牛者」，盧校據《初學記》補「紈牛」二字，今宋本固原作「紈牛」。豈盧氏校録時未親見此本耶？抑所見者爲别一校本耶？非然者，凡宋刻之佳字及脱文，定宇固悉綴於篇中，乃或仍沿舊譌而不改，或别采他書以勘正，而宋本當前，轉不知近取，無是理也。

《周書》文字奥衍，包孕閎深，故書舊典，所在多有。第流傳既久，奪誤孔多，展卷尋文，如行荆榛。抱經薈萃諸家，精心探討，疏滯析疑，犂然悉當，於是書要有鴻功。惟於惠校之善者未能悉爲甄采，要亦千慮之一失耳。至惠氏校勘，頗嫌疎略，此書宋刻最爲罕祕，其書藏於誰氏，刻梓屬於何時，字體版式，行格邊闌，凡此數端，咸闕考據，乃卷尾略綴數字，餘皆闕而不書，使吾輩今日開卷茫然，於版刻源流無所取證，亦良足惜矣。

校明劉大昌刻本華陽國志跋※

《華陽國志》一書自廖氏題襟館刊行後，世之讀者意謂可無遺憾，以原書爲顧千里所手校，要爲定正可傳也。然余曩見同年鄧孝先太史收藏顧氏校本，爲付刊後所重勘，所據爲常熟馮氏空居閣本，其校語溢出刊本者至多，保山吴佩伯曾假臨一本，今尚寄寒齋中，余偶披閱及之，卷中多識其疑誤，而改訂之處乃絶少，緣所見馮本外，僅有錢磬室寫本、何義門校本而已，於明代嘉靖以前舊刻似未寓目也。

頃北平館中新收得嘉靖甲子劉大昌刻本，極爲罕覯，因從趙君斐雲許假歸，以廖刻對勘一過。自八月二十二日起，至十月二十三日止，凡兩閱月，僅乃訖功。行止不常，丹鉛屢輟，良用自恧，然全書訂正之字多至四百有奇，咸前人所未發，又殊自憙矣。

兹舉前數卷最勝之處言之，如：卷一「樹有荔支」，「支」不誤「芰」；第二葉。「儀貪巴道之富」，不作「巴苴」；三。「取商於之地」，不脱「之」字；「曰虎歷四郡」，「曰」不誤「白」；「從高祖定秦有功」，「秦」不誤「亂」；均四。「此武王伐紂之歌也」，「此」不誤「比」；五。「家中無可與」，「與」不誤「爲」；六。「涼州羌反入漢中」，不脱「反」字；「貧者無以自支」，「支」不誤「久」；均七。「嚴子農代爲都督農解後」，二「農」字不誤「豐」；十一。「朐忍徐慮」，「慮」不誤「惠」；十三。「大破之闉啓退」，不脱「闉」字；十三。「人多戇勇」，不脱「多」字；十五。「李雄宕渠之廝伍」，「廝」不誤「斯」。卷二佳字如：「上昭於天」，「昭」不誤「照」；一。「文秀暐曄」，「暐」不作「瑋」；二。「姜濟陳巳」，「巳」不誤「巴」；「不得過過多云鬼病之」，不脱下「過」字；「學道永信者」，「永」不誤「未」；「其供通限出五斗米」，「通」不誤「道」；「張脩攻固城」，「城」不作「成」，均四，下葉「城」同。「魯益驕恣璋怒」，不脱「璋怒」二字；「皆以祭酒爲治民」，不脱「民」字；均四。「大姓李程趙氏」，「程」不作「鄭」；五。「更始即祚」，「祚」不作「位」；六。「諸軍足辦」，「辦」不誤「辨」；八。「梓潼郡」，「潼」不誤「橦」；九，下同。「秦州遂荒無晉民」，「州」不誤「川」，「晉」不誤「留」。十二。卷三佳字如：「故多斑綵文章」，「斑」不作「班」；一。「魚鳧王田於湔山」，不脱「魚鳧」二字；二。「天奉我矣」，「奉」不作「承」；二。「蜀王哀念之」，不脱「念」字；三。「歌龍歸之曲」，「龍」不作「隴」；三。「司馬錯等因取苴與巴焉」，「焉」字不脱；四。「玉帛戔戔乎梁益之鄉」，「戔戔」二字不誤「踐」；八。「英辯博通」，「辯」不誤「辨」；九。「則有元常紀常程玦」，「玦」不誤「玞」；九。「火井江有火井」，上「火」字不誤「文」；十二。「拔雒城援襄陽」，不脱「拔」字，「援」不誤「拔」；十四。「漢時任安定祖」，不脱「安」字；十四。「省橋梁三津」，不脱「梁」字；十六。「有王喬彭祖祠」，「喬」不誤「橋」；十七。「孝子吳順養母」，「養」不誤「奉」。十七。卷四佳字如：「發運興役，費甚多」，不脱「興」字；二。「方爲先主問代」，「爲」不誤「亡」；四。「柔遠能邇」，「邇」不誤「爾」；六。「破壞郡縣，役吏民」，「役」不誤「没」；九。「人但焦草炙鼠爲命」，「焦」不誤「樵」；九。「官民虚竭」，「竭」不誤「弱」；十。「伐寧州」，「伐」不誤「代」；十。「遜使使督護雲南姚岳」，不脱下「使」字；十。「少威儀」，「儀」不誤「稜」；十一。「學圖緯通三才」，「才」不誤「材」；十一。「升麻縣」，「升」不誤「牧」；下文即云「山出好升麻」。十四。「俗妖巫惑禁忌」，不脱「惑」字；十六。「天所貴也」，「所」不誤「之」；十六。「度蘭滄水」，「滄」不誤「倉」；下同，十七。「謂諸耆老曰」，不脱「諸」字；十六。「大姓陳趙謝楊氏」，不脱「謝」字。十六。此皆廖校所遺，其他各卷尚多，不能悉舉也。

又廖氏所附校語，有引據史傳以正本書之誤，今以劉本勘之，多與之合，如：卷五，「以功曹李雄爲大司徒」，二。廖校云：「雄當作熊，見《後漢書》」，此本正作「李熊」。卷六「先主還沛解」，四。廖校云：「沛下不當有解，即今之廨字」，此本正作「廨」；「不可背之立効」，四。廖校云：「之」下當有「要當」二字，今本正有此二字；「盡封其物」，五。廖校云：「盡上當有羽字」，今本正有「羽」字；「初飛勇冠三軍，俱萬人敵」，十三。廖校云：「當有脱誤」，今本「飛」下正有「羽」字。卷八，「地名觀坂上自觀下」，三。廖校云：「當作自上」，今本正作「自上」；「廣漢太守張微」，八。廖校云：「《後賢志》目録皆作徵」，今本正作「徵」字。卷十，「同穴齋定」，二十三。廖校云：「誤，未詳本或作穸」，今本正作「穸」字；「又蒴榖二石」，二十三。廖校云：「誤，未詳本或作蜀」，今本正作「蜀」字。凡此皆廖氏所疑而未敢遽爲訂正者，今得此本，若合符契，益可恍然矣。至如人名之舛失，如祝苞，「祝」不誤

「程」；賈祤，「祤」不誤「栩」；楊厚，「厚」不誤「序」；貞玦，「玦」不誤「玦」，皆見於卷十中。先賢士女，所關至鉅，賴有此刻，足以正其差誤，校竟爲之忻快無已。

夫《常志》自元豐間呂微仲始刻於成都，嘉泰間李叔廑再刻於臨邛，然李氏授梓時，已言其多所缺漏。迄明以來，并此臨邛補葺之本亦絶迹於天壤，惟恃諸家傳鈔延此墜緒。據劉氏後跋言，笥中所藏出於舊録，祇取《范史》訂正十一，獻之郡齋。則當時未覩宋刊可知。尤可異者，楊經守成都，以此書授梓，在嘉靖甲子，而張佳胤本有張四維序，亦署「嘉靖甲子元日」，以數百年來堙鬱不傳之籍，而一年之中乃有兩刻本，且皆出於蜀人之手，書之顯晦信有時耶！張氏蒲州所刻，觀其自序，乃得抄本於澶淵晁太史家，嗣在江陽假得楊用脩本，又在大梁假得朱灌甫本，交互取質，參證脱訛。余庫中亦藏弆是本，取以對勘，凡劉本改正之字，張本一一皆具，可知二公校訂之精審，視後世所傳惡鈔迥然大異。宋本既不可得見，得此嘉靖初元善刻，據以糾正流俗之失，雖與天水舊槧等量齊觀可耳。

然余竊有未解者，聞廖氏題襟館開雕此書，本出孫淵如之手，而顧千里爲之一再經理，以成其事。孫氏既富於收藏，顧氏夙精於校勘，宜其盡羅衆本，擇善而從，藉殺青之役，以竟埽葉之功。今觀其書，奪譌盈幅，轉不若李氏《函海》之較爲審慎精嚴也。蓋雨村所據以付梓者，爲錢叔寶寫本，而又得此劉大昌本及天啓李一公本考訂其異同，而廖氏刻書時，不特嘉靖劉、張二本及天啓李氏本均不及見，即李氏《函海》本亦似未經寓目，殊不可解。蓋右方所舉前四卷異文，檢視《函海》本，均注其異同於本字下，千里若見及之，必不致略而不采也。昔黄蕘圃校書，多兼收衆本，一書手勘至於再三，不憚其煩，所謂遇本即校也。余更爲之進一解曰，凡校書之法，切勿篤信前人。世人偶得名家校刊之書，輒篤守其本，謂已決無罅漏，豈知異鈔祕槧，海内方迭出不窮，吾輩覽玩之所及，或爲昔人耳目所未經，刻意尋求，往往後來居上，正不必讋於前賢而自畫也。

此本半葉十行，行二十字，白口，四周雙闌。前有嘉靖甲子知成都府昆明楊經序，後有大昌自序。鈐有「尊生父脩綆圖書」白文印，又「淮」字朱文印。遍檢各書，自李雨村引校外，諸家均不著録，洵可云罕祕矣。至張氏蒲州刻本，則並雨村亦未之覯也。余昔年曾得抱經樓藏本，缺第十一、二卷，嗣與友人易得完帙，今寶藏於雙鑑樓中，異時當更取以覆勘之。

後梁春秋跋※

《後梁春秋》上下卷，海鹽姚士粦編述，萬曆刊本，半葉九行，行十八字。前有萬曆丁未宛陵濮陽春序。收藏有「石楷之印」、「西鄞」、「石楷」、「蓉裳收藏印」、「閩楊浚雪滄冠悔堂藏本」、「侯官楊浚」、「内史之章」、「新昌胡氏問影樓所藏」各印。序言督學合州，李公與安成顔公激賞其書，命之鋟梓，其褒貶予奪之微，有李顔二公之大手筆在。則其書當有李、顔之序，而今本佚之矣。

案：梁岳陽王詧附魏立國，傳子巋及孫琮，凡三世，保有宗祀歷三十三年而入於隋。正史附紀其事於《周書》、《隋書》及《北史》，姚氏以其記載簡略，因用編年之法，撰爲此書，準經書事，因事附人，纂取史傳，旁摭羣書，排比演繹，以存一代規模。其中於元帝則絶之於梁，於陳主則直書其名，皆寓《春秋》進退之旨，以示興滅繼絶之公，用心可云勤苦。然詧爲昭明庶子，本非嫡嗣應立之人，徒以骨肉猜貳，宗國分崩，遂因利乘便，據地自王，與昭烈存漢，莊宗繼唐，寧可並論！又況倚恃北國，備位附庸，崎嶇一隅，苟延殘喘！觀集中所載《愍時賦》有云「悲晉璽之遷趙，痛漢鼎之移新。遂胡顔而苟免，謂小屈而或申？豈妖沴之無已，何國步之長淪！」又云：「余家國之一匡，庶興周而祀夏。忽縈憂而北屈，豈年華之天假！」其言悲憤沈鬱，覽者爲之悼歎。則詧之身丁頹運，隱忍圖存，終於憂憤發背而死，其志亦良可憫悼。論世者哀其人，存其事，以附於載記之列，庶彼艱難締造之業，不致堙沈。而姚氏乃欲創改史例，以中興之運屬之，微獨擬非其倫，抑亦悖於史例矣。

嗚呼！當宗社覆滅，土宇淪潰之際，凡在藩侯宗子者，或倡大義以討亂賊，或收餘燼以復舊疆，縱事業未成，後之君子常欽其志，而假之以名。若夫乞援於强鄰，受封於上國，幸爲人所卵翼，稱帝號以自娱，政柄非己所能操持，存廢一聽人之措置，此石晉劉齊之故轍，讀史者方憤歎痛惜之不暇，寧復從而崇奬之耶！余因觀姚氏之作，惜其矜奇立異之過，而正論之或淆也，特糾其謬失，志諸簡末。讀者試取《南史》、《北史》而覆案之，或知余論之非苟乎！甲戌十月初三日，藏園。

洪武本貞觀政要跋※

唐吴兢脩國史，取文皇之朝君臣講論治道之要，纂成是書，凡四十篇，合爲十卷，上之中宗。洎文宗踐阼，深喜其書，誦習遵行，論者謂太和初政，幾於貞觀。其後歷代列之經筵，用資啓沃，蓋煌煌然千秋之金鑑，不徒爲一朝之寶訓已也。此書宋時有小字本，第世已無存。元至順有戈直《集論》本。明成化有内府大字本，即從戈本出，頗有竄改之處。近時通行有掃葉山房本，亦訛奪殊甚。相傳徐星伯曾以《大典》本精校一通，第其書流轉何許，存亡殆不可知。欲從事校讐，苦無佳槧。癸丑春，盛氏意園遺書散出，余從景樸孫都護得此洪武小字本，展卷一觀，審其不附論注，心頗憙之。版刻精雅，字橅松雪體，猶是元代風格。半葉十三行，每行二十四字，黑口，四周雙闌。前有重刻書序，爲宋景濂撰，略言此書盛行於世，南北刻本多有舛訛，臨川戈直嘗集諸家而校讐之，然亦未能盡善。昇有良士曰王敬仁，欲刊梓於家塾以傳，予遂假中祕本重爲正之，理有可通者因仍其舊，不敢輒改云。目後有長方木記，其文爲「洪武庚戌仲冬王氏勤有堂刊」二行，按：庚戌爲洪武三年。序後有「寓吴郡盧遂良刻」小字一行，是此書源出中祕古本，復經景濂爲之勘正，而吴郡又爲良工所萃，宜其詳審足傳，不徒以楮墨精良遠勝坊肆也。余昔年得舊刻本，爲葉潤臣故物，審爲乾、嘉間所梓，喜其不附注釋，曾假趙斐雲家藏明鈔殘本四卷，手勘一過，頗多是正。今更以此本重事校讀，通計全書改訂凡得六百四十五字，而第二卷納諫類，「凌敬爲人作碑文」條下更奪失至六百二十一字，不覺欣然過望。余更取元、明附注兩本粗爲對勘，不特文字互有異同，即各門章次咸大加移易，然後知此書自戈氏《集論》時，參以己意，肆爲分合，以致條段參差，次第紊亂。迄於明代，其本盛行，學者欲訪求原本，多不可得，由是吴氏本書面目汩没垂數百載，而無可窺尋，不獨勤有堂古刊孤懸天壤，爲自來收藏家所罕聞，即余所藏無注本亦幾等於鳳毛麟角，昔人所謂「刻書而書亡」者，觀此良足悼歎也。余校録既竣，推考源流，特申論以告世人，俾知此本之可貴，初不在年代之遠，雕槧之精，獨其淵源既古，使神明頓還舊觀，一掃元、明以來相傳之謬種。且宋本既不可見，幸留此孤帙，爲一線之延，即謂與天水舊刊同其寶要，寧爲侈論哉！

抑余更有感者，余自獲此本後，私自珍祕，游南中時曾持示沈君乙盦，君謂版刻雖古，惟其書無足重輕，雖不存焉可也。嗣有肆賈來索，即以重金易去，倉卒未遑一校。嗣是二十餘年，南北流觀，迄未再逢，始自悔恨，縈繞於懷。春初忽聞廠估自鄂中捆載劉氏藏書北來，此書乃赫然在目，私幸楚弓之失，或爲趙璧之歸。適迫於南游，未遑踪迹，洎台、蕩歸來，聞已入文津官庫。因從趙君斐雲假出，留此校本，以彌生平疏失之愆。然昔爲什襲之藏，今轉爲一瓻之借，斯亦足慨已！乙亥七月，逭暑盧師山，宿於祕魔崖者三日，校讀既畢，因詳誌之。藏園老人書。

收藏印記有「吳郡西崦朱叔英書畫印」、「儀正堂印」、「曾藏汪閬源家」、「吳中汪六」、「駿昌」、「雅庭」、「杭州汪駿昌藏」、「宗室文愨公家世藏」各印。

明寫本貞觀政要跋※

此明寫本《貞觀政要》，存卷七至十，凡四卷，棉紙，畫朱絲闌，半葉十行，行十九字，筆墨精雅，當是成、弘間名人手迹，非尋常鈔胥可擬也。裝面題籤咸存古式，爲晉府舊藏，有「晉府書畫之印」、「晉府圖書」、「敬德堂圖書印」朱文諸印。余篋中有葉潤臣藏舊刊本，取以校讀，卷七「崇儒」條原空缺三十餘字，皆得補完。論「禮樂」條「故聞而則悲耳」下補「何有樂聲哀怨，能使悦者悲乎？今玉樹伴侣之曲，其聲具存，朕當爲公奏之，知公必不悲耳」三十五字。卷八論「務農」條「人以衣食爲本」下補「凡營衣食以不失時爲本」十字。卷九議「征伐」條「未嘗再問」卜補「箭穿七札弓貫六」七字。「筆邁鍾張詞窮」下補「賈馬文鋒既振」六字。卷十論「慎終」條「實切於心」下補「或時有所營，慮人以致諫，乃云：若不爲此不便我身」二十字。凡四卷中脱句訛文訂補至一百九十六字。若上册得存，所正當不止此。

此書海寧趙斐雲無意中於德勝門内冷攤獲之，審其册式，亦必舊時内閣大庫之物，使不遇真賞如斐雲者，此戔戔殘帙，異時流落不偶，不爲白紙坊造還魂紙之用，必供東直門糊油簍之材。然則今日什襲珍藏，一旦登藏園几案，使人摩挲愛玩而不忍舍者，非獨爲斐雲幸，實爲此書知遇之幸也。嗟乎！冠蓋京華，斯人憔悴，如海王城，不禁撫卷而三歎矣。

庚午二月，藏園記。

校九國志跋※

宋路振《九國志》五十一卷久亡佚，邵二雲從《永樂大典》抄出，周夢棠編爲十二卷，刻入《守山閣叢書》中。繆藝風曾以龍氏活字本校過，謂龍本亦有勝處，撰爲校記一卷。余見鈔本於廠市，乃鮑以文所藏，取校《守山閣叢書》本，改定不下數百字，遠出繆校之上。其卷二《譚全播傳》「乃引還」下脱「又遣光嗣弟光睦攻潮州。光睦好勇而輕進，全播戒其持重，不聽，度其必敗，乃爲奇兵伏其歸路」三十七字。卷六《王宗鉥傳》「號爲武子路」下脱「建入蜀賜姓名，常置左右，遇敵必獨挑戰，挾人奪馬而還」二十二字。卷十次第亦微有不同。知當時傳鈔不免舛誤，錢氏所得未經校勘，遽以入木，設非得鮑氏此本，其舛誤亦無從是正。書貴名鈔，良有以也。己未十月十五日校畢因記。傅增湘書於藏園霜紅龕中。

勞鈔蜀檮杌跋※

此書一名《外史檮杌》，紀前、後蜀王、孟二氏事，宋張唐英撰。陳氏《直齋書録解題》作十卷，今世所存者分二卷，祇一萬餘言，其非原書之舊可知。至刊本傳世，始見於明季《歷代小史》中，不聞更有舊刻。據蕘圃跋言，借陳仲魚藏鈔本，有范得志跋。疑其出於明刻，但别無所取證，故近世諸家藏書目，如瞿、楊、丁氏所著録者，皆鈔本也。

此帙不分卷，與黄蕘圃藏本同爲仁和勞平父權手寫，卷首并摹有葉石君、孫慶增各印。考《上善堂書目》，其舊鈔本中正載此書，注明石君所藏，知其源所出必爲近古。取李氏《函海》本校之，考訂至二百五十餘字，皆訛文奪句，亟待刊正者也。尤異者，孟昶廣政中竟脱失十八年一節，凡一百四十二字。余初意雨村刻書草率，讐勘不精，或爲偶爾遺佚，及檢《歷代小史》、《學海類編》本，其脱落正同，即《藝海珠塵》本，號爲重校者，而此一年事蹟亦復失載，知此文遺奪固已久矣。然則平甫傳録此本，固宜與女媧氏之五色石同其功用，其爲珍祕當復何如。

原書半葉十二行，行二十一字，鈐有「權」、「平父」、「丹鉛精舍」、「勞參軍」、「蟬盦」、「實事求是多聞闕疑」諸朱記，皆勞氏印也。校定既卒，并附識之。戊寅二月初二日，藏園誌。

校江南野史跋※

龍衮《江南野史》一書，元明以來未有刊傳之本，近代胡氏《琳瑯祕室叢書》曾以活字印行，然其書在第五集中，乃後來所續增，流播絶罕，余求之數十年，未得一見也。檢晚近藏家目録，皕宋樓藏舊鈔二帙，其一爲鮑渌飲故物，有趙輯寧手跋。八千卷樓所藏亦精寫本，陳仲魚、馬二槎兩家遞藏，格心有「敦詩書閣鈔本」六字。其他若錢氏《述古堂書目》、瞿氏《鐵琴銅劍樓書目》、繆氏《藝風堂書目》所載皆爲鈔本，亦未經名家勘正。余篋中舊藏有寫本，字蹟極舊，頗似明代所鈔，而未鈐有流傳印章，無從取證。頃從廠肆收得孔氏嶽雪樓鈔本，格心亦有「敦詩書閣」數字，知從錢塘丁氏藏本移録者。適夏間在德化師遺書中假閲一本，鈔工極爲荒率，而有舊人改正之筆，蓋所據爲趙清常校本，其原本乃假諸唐奉常、焦太史二家，每卷録有清常題字，要爲可信。洎歸德化師後，師既以别本對勘，又以授經堂本覆校一通，蓋此書先後凡經四校矣。余乃以孔氏本照校一遍，凡七日而訖事，所訂正者殆數百字，而差訛奪佚尚有不能盡去者。異時有暇，當以明鈔細讐詳考，或能少補諸本之闕失乎？

余生平喜閲雜史，凡五代載記中如《釣磯立談》、《江南别録》、《江表志》、《三楚新録》、《錦里耆舊傳》、《五國故事》、《蜀檮杌》、《吴越備史》及馬、陸二氏《南唐書》，皆得有舊鈔、名校之本，一一爲之勘正。獨龍氏之書，自家藏明鈔之外，未覩舊人校本。今既覯名家手蹟，復收得新鈔，使三十年來之願望一旦得償，爰喜而誌其原委，俾後來有所考焉。

姚舜咨手寫建炎復辟記跋※

邢君詹亭新自吾蜀唐百川家得鈔校本書數帙，持以見眎，中有《建炎復辟記》一册，竹紙藍格，半葉十行，行二十字，版心下方有「茶夢軒鈔」四字，卷首有「姚夢舜咨圖書」白文印，惟末葉失去，無姚氏署款，詹亭頗用致疑。然以余審之，其字韻致古拙，與余所藏《續玄怪録》正出一手，爲舜咨七十以後所書殆無疑義。取照曠閣本校之，文字殊有異處。如「傳檄諸州」，「傳」不誤「傳」。「昭示此心」，「示」不誤「爾」。「門下侍郎顔政」，「政」不誤「岐」。「尚書左丞張徵」，「徵」不誤「澂」。「願太后赦取天下生靈」，「赦」不誤「救」。「所以持金人養成今日之禍」，刻本乃作「致今日養成金人之禍」，皆賴此本糾正。卷中語涉宋帝空格，當是從宋刊鈔出。余昔年得舊鈔本，有「曾在王鹿鳴處」一印，曾手勘一過。核其訂正之字，與此本脗合，是其同出於一源又可決也。四月初四夜藏園記。

跋靖康野史彙編四種

嗚呼！讀史至靖康之際，未嘗不腐心扼腕，痛悼於當國之失策也。政、宣之朝，君臣酣嬉逸樂，蔡京父子主樞務者二十年，日以制禮作樂，粉飾昇平爲務。金人起於北方，鐵騎駸駸南牧，而以邊事委之閹人童貫之手，横挑虜衅，方欲因利乘便，坐收漁人之利。及邊禍再起，問罪南來，乃倉皇禪位，以祈苟免。斯時即有英毅之辟，革弊政、任賢豪、厲兵捍宇，猶懼不支，況孱庸如少帝，而佐以吴敏、李邦彦、白時中諸人，宜其束手就擒，縲絏而北去也。余既校《靖康要録》，更以敝篋積年所收小史彙而存之。前車既覆，來軫方遒，余亦何心復哀宋人耶！癸酉五月藏園老人記。

南燼紀聞一卷附阿計替本末

舊鈔本，十行二十一字。前有阜昌丁巳冀之黄氏序，版心有「四古堂」三字，眉間有前人校筆。

收藏有「傅王露印」、「州來氏藏書記」、「吴允嘉」、「石倉老人」、「石倉手校」、「四香」諸印。

卷末有舊人録《齊東野語》、《七修類稿》以辨兹書爲小人所僞造，並摘録編中大事於左方，或即石倉老人筆耶？

按丁氏《善本書室志》載《靖康紀聞》一卷，亦爲四古堂鈔本，謂四古堂乃吴石倉之書堂，蓋與此書同時鈔校者，今乃勞燕分飛，天各一方，殊可念也。

竊憤録一卷續録一卷

舊鈔本，十四行二十二字。吴志忠以朱墨筆校竟，補佚文一則於上方，並手跋其後。

有「吴翌鳳枚菴氏珍藏」、「枚菴流覽所及」二印。

有人携香傳閣鈔本雜録者，凡七種，《南燼紀聞》、《竊憤録》、《續録》、《阿計替傳》、《燕北録》、《虜庭事實》、《聖武親征録》、《庚申外史》也。有北苑識云：己酉借金星軺鈔本重校，訂訛補漏，已爲善本，金本不及也。忠不嗜雜史，以所載多亂臣賊子之逆跡，殊增憤悶也。因家藏是册，譌舛甚多，取以正之，並補脱一條於上方。道光四年五月夏至日識，志忠。

南燼紀聞録一卷

題「宋辛棄疾著」，前附《南渡録大略》一篇。舊鈔本，八行二十字。有「芝農珍藏」、「心太平軒主人之記」各印。

竊憤録一卷續録一卷阿計替傳一卷

舊鈔本。行格印章同前書，合裝二册。

南燼紀聞一卷竊憤録一卷續録一卷阿計替傳一卷附南渡録大略

舊鈔本，十二行二十五字。潘氏以藍筆校過，並跋一則，録後。

右五書曾見於《學海類編》及《淡生堂餘苑》、《藝圃搜奇》諸刻，今其書皆不可得。偶從秀水沈氏借得舊鈔本録藏之，筆畫疑有舛譌，無由校正。復於江山劉太守履芬所見一本，少《竊憤録》兩卷，借歸對校，乃知沈氏本即《南燼紀聞》分作三卷，以第二卷爲《竊憤録》，第三卷爲《竊憤續録》。劉氏本則連爲一卷，統名《南燼紀聞》，所載事蹟大略皆符，惟字句互有詳略，亦各有得失，未知孰是。因用藍筆將劉本録於上，姑兩存之，以俟博雅者。至是書頗近穢雜，無足取者，稗官野乘，聊備一種云爾。同治十一年壬申嘉平月，贍翁借校畢並記。

卷中鈐有「小雅」、「贍翁」、「潘氏井養齋所藏」、「贍盦手校」、「小雅偶得之」各印記。

按：上列諸書一名《南渡録》，傳是樓有鈔本，以是編乃宋遺民張氏自虜中南渡携來，故題此名。其書猥媟蕪穢，自是僞撰，亦如張師顔《南遷録》之屬，前人辨之詳矣。周草窗《齊東野語》言：序中所述晉少帝北轅之《幽懿録》，謂歐公修五代史實采之。今考新、舊《五代史》初無是説。其叙二帝北狩，遷安肅軍、雲州、西江州、五國城，復又至西均從州，以他書證之，其地理遠近皆大謬不經。又阿計替所述，咸二帝胸臆不可言之事，彼何從知之？且於二帝初無一日之恩，何至冒嫌歷險而終不捨去？其謬妄可不攻而自破。郎氏《七修類稿》云：此録乃竊《宣和遺事》之下集，增飾其事，必宣、政間遭辱之徒以發其不逞之氣而爲之耳。意《竊憤》或即《紀聞》，後人讀之而憤，故易此名。《四庫總目》亦言：《南渡》、《竊憤》二録所載語並相似，或題無名，或題辛棄疾，蓋本一手所僞託，故所載全非事實。如以天輔爲金太宗年號，天輔十七年改元天眷，不知天輔乃太祖年號，止於七年。又如言金主正月生日作宴，不知太宗生日固在十月，其後熙宗乃在正月也。又言靖康二年五月至燕京，封太上爲天水郡公，帝爲天水郡侯。不知金本紀固明言八月封徽宗爲昏德公，欽宗爲重昏侯。至天水之封，在皇統元年，實在徽宗歿後也。其所稱歷徙各地，核以正史，無一不謬。此必南北宋間亂臣賊子所爲，斷非實録。《錢竹汀日記》亦言：《南燼紀聞》題辛棄疾著，《竊憤録》、《續録》不題撰人，其實即一書强析爲三，要亦好事者僞造耳。

余謂此書僞撰固已顯然，然亦或南渡人士痛心虜禍，設爲侮嫚之辭，醜污之事，淋漓盡致，著虜主之兇淫，二帝之僇辱，藉以激厲中原士大夫恢疆雪恥之心耳。夫以帝后宗族千有餘人，囚俘就道，流離絶塞，歷數十年，其困辱不堪，泥塗冰雪之苦，宜非筆墨口舌所能盡者。青衣行酒，亡國之慘，千古同悲，天水二昏豈能獨免。後之讀者宜怵目劌心，引爲炯戒，慎毋屏諸嫚書穢史之列可也。至《提要》所論，似爲金人辨誣，則由執筆者當時有所忌諱，識者自可分别觀之焉。若丁氏《善本書志》謂徽宗抑釋，多爲緇流作快辭，疑南渡後釋子爲之，則亦揣度之言耳。

又按：《紀聞》及二録實爲一書，檢吴石倉四古堂寫本，祇題《南燼紀聞》之名，而《竊憤録》、《續録》即在其後，其文字首尾銜接，原本一篇。不知何人乃自「街衢遇老叟話元夕鰲山事」起劃爲《竊憤録》，於是吴志忠本、芝農本、潘氏本皆沿之。第叙事相同而文字略異，似相傳有詳、簡二本。大抵吴石倉本較詳，吴志忠、芝農兩本較簡。潘氏原録亦爲簡本，而以劉履芬本校之，故增改之字盈溢行間，知劉本似與石倉本同源也。

考吴允嘉字志上，號石倉，仁和人，富藏書，汪氏振綺堂得其手鈔書數百册，四古堂其藏書之所。丁氏《善本書志》有《靖康紀聞》一帙，鈔格亦有「四古堂」三字，與此書當爲同時所録。石倉有《口占示兒輩》詩云：「幾卷殘書幾畝田，祖宗相守已多年。後人窮死休相棄，免使爾翁恨九泉」。誦此可見其書癖之深。雖身後藏書即散，然流傳迄今，得者羣知寶愛，什襲以儲，翁亦可以無恨矣。吴志忠字有堂，即璜川吴氏容齋先生曾孫，自號妙道人。余有顧氏秀野草堂本《唐闕史》，亦其手校者。芝農、賸盦均不詳何人。

靖康孤臣泣血録一卷

題「太學生丁特起述」，明吴思刊本，上列錢塘汪日復評。半葉九行二十字，鮑以文舊藏，卷中有渌飲朱筆批字。鈐「知不足齋鮑以文藏書」、「天都鮑氏困學齋圖籍」兩印。

按是書一名《靖康紀聞》，一名《靖康蒙塵録》，其實一也。丁特起無可考，徐商老《三朝北盟彙編》采之，自非僞作。其叙述靖康元年至高宗即位止，證以《靖康要録》，大略相同。至其立論偏駁，事實偶誤，彭文勤曾歷舉正之，《四庫總目》亦糾其失，但頗疑爲好事者託特起名所爲。明時别有萬曆丙午長洲張豫誠刊本，王在公序之。《四庫存目》所見，《錢竹汀日記》所載，皆是本也。此吳思刊本亦殊罕覯。

明鈔本大金國志跋※

《大金國志》四十卷，宋宇文懋昭撰。凡《紀年》二十六卷，《開國功臣傳》一卷，《文學翰苑傳》二卷，《雜録》三卷，《雜載制度》七卷，許亢《奉使行程録》一卷。其中紕繆可疑之處。昔人論列已多。如錢遵王議其直書康王出質，詳列宗族北遷，等於獻俘，可謂無禮於君。王漁洋言紀載與《南遷録》相合，而與正史殊不同。《四庫提要》謂稱哀宗爲義宗，與史違異；叙破蔡州事，正爲端平元年進書之月；述濟邸廢立事，略無忌諱，均非情理所有；《文學翰苑傳》多襲《中州集》小傳，而元氏成書遠在端平之後；皆竄亂顯然。錢竹汀亦議其尊崇蒙古，而於宋事無所隱諱，其指斥之詞有甚於遵王所舉者。統諸説參證之，則此書是否出於懋昭，要爲可疑。余意此書不僅後人竄亂，或爲元人所撰，因懋昭舊有此書，遂托其名以傳世，而不悟其文字、歲月之多所牴牾也。

此明鈔本余昔年獲之南中，蓋天一閣舊藏。藍格，棉紙，半葉九行，行二十字。前有《金國初興本末》，次端平元年宇文懋昭《經進大金國志表》，署銜爲「淮西歸正人改授承事工部架閣」，次目録，次金國九主年譜，次金國世系圖。宇文氏爲蜀中望族，虚中奉使，留北未歸，懋昭或其族屬隨之北行者耶。

余取掃葉山房刊本校之，其不同者約有數端。卷首《金國初興本末》一篇、《經進大金國志表》一篇、《世系圖》一葉，刊本皆失載，一也。《紀年》各卷，闌上標注事目，刊本删落之，二也。篇中文字語涉詆斥，如述太祖「陰懷異志」，席刻改「遂懷大志」；述太宗「性特殘忍」，席刻改「性特果決」；郭永駡虜曰「無知犬豕」，席刻改「無知之人」；其餘若酋、虜等字，鈔本皆依仍其舊，三也。又文中多爲外辭，如金兵所至，其克捷城邑也，皆書曰「陷」，曰「失」，其戰伐侵入也，皆書曰「寇」，曰「犯」，而席刻舉爲竄易，四也。至其詞句訛奪，如天輔元年「攻陷遼國五十餘城，欲與貴朝復通前好」，席刻脱「與貴朝復通」五字；天會四年「今議和需犒師之物金五百萬兩、銀五千萬兩」，席刻脱「銀五千萬兩」五字；天會十二年「五軍旗與正軍旗雜出」，席刻脱「與正軍旗」四字；皇統六年「或傷重困倦，有能造飯者，有不能造飯者」，席刻脱「有能造飯者」五字；大安三年「每遣使以子女玉帛厚賂其國」，席刻脱「每遣使厚賂其國」七字；大定元年「乃移牒於南宋」以下三十九字，席刻誤列上卷正隆六年；其他類此正多，五也。

按愛日精廬藏有元刻《契丹國志》，余曾見影抄本，其上闌有小字標目，今此書亦有標目，則其爲從元刻出可知，特行款非其舊耳。友人章君式之斷爲兩書同時同地所刻，其論至確。此書祇有席氏一刻，别無翻本。席刻依閣本録副，經館臣筆削，已失其真，設不得此明鈔校正，又安能窺廬山真面耶。

此書入予篋藏已二十年，當時知好中如章式之、莫楚生咸有題識，因掃葉本猝不可遇，遂高閣束之。前歲於鳳禹門將軍遺書中乃獲此刊本，因携來山中，晨夕勘誦，三日而畢，因志其厓略於此。歲在癸酉六月十二日，藏園老人記於静宜園無量殿中。

章、莫二氏跋録後：

吾吴黄蕘翁得殘《契丹國志》十七卷，上方有小字標目，定爲有元刻本。海豐吴氏藏舊抄十一行二十二字本，上方有標目，與黄説同，則必景元本也。《大金國志》則未聞有標目之説，而吴氏又藏一鈔本，亦十一行二十二字，上有標目，與《契丹國志》一律，可知元時兩志必有同時同地刻本，特《大金國志》已斷種耳。此爲天一閣故物，行格雖改，標目則有吴本脱去而此尚存者。吴氏又有五硯樓鈔校本，無標目，無《世系圖》，末卷有佚脱。鈺取吴藏兩本及此本校入掃葉山房刻本，知三本各有勝處，不可偏廢。掃葉係出閣本，經館臣改去違礙字樣，與鈺前校孔葒谷手校邵二雲輯《舊五代史》原稿流失相同，不多見舊本又烏從知之！互勘既竣，輒書管見於卷端，沅叔見書最多，頗有以廣我也。乙卯四月，長洲章鈺記。

柳君蓉邨以明鈔本《大金國志》相視，取席刻略校一過，眉間標題、卷首世系表皆掃葉所無也。莫棠。

余點勘全書，至義宗之亡，宇文著論於後曰：「太祖以甲午歲叛遼，義宗以甲午歲亡國，始於甲午，終於甲午，是有天焉，豈伊人力哉。嗚呼！國家興亡之故，其運數之倚伏，推之殆隱若符契焉」。余因宇文氏之言而綜觀史册，取宋金前後之事比類而參證之，百餘年間若陰爲報復，如影之隨形，響之應聲，昭然不爽，豈所謂天道好還者耶。吁！可畏矣。兹取其類似者析而陳之。

海上之盟，金人以燕雲歸地餌宋，遂約夾攻以覆遼；至貞祐時，元軍亦與南宋訂父攻之約，一也。金人伐宋，嘗用議和之説誤其攻守之計，以詿朝論而弛軍心；迨其後元軍南下，亦時以講和誤金人，二也。大安三年，元軍迫燕京，圍攻數月，旋許講和，並令止援兵。高耆年曰，忠獻王及斡離太子嘗以此術誤南宋，國家自嘗爲之，豈可復墮其計。汴京圍急，徽宗傳位於太子，而終不免於北狩；蔡州垂破，義宗亦遜位於承麟，不旋踵而同以身殉，三也。貞祐燕京之圍，及天興破汴梁陷蔡州，其守禦飢疲之苦，砲火焚殺之慘，與靖康殘毀汴京情狀相同，四也。壬申圍燕京，城中乏薪柴，拆絳霄殿、翠霄殿、瓊華閣分致四城，與宋人拆艮嶽木石任軍民分取正同。元軍憑城講和，索公主，質宰相，括金銀、珠玉、錦繡、牛馬以求退師，終於迫令黜尊號，去冠冕，拜詔稱臣，此與粘罕之脅辱二帝者何以異？五也。尤可痛者，宣宗遷都汴京，三省禁中文書，祕書省、蓬萊院、賁文院書籍凡三萬車，犀玉、瑪瑙、器用，駱駝三千頭。至日，汴中吏民指車歎曰，恰去九十年，誰知又歸在此耶。噫！金人全盛之時，合二帥之雄略，奮百戰之淫威，破人家國，毀人宗廟，盡取奇珍重寶以去，不百年而復還之故土，豈冥漠中有司其樞筦者乎！幽蘭一燼，視諸青城之囚虜，酷烈有加，如債家之償負，又取贏焉。凡力征經營自矜一世之雄者，視此宜爽然若失矣。

余嘗論女真之興也，至滅宋而始臻强大，然其敗亡之機即伏於此。方其海上初起，民風淳固，法制疏簡，上下之情易通，是以兵鋒勇鋭，所向無前。滅遼之後，繼取汴宋，盡輦法物、重器、子女、玉帛而歸。於是再世以來，厭棄朔漠之荒寒，歆慕中原之華靡，遷都燕地，引用南人，自熙宗以後，朝野風尚遂爲之一變矣。今以本志考之，熙宗幼而聰悟，諸父南征，得燕人韓昉教之，賦詩染翰、雅歌儒服、分茶焚香、弈棊象戲，盡失女真故態，舊臣視之，宛然一漢户少年子也。海陵王貌類漢兒，好讀書，學弈象戲點茶，延接儒牛，見南宋衣冠文物朝儀位著而慕之，聞柳耆卿《望海潮》詞而神往錢塘，見孔彦舟進木樨花而心喜江南。召胡鄰訪以揚州瓊花之美景，敕施宜生密寫臨安城郭湖山，繪之軟壁，圖像題詩，遂動策馬吳山之興。逮至世宗及章宣兩朝，皆好文學，工詞翰，而章宗尤嬖妃妾，耽游宴，坐視强敵憑陵，疆宇日削，而曾不之省。蓋其濡染華風，文柔逸樂，無復昔年敦樸勇鷙之氣矣。推其漸漬之深，則宫妾宦官昵近南人亦有由焉。試舉其著者言之。海陵之時，梁漢臣最爲用事，以地煖種蓮，首創遷燕之議。海陵王宫中燕閒，因問漢臣曰：「朕栽蓮二百本而俱死，何也？」漢臣曰：「自古江南爲橘，江北爲枳，非種者不能，蓋地勢然也。上都地寒，惟燕京地煖可栽蓮。」主曰：「依卿所奏。」擇日而遷。旋獻五策，力主營築汴京，贊成南征之計，遂任爲提舉大内大使。海陵信其讒譖，爲之誅二王，弑母后，而兵衅遂開，師燔身死。其人即興國奴，躬預熙宗弑逆，固宋宫内宦也。章宗之時，宸妃恃寵擅權，與内侍江淵竊持朝政，三省黄案委令裁決，或坐主膝上手批内降，甚至軍中奏報歸其參畫，會甯、平灤之喪失，皆祕不以聞，縱飲達旦，妃執杯歌解愁曲以侑之。長星勸酒，小憐圍獵，殆無以過。亦嘗覩宣和器玩而心驚，覽《艮嶽圖》障而示戒，而妃輒以便媚之語譬解之。嘗幸蓬萊院内宴，見玉器玩好皆宣和篆識，惻然動色。妃解之曰：「作者未必用，用者未必作，南帝但作爲陛下用耳。」嘗賞菊於東明園，登閣見屏間宣和《艮嶽圖》，余琬曰：先帝圖此以爲亡國敗家之戒。妃謂：宣和之亡不緣此事，乃是用童貫梁師成耳。蓋以譏琬也。妃傳爲故南宫華原郡居中之曾孫女也。昔時縲囚之遺孽，遂藴成心腹之禍胎，天運循環之理，豈人謀所及料耶。

顧當日忠臣諠士亦有心憂其事而犯顔極諫者。如大定時與太子諸王於東苑賞牡丹賦詩，完顔偉頓首言：「國家起自漠北，君臣皆以勇力戰争雄略，故能混一南北。近多用遼、宋亡國遺臣，以富貴文字壞我土俗，年來偷安，漸爲人侮。今陛下使説文字人朝夕在側，不知三邊有急，把作詩人去當得否？」張酢等入對便殿，亦言「軍政不修幾三十年，見存者疲老不堪戰陣，大定初已不如天會時，今沈溺宴安，消靡殆盡矣。」其言皆激切聳聽，而時君乃充耳不聞，何也？章宗時完顔世卿之言曰：「太宗討趙氏之罪，凡携其一二千口來。今日亂國家者，皆是其女孽，此天也。」謝世雲亦曰：「亂匪降自天，生自婦人。婦有長舌，爲厲之階，信哉。」均爲宸妃而發。然則金之亡，雖兵敗於元，而實陰滅於宋。蓋元之所取者都邑、人民，而宋之敗之者人心、風俗。其立國之本固已先撥矣。

大抵一國之興，必有特立之性，表異於羣倫，故能奮起艱難，以創成大業。及其蕃滋昌盛，必思保持其固有，不使外物侵襲於其間。大而禮政文教之繁，下及服食居處之細，皆兢兢護持，惟恐或墜。旁觀者或疑其何私且隘如此，豈知其深謨遠畫維繫其立國之本者，固視爲種族存亡之樞紐也。試觀近古以來如遼、如金、如元，以迄於有清，一傳再傳而後，英君毅辟，時誡國人而申警之，告以長保舊俗，勿襲華風，甚者制爲法令，以防禁焉。若清之康、乾兩朝，尤其章明較著者也。然天下之事理，其始也恒簡，而其卒也常鉅。凡人之性習，自樸陋而趨紛華，惡艱勤而耽逸樂，其避就之易，如石之轉崖，水之歸壑，如馳六馬以下峻坂，非人力所能挽也。故雖以一代帝王，挾雷霆萬鈞之威，欲堅守其淳風，以傳之奕世，而不及百年，時移力弛，忽焉潰決堤防而不可收，而國運隨之以蹷。斯亦時世之無可如何者也。惟深識之士，見微知著，衡其盈虛消息而宣導之。其盛也，得以固結於一時；其衰也，亦足以積漸推移，而不摇其本。嗟夫！治國之術，順人情，推物理，貫古今而通變之，豈易言哉！豈易言哉！

余校讀此志，竊見國家敗亡之兆常伏於全盛之時，其持盈保泰之機緘，秉國者宜先事而立防，毋事至而圖救，則於國本治原之道其庶幾矣。意有所感，聊於此發之。若夫讀《泣血》、《竊憤》諸編，憫二帝之俘囚，痛女真之殘暴；今觀其後裔陵夷，躬蹈覆轍，羣快意於報復之不爽，斯固人心直道之公，然其持見則已隘矣。癸酉中元節，藏園老人識。時習静山中已匝月矣。

又，按《提要》言，此書記愛王作亂等，輕信僞書，冗雜失次。此殆指蕭氏異夢而言，與宋高宗初生夢錢武肅索還錢塘事相類。異説流傳，寧足取信！然遺民思宋之情亦可見矣。兹備録其事於後，其他誕妄類此尚多，亦附兹二則，用廣異聞。

初大辨之生也，其母蕭氏夢一人乘馬持刀自南至，稱云：「南紹興主遣來。」覺而與其姑言之。及生趙王，捧之而泣曰：「汝自南來耶？」

海陵王召直學士蕭廉言：「朕夜夢至上帝所，殿中人語如嬰兒。少頃，有青衣持宣授天策上將，令征宋國。受命出，上馬，見鬼兵無數，發一矢射之，衆皆喏而應。既覺，言猶在耳。」即遣人至廄中視其乘馬，其汗如水，取箭數之，亦亡其一，此異夢也。

大定六年夏，熙州野外濼水龍見三日。初於水面見蒼龍一條，良久即没。次日見金龍，以爪托一嬰兒，雖爲龍所戲，略無懼色。三日，金色如故，見一帝者，乘白馬，紅衫玉帶，如少年中官狀。馬前有六蟾蜍，凡三時方没。郡人競往觀之，相去甚近而無風濤之害。

鈔本元朝祕史跋※

《元朝祕史》十卷，續集二卷，舊寫本，半葉五行，每段先録蒙古譯音，旁注譯義，其後乃演爲文以記之。原文譯音用大字，旁注及演文皆用小字，蓋從元刊影出，其格式一仍元本也。此書相傳金星軺家有元刊殘帙，張太守家有影元鈔本，此本乃張古餘從影元本重録，而顧千里爲之校勘者。錢竹汀家亦有鈔本，其源乃自《永樂大典》中輯出，分卷爲十五，與此不同，文字亦頗差異，詳顧氏跋中，此不更贅。

此書舊藏盛伯羲祭酒家，癸丑歲，意園藏籍星散，余偶見之正文齋譚篤生許，因告菊生前輩，爲涵芬樓收之，而余爲之諧價焉。客歲，陳君援庵治元史地理學，欲得《元朝祕史》舊本爲勘正之資，余因馳書海上，從涵芬樓中假得，郵致北來，留援庵齋中者數月。俄而上海難作，强敵憑陵，上天下地礮彈横飛，閘北居民萬家盡罹兵火，涵芬樓藏書數十萬卷，高棟連雲，一夕化爲灰燼。此書以余假閲之故，竟逃浩劫，不可謂非厚幸也。頃以菊公來書促還，爰記數語，俾後之讀者知此書有此一段因緣，後此勤加愛護，是則匪惟此書之幸，亦余之厚幸也乎。七月朔日，藏園記。

校本蒙古源流跋※

《蒙古源流》八卷，爲乾隆四十二年譯進之本，其人名地名譯音苦澀難讀。新春游廠甸，偶見舊鈔本，爲乾隆時敖漢旗蒙人彭楚克林沁所點校，德宗以賜肅親王善耆，不知何時流入廠市。因假歸，以新刻本對讀，開卷「風壇」下即脱逸三句，其餘逐卷咸有補綴，計全書共增補六百三十餘字，而單詞之訂正與夫譯音之歧異者尚所不計。新本不知何人所刻，展轉歸於翰文書坊，因别無刻本，其譌奪至無從是正。昨訪寶沈庵侍郎，架上適有此書寫本，檢視首卷，其訛奪乃相類，知其沿訛踵繆，亦已舊矣。

此書述蒙古舊迹，足與正史相參，余幸得善本，一掃榛蕪，倘有好事者重新板行，與《元祕史》、《聖武親征録》并傳，或亦言西北地理者所不廢乎！丙寅二月初七日，藏園主人沅叔氏識。

鈔本崇禎遺録書後※

傳鈔順德李氏藏本，題「大興孤臣王世德恭著」。按：世德字克承，别字中齋，世襲錦衣衛指揮僉事。李自成陷京師，妻魏氏率女投井死，世德巡徼北城，拔刀將引決，爲僕抱持，挽馬趨金剛寺，寺僧大德爲易服祝髮。遁迹江南，至寶應，遇鄉人梁以樟，結鄰而居，自號霜臯。至康熙癸酉，年八十一卒。見葉啓祥《明季節義録》及子源所撰行實。源字崑繩，講學負盛名，有《居業堂文集》行世。

此書爲世德晚年所著，自序略言先皇以仁儉英敏有君無臣乃至亡國。乃有一二失身之徒，肆爲誹謗。用是痛先皇誣衊，又懼實録無存，後世將與失德之主同譏，於是録其聞見，凡野史之僞者正之，遺者補之，名曰《崇禎遺録》聊備實録萬一，俾司國史者有所考焉。其書自信邸入内，起元年戊辰，訖於十七年甲申，分年排月，紀其大事。傳聞之訛謬者，則隨事糾正之，時或評量其得失。世德以錦衣指揮，常得躬侍殿庭，且多接中官，據其當時目擊，筆之簡册，自較外廷傳説，及異代流聞者差爲翔實可信。如言襄城伯李國楨降闖，被拷折踝自縊死，初無斬衰送帝喪，及以三事要闖之説。此與《烈皇小識》、《甲申傳信録》魏禧所記國楨事合，知陳濟生、黄宗羲之言皆不足據。歷述内帑空乏，累朝所鑄銀甕、銀盎、鐏鼎重器，皆輸銀作局，傾銷充餉，餉銀多有銀作局字。且詳舉承運庫外有甲子庫、天財庫、古今通集庫、東裕庫，所儲各物，破城後惟東裕庫珍寶尚存，初無積金十餘庫吝不發出之事。帝焦勞成疾，宫中曾無宴樂。田貴妃以婉慧得上意，亦少進御，旋被譴，退居啓祥宫，以憂死。梅村乃作《永和宫詞》，比於陳後主、唐明皇，忍於造謗誣衊。此野史之邪説，世德咸爲之反覆辨明，有裨史乘。他如記二年徐光啓薦李之藻、龍華民、鄧玉函同脩歷法，且刊行《永樂大典》中日食一卷行世；賜女帥秦良玉詩四首，全録其詞，他書只載三首；述京師僉商之害民，武科傳臚之創始；又以内外交薦處士陳繼儒，將下詔徵聘，旋訪其人務虚名，事奔競，衣服飲食器皿俱務爲詭異，上以爲妄人而罷。此咸他書所未詳，亦足以備掌故。惟二年京師戒嚴，薦髮僧申甫募兵戰敗，野史均以爲金聲所薦，此以爲庶吉士劉之綸。又他書載莊烈帝以太子、二王託王承恩，旋從死於煤山。此書乃作王之心，亦爲異聞，恐流傳或有歧誤也。

至其評隲之不當者，如謂楊嗣昌實心任事，才足辦賊，以門户掣肘而敗，是以武陵之敗罪東林也；謂廠衛得人，可以釐剔奸弊；謂李明睿倡南遷爲繆説。尤甚者，謂外城之陷由於煙閣回回猖亂，非宦官之陷城，豈曹化淳開廣寧門，王相堯開宣武門，相率迎納皆虚搆乎？蓋世德家世襲錦衣職，與中官狎習，其持論偏袒，有流露於不自覺者，知人論世者，當分别觀之，勿爲所欺蔽斯可耳。卷末附《殉難忠臣録》及《逆賊奸臣録》，皆分類注列其名，《奸臣録》中分從賊入都、失事降賊、出獄降賊、城陷降賊、戮辱、刑辱、賄脱、倖免八門，與他書所載不盡合，且舛誤亦多，未可據爲信讞也。丙子三月，藏園老人書於池北書堂。

皇朝末造録書後

藏園傳鈔順德李氏藏本，題「舊京孤臣金鐘編輯，海濱遺民童本削定」，後有金鐘、童本跋二首，其紀年皆爲乙亥，當康熙三十三年。書分上下卷：上卷爲《東南紀略》，起弘光元年，至永歷十二年；下卷爲《入緬紀略》，起永歷十三年，至十六年思文帝回滇被害止，蓋專紀桂王始末也。金鐘仕歷籍貫無考，李芍農侍郎引錢希言《獪園志異》卷九《冥跡門》有金鐘觀冥事，言金鐘爲徽州休甯秀才，以事黜去，家楚之京山，以爲或即其人。然其事在萬曆、天啓間，距乙亥已六七十年，則著此書時殆將百歲，恐非其人，特名偶同耳。

考本書載張名振在浙起兵恢復，以金鐘爲參軍。其後魯王監國，鐘又爲富平營監軍御史，謂當乘清軍守杭未固，收拾杭、嘉，不宜阻西興一隅，令越、閩勢阻，與中原隔絶。疑著書者即爲此人，故言唐、魯二王争立與江上義師會集事，至爲詳核。

據鐘後跋言：「永歷以仁慈之主，當傾覆之秋，入緬後，地僻遐荒，聲息阻絶，若不勤採輯，欲如帝昺之於崖山，亦不可得，而其事又非身經險難，扈從目覩者，其言不足信。幸遇滇人，言緬事甚詳，及魏將軍子博幼稚，經亂隨家出緬，更有江右僧，昔以扈從被俘，剃度至金陵，兼詢互質，録其事實而言確者，以俟後君子之參訂云。」今觀此書，下卷紀出緬歸滇三年之事，自永昌、騰衝、千崖、曩木河而入緬，歷蠻漠、井梗、河畦以抵赭梗，其流離播遷之狀，蠻酋迫脅誅戮之慘，排日記載，於被難人民臚叙尤詳晰。言殘明炎荒之事，自楊監筆記外，莫詳於此矣。至童本跋語，歷述先帝聖德恭懿，至末近艱危，成仁蹈道，「祚不及臨安之延，而禍似崖山之酷」，其言絶痛。然當推戴之始，太妃王氏即言，「吾子仁柔，其才不足撥亂。」是帝之不能興復，母后固早知之。况内有權閹，外多悍將，據崎嶇一隅之地，以當興朝百戰之師，猶烈風之振枯枝，秋原之燎餘燼，寧有幸哉！第南都傾覆之後，續明祚者十六年，終以身殉，斯足以媲美莊烈而無愧焉！丙子二月，藏園識。

野語祕彙跋※

是書凡八卷，起明天啓元年，訖於清順治十年，所記皆鼎革遺聞，吳中瑣事，以年月次第録之。卷一至四題《啓禎紀聞》，附以《國難睹記》、《史閣部黄虎山殉國記略》、《播遷日記》。卷五以後起順治元年，則但以干支紀之。書前後無序跋，不著撰人姓名。李若農師以本書考之，知其人吳姓，吳縣庠生，以授讀爲生，故其言論多鄉曲之見，紀述亦時有失實之處。然當日瑣聞軼事多賴此以存，且藉以見吳中士夫之風氣，與東南兵事之騷擾。其附録三記，則取他人記載桑海之交南北二京之情狀，以補其所未備。雖聞見不閎，然於史乘不無稗助也。

眉間所記則爲若農師之筆，大率博采羣書，或加以證明，或糾其差失。余藏有《崇禎遺録》一帙，亦師所評注，細字如蠶，旁徵遠引，賅洽無倫。蓋師於明季野史多藏祕本，網羅浩博，聞見淵深，故其考證翔實，非他人所及也。

是書流傳頗罕，前人著録咸未之及，惟龐樹栢《龍禪室摭談》言曾見其書於友人家。逮至辛亥革命以後，申江書肆刊行《痛史》，其中有《啓禎紀聞録》一書，檢其文字與此書悉同，惟前冠以葉紹袁序，謂即葉氏所撰。詳其文，乃録自《葉天寥年譜》者。按紹袁爲吳江人，天啓進士，明亡棄家爲僧，其身世與書中所述生平渺不相關。此必書估作僞欺人，而刊行者顧不之考，竟以屬之他人，良足嗤也。

前月王君九同年見過，携此帙相示，言爲其先德茀卿年丈所録，其原本乃假自若農師者，卷末有手跋數行，屬爲考證。自慚弇陋，披覽一過，於先師及丈所述外初不能別有發明。然幸睹此本，藉以糾正《痛史》撰人之妄託，亦一快也。爰粗述梗概，附綴簡末，幸海内方聞之士有以開示焉。壬午八月，藏園識。

校朝鮮史略跋※

《朝鮮史略》六卷，不著撰人，以文考之，知爲明代彼國人所著，《四庫》入載記附録内。其書卷一紀東國古事，始檀君、箕子、衞滿、漢四郡、二府、三韓，終以新羅、高句麗、百濟三國。其紀高句麗始祖朱蒙立於漢元帝建昭二年，至唐太宗時蘇定方兵入平壤，王高臧降止，凡七百餘年。卷二新羅紀，起文武王，至敬順王降高麗止。景明王時立王建爲王，國號高麗。卷三至卷六皆高麗紀，起太祖神聖王，至恭讓遜位於李氏止，凡四百七十五年。全書仿編年之體，事類亦分注於下，文字簡當有法，而神誕纖瑣之事往往備載，不免自穢其書。然東國史乘流傳中土者，更莫有先於是矣。余昔年於坊市覯一寫本，乃嘉慶壬申葉東卿所鈔，而任丘金象豫爲之校正，越二年大興翁樹崑又覆勘焉。蓋葉氏從明萬曆本傳録，而諸人爲之校勘，至於再三，可知其書之罕傳矣。余因屬鈔胥影寫一帙存之。

頃聞北平館中新收得萬曆刻本，爰亟假觀。原本半葉九行，行十八字，每卷後均題皇明萬曆丁巳校書人名一行。卷一爲莆中郭天中聖僕，卷二爲吳郡趙宧光凡夫，卷三爲吳郡黄習遠伯傳，卷四爲吳郡葛一龍震父，卷五爲閩中何璧玉長，卷六爲秣陵廖孔悦傳生，其人固皆當時知名之士。前後别無序跋，與余所傳葉東卿本咸相脗合。取以比較，則鈔本脱落文字頗多，舉其要者言之，如卷一，「新羅王號次次雄」下脱「或云慈充方言巫蓋神而敬畏之稱」注文十四字。「新羅王子阿達羅王立」下脱「漢永興二年」注文五字。「高句麗太子改名釗」下脱「晉咸和六年」注文五字。「僧惠亮來王以亮」下脱「爲僧統始置百座講會及八」十一字。卷二，「景德王改郡縣名」下脱「又改官號」四字。其它單詞奪訛者難以悉舉。最甚者卷四第二十八葉以下空缺文字至三十餘字，賴此本一一補完。凡全書六卷，補訂三百四十一字。夫以葉氏所鈔，其行格一遵萬曆原刻，而所校諸人又皆當時學流，宜其可以傳信於後。今以原刊勘之，乃其漏落譌舛，指不勝屈。然則凡讀古書者，設非目見原本，固有不可盡信者耶！按海虞瞿氏《鐵琴銅劍樓書目》中亦載有鈔本，然其標題則爲《東國史略》，其後有萬曆庚戌趙清常跋，又後八年爲丁巳，書乃刻成。今館中所藏兩本皆無趙跋，意其年久佚去。瞿本後尚附有餘姚錢古訓《百夷傳》一卷，余所見刻寫凡三本皆不見，豈此書先後凡再刻耶？聊記於此，俟博考之。

海東諸國紀跋

此書不分卷，朝鮮人申叔舟撰。前有明成化七年自序，其官位爲議政府領議政禮曹判書，封高靈君，蓋亦彼國之樞廷大臣也。活字本印行，半葉十行，每行十八字，首有圖六幅，次日本國紀，次琉球國紀，次朝聘應接紀，後附畠山殿副官人良心曹饋餉日呈舊契一通，琉球改俗雜紀十五條。末條爲語音翻譯，用朝鮮文。此書世所罕覯，祇見《曝書亭集》跋語中，聞日本友人言，彼國惟帝室圖書寮有之，私家不恒見也。余得活字本於廠肆，舊藏潘文勤家，後爲友人易去，此帙則自活字本摹寫存之者也。

按：此書名記諸國，實則祇列日本、琉球二國耳。二國之中，於日本事敘録特詳，緣其地壤相接，人使往來，歲月久遠，情事所關較鉅且切也。朱竹垞跋，稱其「於君長授受改元，由周以至明初，珠聯繩貫。至其分壤之廣，八道六十六州，若聚米於前，山川在目，比於張洪、薛俊諸人所述，尤瞭如指掌」。今觀其書，紀天皇代序，自神武天皇起，迄於彦仁文明三年；國王代序，自源賴至於義政。次述國俗、道路里數，其各道、州皆載其某年遣使。其朝聘應接紀則載其使船夫額，送迎宴享禮節賜給，皆定爲事例，細而至於留浦期限，脩船給料，船釘體式，亦纖悉備著，蓋於交鄰之中，亦隱寓防維之意焉。

明代朝鮮臣事中朝，執節頗恭，徒以與日本爲鄰，勢逼患生，邊衅時作，是以歷年信使往還，商賈漁農交錯於境，申以盟約，示以禁條，藉爲睦鄰保圉之圖。自正統癸亥以來，頻年肆擾，至萬曆時，平秀吉興師内犯，一舉而襲破國都。明廷遣經略、督、撫規度援勦，疲於奔命，幸平秀吉死，子幼國亂，清正等焚營退兵。而明人乃報捷、獻俘、告廟、肆賞，以張大其功，宜不值敵人之一哂！乃兵事粗定，贊畫主事丁應泰劾經略邢玠賂倭賣國，又劾朝鮮國李昖陰結日本，自取禍敗。其言即引此書爲證，謂「臣從役以布數尺换鮮民舊書，包裹食物，書名《海東紀略》，乃朝鮮與倭交好事實也。」事聞，國王李昖憤慨不已，下教政院，謂應泰此疏實因我國力救經理，爲此洩憤之舉。因閉閤待勘，傳政於世子，並稱疾出都，至平山温泉養病。領議政柳成龍等，率百官再三啓請，乃視事。遂遣李恒福爲陳奏使，馳疏抗辨，謂此書乃正統間遣内臣申叔舟通諭彼國，得倭人所記風俗、世系、地圖，遂因其本稿，附以小邦館待事例，作爲一册，名爲《海東諸國記》，以爲異國之奇聞。「今乃以覆瓿之斷簡，作爲陷人之奇貨，捃摭流聞，捏造虚詞，亦已甚矣。」由是中朝集議，言「朝鮮世篤忠貞，無背國通倭之理，乞免查勘。丁應泰舉劾乖謬，令回藉聽勘」，卒至廢棄。夫以萬曆援朝鮮之役，興師十萬，歷時七年，僅得僥倖蕆事，乃緣此海東紀載，忽掀大獄，務黨争而忘國事，當時朝士之風氣可見一斑矣。

余觀編中所述國政、風土，殊爲簡要，而於接待、市易諸事特加詳焉。其序中所言，如「我與隔海相望，撫之得其道，則朝聘以時；失其道，則肆行剽竊。前朝國亂政紊，遂爲邊患。」又言「彼狃於尋常欺誑真僞，處處稽留，動經時月，變詐百端，溪壑之欲無窮，小拂其意，則便發，憤言地絶海隔，不可究其端倪，審其情僞。」則彼國之鄰日本，早視爲腹心之隱患，故其所定國策，惟取禮聘往來，情聯誼洽，差免於攘奪憑陵之虐而已。而此編所紀，亦微示其臣民以備邊攘外之要策，亦可見其調停維護之深心矣。應泰乃不揣情勢，妄肆抨彈，徒取快於一時，而不顧國家之大計。嗚呼！歷觀古來藩服邊疆，其叛變擾攘之禍，往往一發而不可收，皆此貪功喜事之臣階之厲也，可不戒哉！可不痛哉！甲戌七月下旬，藏園記。

詔令奏議類

宋刊郎注陸宣公奏議殘本跋※

郎晦之《陸宣公奏議》，世所傳者皆元至正翠巖精舍本，分爲十五卷，行間有點擲，眉上有評語，明覆本因之。近時陸氏心源刻入《十萬卷樓叢書》，其行格悉依元刻。此書流傳遂廣，獨宋代刻本，不特世所未覩，即遍檢諸藏書家目録，亦未見標稱，意其亡逸久矣。

新歲元日，世好劉詩孫來謁賀，衎袖出古書數帙，咸爲宋元殘本，而是書居其一焉。展卷披觀，精采煥發，詳審終編，視元刻乃大相逕庭。每半葉十二行，行二十一字，細黑口，左右雙闌。存卷十至二十，凡十一卷。雖祇得太半，然取校元本，其大端差殊者有三：元本題「注陸宣公奏議」，宋本則有「經進」二字，一也；元本各卷不署進書人姓名，僅存進書表於卷首，稱「臣曄」而不著姓，致後人考之《清波雜志》始知之，宋本則每卷題「迪功郎新紹興府嵊縣主簿臣郎曄上進」一行，二也；元本分十五卷，宋本則分二十卷，析卷既殊，文之次第亦異，三也。

至詳勘文字，尤多違異。元本眉上所加爲謝疊山評論，陸氏誤認爲劉須溪。其人晚出，宋本固宜不載。惟郎氏原注，元本乃多删落，如《諸道宣慰使狀》中「夏禹泣辜，殷湯行罪」，元本於注下祇載《説苑》、《湯誥》二書名，宋本固具全文。「若其獸窮則攫搏」句，下有引《家語》二十一字，元本竟全行刊落。「無我負人」句，下引曹操語，其下尚有郎氏語十八字，文義乃完，元本亦删去焉。此姑舉一篇言之，而譌奪已至如此，其餘類此者正多，不能悉舉。至文涉宋諱，宋本改避極謹，如「恒」易作「常」，「弘」易作「洪」，「慎」易作「謹」，「敦」易作「崇」，「煦嫗」易作「撫字」，「勾當」易作「管當」，「殷繁」易作「富繁」，「匡輔」易作「裨補」，「尊讓」易作「相遜」，元本悉爲復其舊。此爲宣公奏議則可，然以云郎注本則非也。設非親見宋刊，又安知翠巖重刻，其變易郎本面目如是其甚耶！余異日當以覆元本較其同異以明之，其宋本各卷目録寫附於後，俾學者知其次第與元本迥不相合云。戊寅二月朔，藏園老人識。

宋本各卷目録録後

卷十

請遣使臣宣慰諸道遭水州縣狀元本卷七，三十四。

論淮西管内水損處請同諸道遣宣慰使狀元本卷七，三十五。

謝密旨因論所宣事狀元本卷八，三十九。

卷十一

論嶺南請於安南置市舶中使狀元本卷七，三十七。

論宣令除裴延齡度支使狀元本卷七，三十六。

論齊映齊抗官狀元本卷八，三十八。

請減京東水運取脚價於沿邊州鎮儲蓄軍糧事宜狀元本卷九，四十四。

卷十二

論沿邊守備事狀元本卷十，四十六。

卷十三

商量處置竇參事體狀元本卷八，四十。

奏議竇參等官狀元本卷八，四十一。

請不簿録竇參莊宅狀元本卷八，四十二。

請依京兆所請折納事狀元本卷十一，四十七。

卷十四

議汴州逐劉士寧事狀元本卷十一，四十八。

請不與李萬榮汴州節度使狀元本卷九，四十五。

論度支令京兆府折税市草事狀元本卷十一，四十九。

卷十五

論左降官准赦合量移事狀三首元本卷十一，五十、五十一、五十二。

請邊城貯備米粟等狀元本卷十一，五十三。

卷十六

論裴延齡姦蠹書元本卷十二，五十四。

卷十七

論朝官闕員及刺史等改轉倫序狀元本卷十三，五十五。

卷十八

均節賦税恤百姓六條元本卷十四，五十六。

其一，論兩税之弊須有釐革元本卷十四，五十七。

卷十九

其二，請兩税以布帛爲額，不計錢數元本卷十四，五十八。

卷二十

其三，論長吏以增户加税闢田爲課績元本卷十五，五十九。

其四，論税期限迫促元本卷十五，六十。

其五，請以税茶錢置義倉以備水旱元本卷十五，六十一。

其六，論兼并之家私斂重於公元本卷十五，六十二。

校影宋本石林奏議跋※

宋刊本《石林奏議》十五卷，皕宋樓陸氏舊藏，余昨歲東游，於静嘉堂文庫中見之，有李中麓印，卷中爛版，字多缺失，然自明以來，傳世秖有此本也。汲古閣毛氏曾借李氏宋本影寫一帙，精妙絶倫，不僅下真迹一等，即《祕本書目》中所載影宋版精鈔四本，價十二兩者是也。光、宣之交，南估載影宋本入都門，翰文齋書坊得之，旋爲鳳禹門將軍以六百金收去。付肆重裝，余於聚珍堂一見之，往來於心目者越二十年。去夏鳳氏藏書散出，余急往檢視，此書獨不在，蓋其家頗知珍祕，不欲輕以示人也。

近有友人指名索取，以千金成議。余從文友堂假得，留置案頭者三日，因取陸氏翻刊本對勘一過。影宋本有而刊本無者，凡增補三百三十字，刊本有而影宋本無者，凡一千六十四字。同一宋本也，毛氏影鈔本出焉，陸氏翻刊本亦出焉，而其差異乃達千百字之多，殊不可以理解。將謂毛氏影寫時偶有漏略乎？然不應至三百餘字之多；將謂宋本流傳日久其糜爛之處益甚乎？則宋本固明明尚存，未曾更加浥損也。然則刊本多於影本之千餘字果何從得之乎？且自汲古閣以迄今日，固未聞别有宋本，可以參互比較也。反覆推尋，未明厥故，異時倘重渡扶桑，當携此校本入高輪邸中，子細讎斠。庶幾一決此疑乎！聊志於此，以告後之讀是書者。歲在庚午二月初九日，藏園居士書濳氏記。

傳記類

宋刊巾箱本四朝名臣言行録跋

此書余見宋刊本凡三：一藏張菊生家，一藏徐積餘家，一藏故宫，雖板刻非一，然皆大字本。此袖珍小本，版高秖三寸許，乃爲世所希覯，歷考古今書目，咸未經著録，惟葉文莊《水東日記》言章副使繪家有巾箱小本，當即此刻也。書出内閣大庫紅本袋中，昔年余於文德堂韓佐泉許收得第三、四卷，頗自珍祕，不輕示人。此第六卷殘本，乃故人曹理齋從册籍叢殘中搜獲者也，余曾假得影摹一册，附諸藏本之後。前歲理齋下世，遺書星散，日者以急於易米，出以求售，余因屬剛主世兄留之。

此本之佳勝，余藏本題記特詳，不更複述。兹就此卷言之，視世行洪氏刊本乃大有殊異：此本劉韐及其子子羽同列卷六，洪本則韐列續集卷三，子羽列别集卷十三，是編次迥異也；編首小傳叙仕履頗詳，校以洪本，則韐傳少一百七十餘字，子羽傳少六十字，是詳略迥異也；至所載遺事，校以洪本，於韐事乃少七條，子羽事乃少五條，即同爲一條，而差失殊甚，每條有漏落至一二百言者，是事實亦迥異也。

夫此書宋代初出，諸儒即有疑義，謂非朱子所作。明時所傳之本訛脱彌甚，至洪氏本出，據稱以宋版翻雕，顧千里又從而校定之，由是學者可窺見全編，咸奉爲定本。今取此本對勘，其竄亂差失之處，乃至不可究詰，使人惘然莫解。以余觀之，此本實爲原書真本，洪氏所覆之宋刻必坊市所爲，故删節改易文字不同如此其甚也。然倘非存此殘本，又烏從而知之耶！此寥寥小帙實爲稀世祕籍，斷種奇書，剛主其善藏之，勿徒以宋刊精本視爲文房之雅玩也。歲在己卯八月，藏園老人識。

刻家世舊聞跋

放翁《家世舊聞》，汲古閣附刻集後者祇存八則，據子晉跋語，謂得之《説郛》中。陶氏采録古書多節本，此寥寥短帙，其爲遺逸必多矣。近世海虞瞿氏《鐵琴銅劍樓書目》載此書舊鈔本二卷，言原爲倦六袁氏所藏義門何氏本，係從放翁初稿本傳録，後或采之入《筆記》，故較今刊本附集後者不同云。乃知是書世固有足本也。壬子、癸丑間，余閑居津門，與同年鄧孝先往還最密。孝先博學嗜古，收藏祕本舊籍爲多。余嘗從其架上獲見穴硯齋抄本宋人筆記十數册，而是書二卷適在其中，因得録存副本，適《雙鑑樓叢書》開雕，遂取以授梓焉。

按此書上卷凡六十四則，多記太傅齊卿、楚公農師之事，下卷四十九則，專紀其父元鈞之事，雖所述限於先世嘉言懿行，而朝章國故及同時名卿宿學言論、文字亦掇拾備載，可以裨史籍之佚聞，覘一時之風尚，不僅爲宗乘之資已也。各條下有注「入《筆記》」者，則多互見於《老學菴筆記》中，而文字詳略各異。至其詞旨安舒，叙述通賅，視《筆記》更爲淹雅，宋人雜記中固宜爲甲觀也。丙子初冬，江安傅增湘識於長春室。

崇禎四十九閣臣合傳跋※

余舊藏《甓湖草堂文集》六卷，爲高沙吴世杰萬子所著。其第五卷爲《崇禎閣臣合傳》一篇，起元城黄立極，終吴橋范景文，凡四十有九人。其言曰：「相臣之得失，國運攸關焉。明自永樂至天啓凡二百二十年，閣臣不過百人，而莊烈帝十七年間入閣者四十有九，爰立雖多，而卒無救於覆亡，君子於此觀世變矣。」嗚呼！何其言之痛切也。崇禎初元，帝神明獨運，既誅崔、魏，思妙柬輔相以布更新之化。仿古枚卜故事，集大臣於乾清宫前，焚香告天，以廷推人名置金甌中，帝再拜手探，得錢龍錫、李標、來宗道、楊景辰四人。諸臣以時艱請益，再探，得周道登、劉鴻訓二人。洎諸人入閣之後，惟標獨持正直，旋以言不見聽，連疏乞歸。其餘若龍錫以殺毛文龍事被劾去，後以袁崇煥事下獄，道登以票擬錯亂被劾去，鴻訓以增敕事得罪去，宗道、景辰皆緣逆案有名被斥去，無一人能副股肱之任者。夫中樞政本，得賢則治。求賢之法，持以虛公，核以名實，斯才俊自至。今無知人之鑑，而託於夢卜形求，以冀不可知之遇，其效亦可覩矣。諸臣中惟周延儒、温體仁在位最久，倚任特專。體仁居位八年，延儒獨相四年，後再召入，又相三年，帝尊禮隆重，嘗於歲首東向揖之，有以天下聽先生之諭。顧其人皆陰賊柔佞，日以蔽賢植黨爲事，汲汲於营利怙權，國事則聽其敗壞而不知救。迨奸狀盡露，始各加誅斥，而國脈固已傷矣。中年得一文震孟，忠純鯁直，海内屬望，然在位三月，爲體仁所排而罷。賢奸不辨，雖宵旰憂勤，亦何補哉！迨至甲申乃相范景文，帝已有「急而求子，嚮用恨晚」之歎。蓋深知覆敗將及，事已不可爲。卒之景山匹練，帝既身殉社稷，雙塔古井，臣亦死報主知。四十九人之中，惟景文觥觥大節，爲有明一代閣臣之殿，莊烈有知，宜可以少慰矣。

按紀崇禎閣臣事者，富順陳盟撰有《崇禎閣臣行略》一卷，秀水曹溶撰有《崇禎五十宰相傳》一卷。陳書未得寓目，惟據《四庫總目》言其書盛稱温體仁謹愨，且爲薛觀國訟冤，是非顛倒，難以傳信。曹書於諸人事蹟詳略不齊，似非完帙。惟此書叙述詳明，持論平允，且仿正史合傳之體，參互錯綜，簡要有法，而世少傳本，故特表而出之，庶於明季治亂得失之原，得所取證焉。庚辰六月杪，藏園識於頤和園清華軒。

按：世杰以康熙乙丑成進士，殿試列三甲，未授職遽告歸。學士孫□□薦纂修《明史》，入京半載，成傳、志若干卷，亟辭去。今集中存曹文詔、曹變蛟、秦良玉、猛如虎、尤世威、朱之馮、周遇吉、劉亦炳、鞏永固、黄得功各傳，皆在史館所作。此篇意亦必其時所撰。生平留心經世之學，嘗言天下有三大事，行之得宜，太平可以立致：一東南之漕額宜減；二淮揚之水患宜除；三西北之水利宜興。因撰《西北水利議》，上之直撫于中丞。其議分爲六事：一相地勢，二尋水源，三廣招徠，四設渠塘，五議財力，六議考成。其言皆據明臣徐貞明、左光斗二人之説，而參酌近日形勢實可見諸施行者。其書亦尚存集中。戊辰歲卒，年甫四十八，未究其用，人皆惜之。文集爲其弟世熹所輯刊。世熹戊辰進士，官翰林院編修，有盛名，其學業皆世杰所授者也。藏園附識。

校金陀稡編續編跋※

《金陀稡編》一書，今世所行者出於明嘉靖壬寅浙江運使洪富刊本，其所據爲元代朱元佑西湖書院本。惟朱氏付梓時，岳氏嘉禾原版久已脱壞，搜集殘帙，始克成書，故各卷脱葉闕文無數。余嘗見嘉靖初印本，其缺葉咸以白紙填之，蓋叢殘無可董理已數百年矣。歲在乙丑，余得宋刊本《忠文王紀事實録》五卷，其文即《稡編》之卷一至九也。取浙局本校之，補卷四第二葉二百八十字，補卷五第十葉二百五十字，補卷六第九葉二百六十八字，補卷九第十五、六葉二百七十五字。最要者，卷五紹興元年記王二十九歲十二月陞神武副軍都統制，下注云「原闕四字」，今以宋本勘之，補文字十四行，正記紹興二年王年三十歲事。若如新刊本，則紹興元年後即接以紹興三年，讀者亦習焉不察，豈知脱去一年中事蹟耶。

其後搜求宋刻殘本，存卷一至十四，補卷十第十葉貼黄七十四字，《措置虔賊奏》一百十二字，《審虔州賊首奏》三十三字，補卷十二第四、五葉二百三十九字，第十二葉二百九字。嗣於廠市得見鉏經堂重録宋本全帙，補卷二十六第十二葉三百十六字，續編補卷八第八葉一百七十七字，補卷十九第七葉二百六十三字，補卷二十四末葉劉光祖跋一百二十九字，而其餘缺葉未能補者尚數十番，蓋倪氏所録宋本亦非初印，刻板已多刓敝矣。然各卷單詞隻句賴以填補者，尚不下數十事。

考倦翁成書奏進爲嘉定戊寅，其初鐫版於嘉禾，續刊於南徐，端平元年又刊小字本於家塾。下逮至正癸卯，甫一百四十六年，而求其初版完帙已不可得。更越百餘年，迄於嘉靖，則殘佚益以甚矣。通檢前後二編，缺失三十葉，頻年遍搜宋刊舊鈔各本，可補者凡十一葉，其不能補者尚餘二十二葉，而行間缺字更不可數計。嗚呼！以王之精忠大節，横被寃酷，幸得賢孫網羅沈佚，裒然成編，正論表暴於當時，偉烈震耀於來世，乃曾不逾時，而朽編蠹簡，零落難尋，撫覽遺文，爲之三歎。竊意宋槧完書，未宜斷種，官私藏弆，必可尋求。倘得拾遺補闕，俾還舊觀，固勝於崇祠脩祀、伐石表墓之爲功尤偉也。並世有其人乎？余將載筆從之矣。

宋本忠文王紀事實録書後

本書紀岳鄂王事，凡五卷，宋太學明善齋學生廬陵謝起巖輯。前有景定癸亥起巖自序，標題爲「忠顯廟忠文王紀事實録本末」，後有咸淳七年太學明善齋諭學生吳安朝跋。卷一高宗宸翰，後附追封鄂王及將佐等告詞，又景定時中書省牒文及改謚忠文告詞。卷

二、卷三行實編年，卷四行實紀遺，卷五奏議。景定刊本，半葉十行，每行二十二字，白口，雙闌，板心上記字數，下記刊工姓名，可辨者爲錢桓及于、徐、東、明、昌等姓名一字。收藏印記有「錫山安國寶藏」、「子高文房之印」、「晚香閣記」三印。函面金牋題「乾隆乙酉賜經筵講官禮部尚書兼文淵閣事臣紀昀」三行。

按《宋史》淳熙五年九月，賜岳飛謚「武穆」。寶慶元年二月改謚「忠武」，蓋以孔明之興漢、汾陽之復唐，取二謚之美以旌異之。至「忠文」之謚，世不盡知，或且疑其不類。惟近時錢汝雯新編《鄂王年譜》引《岳廟志略》及明金忠士《請金佗祠額疏》，言德祐元年有賜謚「忠文」之典，然詔敕無徵，月日不詳，姑以傳疑而已。今得此書觀之，則太學學録學生楊懋卿等申文已詳叙尚書省牒中，更以吳安朝跋證之，始知太學爲鄂王故宅，司土之神即王也，其祠名「靈通」，其神爲「正顯昭德文忠英濟侯」，懋卿等因請以八字侯封改畀王爵。太常寺議賜名「忠顯祠」，其封號原擬「文忠」，又以二字恐與先聖相類，因先「忠」後「文」，以示有別。其後詳載忠文告詞與王父子將佐加封告詞，時則景定二年二月也。祇以事出晚季，宋社旋墟，此書既少流傳，典故遂歸湮滅，致令考古者詫爲異聞，紀事者存爲虛説，亦可歎矣。

考謝氏此書其自序言，「昨得與忠文諸孫同筆硯交，見其鄂國金佗有編，裒類浩繁，僭仍其纂紀而爲要之提」云云，知當時編輯純取材於《金佗稡編》明矣。今以本書與《稡編》對勘，則所録《高宗宸翰》、《行實紀年》與夫《行實拾遺》，其文字同，次第同，第其稱謂改「先臣」爲「王」耳。然取浙刻《稡編》本逐卷細校，則訂譌補佚幾於不可勝計，蓋近刻《稡編》皆祖明嘉靖本，其所據宋元舊本以年深板蝕，字多損浥，且展轉散佚，闕板至數十番之多。余頻歲游杭，仰瞻祠墓，追念孤忠，因有校訂《稡編》之志，遂尋求宋元古刻，雖殘篇斷卷亦所不遺，而所補闕文曾不及半。兹取《實録》參校，凡《稡編》自卷一至卷九所有奪文訛字，訂正一清。舉其犖犖大者述之，如卷四《行實編年》，「崇寧二年」下脱王初歲遺事一葉二百八十字；「宣和六年三月賊」下脱「首張超」二十二字。卷五「紹興元年十二月陞神武副軍都統制」下脱紹興二年壬子歲事實一葉二百六十三字；紹興三年「撫勞再三」句下脱二十字；「沿江制使」下脱六十四字。卷六「紹興五年窺覦上流程」下脱一葉二百四十七字。卷七紹興七年「此皆宣撫岳飛」下脱三十六字。卷九《遺事》中「一時名人才士」下脱一百七字；《秦國夫人遺事》脱八十字；《諸子遺事》脱六十七字；《昭雪廟謚門》「皆悲感歎服」下脱六十八字；《追封張憲告詞》下脱三十二字，咸賴以補完，通得一千一百八十二字，而追封忠文牒文、告詞及妻子家屬故將封告之詞，爲他書不見者，又二千餘言。噫，可謂夥矣！

此書傳世最稀，罕祕特甚，徧檢古今書目皆未入録。明徐階之《岳廟誌》、徐縉芳之《精忠實録》亦未述及。其書以官牘紙印行，細審紙背字迹，有洪武九年嵊縣申文、洪武十一年紹興府册籍，知明初其板尚存於浙中。是此書刻於宋季，印於明初，經錫山安氏之珍藏，不知何時乃歸於内府。至乾隆五十四年己酉，始出以賜河間紀文達公。光緒以來，文達遺書稍稍散佚，此書爲臨清徐梧生監丞所獲。迨共和八九年間，徐氏藏書又出，余乃於内城帶經書坊獲之。其流傳大略可考見者如此。

夫景定至今越六百七十餘年，此書經歷四代，若存若亡。至乾隆時，幸出塵霾，上邀宸覽，然深鎖禁庭，未得登名祕閣。蓋高宗頻事南巡，諸臣多獻祕籍，及迴鑾以後，多付重裝，遂皆别皮。余掌故宫書庫，時見古書綴有簽題，多出《天禄琳瑯》之外，此書宜亦類是。及文達拜賜之時，則《四庫全書》告成已近十年，無由補録，其沈埋湮没又百餘年，遲至今日，乃藉余手表而出之，抑何幸歟！夫孤本祕册已自足珍，矧其告詞可考史籍之遺，其文字可補故書之闕，天假奇緣，錫兹瓌寶，不僅珍之什襲，更將傳之萬本。爰詳考始末，以質方雅，且冀當世嗜學好古之士謀所以廣其流傳，爲此書續命，則匪獨余一人之私幸已也。歲在己卯七月中浣，傅增湘識於瓊島北岸之抱素書屋。

題宋牧仲迎鑾日記稿本※

日前廠估携《西陂類稿》寫本殘帙來售，檢視之，則詩文奏稿多不完，惟第四十至四十二各卷獨全，即《迎鑾日記》初二三原稿也。取刻本比勘，文字粗有移易芟改之處，凡語涉至尊，提行空格，咸詳加訂正，斯敬慎之至矣。

犖爲宋文康子，家世鼎貴，年十三，世祖召入侍衛，以門蔭選黄州府通判，王漁洋晚年寄牧仲詩云：「尚書北闕霜侵鬢，開府江南雪滿頭。誰識朱顔兩年少，王揚州與宋黄州。」即指此官也。旋改京秩，超授山東按察使，未及一年，陞至江西巡撫，四年調任江寧，在任十四年，政通人和，有天下第一清廉巡撫之稱。

此書《初紀》記康熙三十八年車駕南巡在吴門迎鑾之事，以二月二十六日入境，五月初一日出境。《二紀》爲四十二年，以二月初二日入境，三月初六日出境。《三紀》爲四十四年，以三月初一日入境，閏月十六日出境。每次大率偏歷淮安、揚州、鎮江、江寧、無錫、蘇州、松江、嘉興、杭州諸地，所至閲河堤，勘海塘，問民生，察官吏。遇名勝古蹟則歌詠留題，傳爲盛事。犖撫吴既久，文章政績深荷主知，故六飛所莅，恩賞稠疊，禮數優隆，爲諸臣之冠。其乞賜「西陂」御書，以范成大石湖故事爲比，尤爲千古佳話。觀其紀癸未二月二十三日蘇州行宫召對之事，詢及養生祕術，醫藥服食所宜，可云體恤周摯。犖因此詳陳身世，披瀝無遺，首及幼陷賊窟，脱刃逃生之苦，次及侍宴先皇，賜果遺親之樂，甚至撫署盜失金珠，江右寄緞與妻，門内瑣屑之事皆舉以上聞，尤兢兢於晚節末路之難，而以年衰早退爲請。略堂陛之尊嚴，講家人之情話，自古君臣相知之深，如犖所遇，殆亦稀覯矣。

己卯駕駐吴門，曾宣索《棉津詩集》以進，因頒發《御製詩》，令其校刊。癸未南巡，又勅刊二集，乙酉又刊《皇輿表》、《資治通鑑綱目》，緣吴中舊多良工，犖又妙加甄選，寫刻乃精麗無倫，頗具天水遺範，以是特邀宸賞，俾効剞劂之長。後犖奏請致仕，猶以校刻《通鑑》未完，奉有「一二年後再定奪」之諭。嗣内陞吏部尚書，迄丁亥，《綱目》始刻成，至戊子，乃許以原官致仕，時年已七十有五矣。然頻歲家居，常荷恩賜，并傳家人至宫門垂詢起居及子孫官職，寵眷始終不渝。犖平生兢慎自守，思保全晚節爲當世完人者，至是竟符其願云。丙子二月三日，藏園識。

果毅親王使藏日記稿本跋※

昔游杭州，於文元書坊收得前人日記稿四册，偶一披卷，第知爲入藏紀行之作，未審撰者何人，閉置篋中殆二十年。前日晤同年吴君寄荃，自云治蒙藏地理之學已數十寒暑，聞余藏有《石峯堡紀略》寫本，欲得假觀。予夙欽其嗜學專篤，慨然允之，因言篋笥尚有言藏事之書，將盡舉以供其漁采。此使藏日記亦其一也。歸而發篋陳書，見開卷所述，爲雍正十二年奉旨前往泰甯與達賴喇嘛相見，兼命閱視經過地方營伍，因檢《東華録》考之，十二年七月有果親王允禮往泰甯經理達賴住藏，因閲直隸、山西、陝西、四川四省兵之命，乃知此帙爲果親王入藏往返紀程之作也。

書凡二卷，始自甲寅冬十月，終乙卯夏四月，自燕、晉以歷秦、蜀，往返一萬二千里，詳紀山川、風土、古今名跡，考證翔實，詞旨雅潔，篇中改竄之筆頗多，當是就原本録出而覆加訂正者。

王爲仁廟第十七子，博學多聞，妙嫻翰墨，著有《春和堂集》、《静遠齋集》、《奉使紀行詩》，别著有《西藏志》一書，流傳殊罕。此日記二卷則未經刊行，尤足珍也。《熙朝雅頌集》録王詩一卷，凡四十九首，其秦蜀道中懷古紀勝之詩，即奉使時所作，或刻石紀之。余游長安時，王之詩碣尚存碑林中，僧寮古觀，題榜燦然。王詩翰之外，兼工繪事。據日記云：「十一月初四日再登嶽廟之閣，摹畫三峯勝景。因思昔時王蒙知泰安州，張絹素廳壁，口對泰山，興到輒一舉筆。圖成示陳汝言，值大雪，汝言張小弓，夾粉筆彈之，遂如雪景，一時推爲神筆。王、陳以繪事擅藝千古，然必臨摹真景，纔肖天然之趣，余亦同此意耳。」以此觀之，王以河間、東平之尊，奉萬里輶軒之役，風塵鞅掌中，猶能裁絹濡毫，爲三峯寫照，與古人劇蹟騁勝標奇，其風流藴藉令人慨慕無窮。往返兩游華嶽，前游抵青柯坪，後游行至千尺幢，風雨交作，不果登，有詩紀其事。詩云：「甯甘望厓返，梯飆懲狂韓。壯游雖未竟，氣象還可干。行當杵斗墨，潑作萬峯巒。裝池張素壁，昕夕供游觀。」是王尚繪有登華圖矣。余昨歲抵青柯坪，亦值新雨初霽，然披巖躡磴，竟徧覽蓮花、仙掌諸勝，不至如王有海上神山之歎。誦少陵「鐵鎖高垂不可攀，致身福地何蕭爽」二語，輒生清福勝緣，轉駕賢王之上，又竊自負矣。嗣王弘瞻，憲廟第七子，亦善詩詞，雅嗜典籍。嘗從方靈皋、沈歸愚受學，刻有《古文約選》、《左氏傳評點本》，皆靈皋爲之輯訂，楮墨精善，與内府刻書相埒，至今爲藝林所珍祕，洵可云後先濟美焉。癸酉閏月二十六日，清泉逸叟漫志。

題乾隆二十一年春季搢紳※

此官本《搢紳》殘帙，前失去序文及官制半葉。京官自宗人府至侍衛處俱完，外省存盛京、直隸、江南、安徽、江西、浙江六省，蓋全帙有其半矣。大學士爲傅恒、陳世倌、來保、黄廷桂四人，蔣溥以協辦大學士掌翰林院事。其文學著名者如劉墉、盧文弨、梁同書、翁方綱、王鳴盛、謝墉、錢載俱爲翰林院編修，紀昀、朱筠、錢大昕尚爲翰林院庶吉士。外省官吏選缺有二十一年十一、十二月選授者，而庶吉士散館應在二十二年四月考試。今甲戌庶吉士尚未散館，則此《搢紳》爲二十二年春季頒行斷可知矣。庚辰六月朔藏園老人記。

題乾隆四十四年己亥搢紳全書※

此本前有序，題「丁酉初秋本堂識語」，是亦坊本也，然板式闊大，與官刻相仿。前有凡例二十六條，後載官階品級、頂服俸禄、職官總目、儀注、加級紀録、封典、終養丁憂、停刑日期、選官借支養廉、赴任憑限路程、各省舉人中額、京城城池關権各項。

京師各衙門首宗人府，次内閣、翰、詹、六部等，而以兵部塘務終焉。内閣大學士四人：阿桂、于敏中、三寶、李侍堯。翰林院掌院學士三人：英廉、德保、于敏中。阿桂兼管吏部，于敏中兼管户部，福隆安爲兵部尚書，兼管工部。和珅方爲户部左侍郎，兼署吏右，步軍統領，崇文門左翼，蓋騖騖嚮用矣。翰林院人材最盛，編、檢有程晉芳、翁方綱、朱筠、蔣士銓、王太岳、孔廣森、錢澧、余集、邵晉涵、百齡、周永年、吳錫麒、孫玉庭、鄒炳泰諸人，庶吉士有王念孫、李鼎元、吳省蘭、祁韻士諸人。其在曹郎者，則方維甸、吳熊光。裘行簡方在中書，鐵保爲吏郎，李調元爲吏外，汪啓淑爲户外，管世銘爲户外，阮葵生爲刑郎，韓岢爲刑部小京官，後來咸各以功業文章顯赫於世。欽天監監正傅作霖，左監副高慎思，右監副安國寧，皆西洋波爾都噶俚亞國人，則自康雍以來相承不改也。

余初得此本，考庶吉士至戊戌止以爲即戊戌搢紳。頃者，江寧吴君向之假閲，檢出中書舍人金光悌下注「四一四年四月補」，因定爲己亥。又以院部大臣年表校之，袁守侗四月解刑部尚書，胡季堂代之，此册中仍爲袁守侗，則爲己亥四月以前可知矣。惠齡於四十四年三月授工部右侍郎，而已載入，此又四月以前之一證也。爰改題歲月，以糾前誤，並粗舉當時名輩，以見人材之盛衰，於國家之隆替關係匪淺云。書凡二册，京官外祇存盛京，其他月各省均缺佚，不得總攬全國之人物，殊足惜也。丁丑七月初一日，藏園記。

藏園羣書題記卷第四　史部三

地理類

校宋江州刊淳祐重修本輿地廣記殘卷跋※

此書士禮居據朱竹垞舊藏宋刊本翻雕，其宋本缺卷缺葉及模糊不可辨者，則據江州覆刻淳祐重修本補之，附刻校記可按也。余曾見方地山所藏江州本，殘存二十卷，有郡守朱申重修題記，當時以不及細校爲憾。前年獲此帙於淮南故家，所存祇十二卷，爲卷七至十一、二十五至三十一，半葉十三行二十四字，白口，左右雙闌。各卷末有「淳祐庚戌郡守朱申重修」一行，與方本全同，即江州覆刻淳祐重修本，唯蝶裝廣幅猶存宋裝耳。

余取士禮居翻宋本校勘一過，其異字正復不尠，兹略舉於後，俾讀者考覽焉：

卷七彭城縣下「封弟交爲楚元王」，「交」不誤「友」；考城縣下，「邑多遇災」，「災」不誤「火」；濟陰縣下，「分濟陰置蒙縣」，「蒙」不誤「黄」。

卷八襄陽縣下「蜀將關羽」，「蜀」不誤「置」；金州下「魏以漢中遺人」，「遺」不誤「遣」；武當縣下「今名木塞山」，「木」不誤「大」；鄖鄉縣下「晉太康五年」，「五」不誤「三」；泌陽縣下「開寶元年」，「元」不誤「五」。

卷九河陽縣下「爾朱榮害朝士三百餘人於此」，「於」不誤「即」；梁縣下「唐屬汝州」，不誤「唐曰承休」；「石壕驛」，「壕」不誤「城」；魯山縣下「懼而遷於魯縣」，「遷」不誤「避」。

卷十一獲鹿縣下「天寶十五載」，「載」不作「年」；邢州下「常山王張耳都之」，「之」不作「焉」；龍岡縣下「太興二年」，「興」不誤「和」；「襄國郡廢焉」，「廢」不誤「漢」；「唐爲洺州理」，「理」作「有」，屬下「夷儀嶺」爲句；洺州下「州置武安郡，唐爲洺州」，「郡」、「唐」二字不誤「縣」、「後」；永年縣下「皆爲郡治」，不落「治」字。

卷二十六營道縣下，「虞時庫國之地」及下文「柳宗元作斥庫亭神記」，「庫」不作「鼻」。

卷二十七江陽縣下，「晉徙荊州治」，「徙荊」二字不缺；武陵縣下「數爲攻敗」，「攻」不作「所」；長陽縣下，「清泉噴流」，「噴」不作「濆」。

卷二十九犍爲縣下「非夜郎故地」，「地」不誤「也」。

其卷三十一長寧軍下，朱氏宋本缺十四字，富順監下缺二十字，黄刊皆據周校隋唐史志及各地志校補，此本皆不缺。其餘校記中有稱宋本缺壞之字，此本皆完好可以辨析。

蓋朱氏宋本既有模糊，覆刻重修本又從周校轉録，不免舛誤。此帙雖爲覆刻重修本殘卷，而印本較清朗，其糾愆正謬之功不可没也。夫蕘圃刊書，號爲精審，又得顧千里爲之讐勘，而拾遺補闕，猶有待於後人。然則世之善讀書者慎勿震於昔賢而故步自封可也。乙丑正月，藏園居士識於長春室。

大明一統名勝志跋※

明侯官曹學佺撰。前有崇禎三年庚午學佺自序。本書題曰《大明一統名勝志》，凡北直隸十二卷，南直隸二十卷，山西八卷，陝西十三卷，河南十二卷，山東九卷，遼東附九卷中。江西十三卷，浙江十一卷，福建十卷，湖廣十七卷，四川三十四卷，廣東十卷，廣西十卷，雲南二十四卷，貴州四卷，通計得二百七卷。

按：此書傳本至稀，繆藝風曾藏一部，然鈔配者乃過半。昔年在南中得殘本數十册，欲求底本傳補，不可得也。嗣於内城聚珍堂書坊獲見全帙，爲友人朱逖先捷足得之。逖先知余之渴欲得此也，因以所藏半部相讓。嗣於廠市搜取零星斷卷以附益之，尚缺浙江三卷，福建十卷，湖廣七卷，雲南十四卷，南北訪求，迄無所獲。爰假逖先藏本，屬寫官繕補，凡三十四卷，耗時一百餘日，糜費至八九十金，始克裝成。偶閲《廉石居藏書記》，曾收此書，爲一百九十三卷，與《四庫・存目》同，而邵、莫兩目批注皆作一百九十八卷，不知緣何差異，或所得非完帙歟？

學佺自序言，得樂史、祝穆、王象之諸書，竭十年之力，撰成此書，可謂勤矣。《提要》譏其雜采而成，頗無倫次，孫淵如則謂其書體例仿《元和志》、《寰宇記》，止載城邑、山川、宅墓、名蹟，不載名宦人物，最得古人地志之法，絕勝《明一統志》。余按：學佺家富藏書，宦轍四方，更窮搜力訪，如嘉靖以前行省總志、州縣方志，今日懸兼金而不易致者，當時咸得取備，宜其取精用宏，成茲偉箸也。又況《寰宇記》、《輿地紀勝》在今日頗有缺卷，而學佺尚及見其全，尤足補樂、王二家所未備，則是書之足重，不第以蒐采鴻富見長也。第閩中僻在海隅，傳播未廣，成書未幾，即逢鼎革，學佺身殉國難，版久不存。淵如在百年以前已極言其罕覯，推爲明人著述第一善本，在今日宜更稀如星鳳。然則余之不憚勤勤補葺，以成完璧，豈得已哉。茲將原序附著於後，庶學者粗悉其輯録之梗槩焉。檢日本《内閣文庫書目》，藏有三部，可云富矣。

《大明輿地名勝志》自序

余初得《太平寰宇記》鈔本，爲宋太平興國間宜黄樂史所撰上者。又得建溪祝穆所編《方輿勝覽》，蓋麻沙書坊板也。常置在案頭。新安王仲嘉過而謂予曰，是可㯗括而成書也。予頷之，尚未得其肯綮。既入蜀，作《蜀中廣記》，常弋材於二書。又得楊用脩家所鈔祕閣東陽王象之《輿地紀勝》。象之兄爲蜀漕，故於蜀事尤詳。然余在金陵時，汎觀四庫諸書，凡可爲各省山川名勝資者，悉標識其端，積有七簏，用二十夫之力，舁以相隨。未幾出峽還閩，簡點舊篇，多所殘缺，意緒都闌，庋之高閣而已。一日謝在杭過，謂予曰，此書若殘兵敗卒，孰若畀我，成一大隊。予曰誠然，但予十數年以來，欲撰一種書，耿耿於懷，未之或忘，儻再歷幾星霜，予老矣，不能更爲，便可相付。又過一載，江西方伯李友卿寄宗侯鬱儀《水經注箋》，予亟取而讀之。其所有者正不必有，其所無者正不必無，予又憤懣而不之快。偶有《搢紳便覽》一部，略爲箋釋於左，曰此水陸某州縣也，以今援古，合者什七，其所不合，姑俟後來。於是感觸前念，而作是書，津津乎不能自已矣。莆友吴明遠館予浮山，因示以裁割之法，臚列勾股，若陳肆焉。余取而綴附之，材料既備，位置得所。乃與友人陳汝翔、諸父汝載約曰：「自北直隸、陝西、山西、河南、山東，南人足跡所罕到，予以計偕、筮仕、祝釐之役，頗得涉歷而流覽焉。自南直隸、江西、浙江、閩、廣則請分任之。廣西、雲、貴載籍頗稀，余旁而搜采之。蜀中惟是《廣記》所輯者稍删潤之而已。」於是復徵諸郡縣志。南直隸余宦金陵時購而有之。河南、湖、廣鄉先薦紳有存積者，其裔轉以售余。而山東、浙江、江西則薛公中丞、謝公方伯、汪、陳二侍御之巡方時所有也。但北直隸、山、陝、二廣苦不能多。余偶閲《盱江新志》，左侍御督學畿輔，晚年乏嗣，以其書籍送貯府庫。余癸亥歲起家粤西，取道於斯，先以喻子奮、陳有美二君往，因借而裒録之。二廣則爲總督胡公檄取，而桂林張公羽王家藏尤夥。羽王有《西遷集》，蓋其謫四川利州衛時，自河南入潼關，循子午道而出漢中，復濟河登龍門而返，蓋有司馬公之風焉。所過必徵其典乘故實，若爲予今日地也。雲南則《通志》之外，益郭司馬《黔記》、謝在杭《滇略》，亦足以成書矣。已上諸書，缺一不成，余皆得之，似有天幸。且余入粤時，實携直隸、山、陝、二廣諸稿以往，公餘則或編摩讐校，燭見跋不休。越丙寅，余被糾削籍，臺檄追書版甚亟。家人欲盡焚其書籍，余在倉卒之中猶抱此書而出。復憶曩歲削稿於淼軒，一夕爲偷兒挈簏以行，萬無還理，而不意其悔心之萌也。予始懼而動剞劂之想，又遇患難歸家，纔獲竣事，則又幸矣。余觀古人有所撰述，必以廿載爲期，余自戊午而訖丁卯，僅有其半，且爲行旅跋涉、簿書期會、流離困苦所奪者十之二三。余才不逮昔，而何以功倍之乎？此十年内，飲食寤寐而不遑自安，然亦藉是以收攝其身心，而罔敢旁溢。余固不能有所裨益於是書，而受書之益也多矣。書成而讀經、讀史、讀詩若文，如江河溝澮之曲折，咸知其所往而不迷，如《爾雅》之釋經、傳。

然是亦六書之流也，或者其少有益於來學乎！願與同志者商之。時崇禎三年歲次庚午首夏之朔，三山曹學佺能始撰。

記皇輿全覽※

昔年在陶君蘭泉家見有《皇輿全覽》四十卷，言得之保定書坊，因假歸瀏覽一過。原書半葉九行，行二十二字，字體方整，鐫工精湛，與《子史精華》、《諸史提要》刻版相類，蓋康熙時内府官板也。所存者爲京師、奉天、直隸、山東、山西、陝西等省，餘各省皆缺。其體例則詳紀各省路程，如京師至正定府爲一路，又至太原爲一路，五臺山爲一路，或北至熱河爲一路，南至山東爲一路。沿途所經地方，分載州縣沿革，所紀道路尤詳，分陸路、水路、山路、驛路、小路，列其里數遠近，而名勝山水、古來遺跡及人物詩文亦附著焉。略如《輿地紀勝》、《方輿勝覽》之類，而纂輯更加詳密，似備車駕時巡途中舟車便覽而作也。惟所載測量道里之法特爲新異。其量法用繩計，每繩長十八丈爲一營造尺繩，每十繩爲一里。又繩長十六丈二尺爲一週尺繩，十繩爲一里。如量山東邊幅里數，由劉智廟起，迴至德州止，爲營造尺繩八千二百五十一里六繩，爲週尺繩九千一百六十五里一繩又一丈六尺。此等測地之法，他書未嘗見也。

惟全書都若干卷？修纂始於何年？以佚去首帙，渺無可考。徧檢《宮史》、《續宮史》、《皇朝文獻通考》諸書，均未載入。惟《通考》中有《欽定方輿路程考略》一書，題汪士鋐纂進，與此書頗相類，而書名既異，又題不分卷，終莫能明也。余領故宮圖書館時，盡取各宮殿所儲殿板之書聚置於壽安宮樓下，屬蘭泉編定《殿本書目録》，亦未見有是書，蓄疑於中者久矣。近閲顧俠君《閭邱年譜》，乃知此書爲康熙四十四年奉旨編纂者。據《年譜》載，五月於南薰殿開局，編纂《欽定方輿路程考略》，派楊開元等十二人纂録。四十六年，又載六月初五日奉勅命陳編修世南邦彦纂輯《四川方輿路程考略》，顧嗣立與汪泰來分纂。至五十四年俠君辭官南歸，遂不詳修書事，不知是書於何年輯成。然由此可以推知此書原名《方輿路程考略》及全書告成，乃定名爲《皇輿全覽》。至《皇朝文獻通考》所載《方輿路程考略》亦即是書，其編成進御之日，汪士鋐適任其事，故以之載入《通考》耳。

第事有不可解者，此書既奉敕開館編輯，先後經歷十年，全書當盈百卷，其蒐采宏富，考證精詳，煌煌鉅編，遠仕王象之、祝穆之上。而《四庫》竟未著録，内府亦無藏書，設非陶氏得此殘帙，將並其書名亦不掛後人之口，豈當日傳布未廣，二百年來遂散失以俱盡耶！異時加意尋訪，倘得目見全書，庶幾一決此疑也。癸未十一月八日，藏園識。

寫本歷代宅京記跋※

《歷代帝王宅京記》二十卷，顧亭林先生著，《四庫全書·地理類》著録。《蘇州府志》作《歷代都城宫闕考》。《提要》稱其舊無刊板。嘉慶戊辰，五世孫錫祉以家藏稿本付刊，所謂來賢堂本也。光緒戊子，朱槐廬《亭林遺書》中復刻之。前歲余游杭州，於陳立炎家見舊寫本，經張古餘太守手校，前有古餘及丁小疋跋語。卷末有衍生手跋，言兹編告成，曾寫兩本，一貽潘太史，一贈靖逆侯。小雅謂此足本，當出靖逆侯家。余喜其字蹟極舊，且經前人以朱墨筆點校一過，因亟收之。

暇時偶取朱刻對校，文字訛奪觸目皆是。最甚者，朱刻次序凌亂，脱漏之文連篇累葉，幾於改不勝改。兹舉其犖犖大者：如卷三「秦靈臺」下脱注引《括地志》文二十八字；「作畤時」下脱注引《正義》文二十四字。卷十三脱「梁武十年初作宫城門」正文一條十四字。卷十四「後魏高帝四年七月作東明觀」下脱「九月乙亥思義殿成」正文十四字。卷十六「後晉天福二年大寧宫」下脱「三年置開封府」一條正文三十四字。然猶可諉曰鈔胥偶失也。其尤足詫者，「秦襄公賜受郊酆之地，列爲諸侯」，其下應接「後八世穆公稱伯」云云，乃羼入卷四漢事中。卷四自駘蕩宫起，不知其上尚有長樂宫、未央宫、建章宫諸條凡七葉又十四行，而更以桂宫、北宫、甘泉宫、扶荔宫皆羼入卷三中。其扶荔宫西王棗下脱花果樹木凡十一行，葡萄宫下脱承華殿、宜春宫等十四條。卷四長安城南出第一門下，鈔本有南出第二門、第三門，西出南頭第一門、第二門，西出北頭第一門，北出東頭第一門、第二門，北出西頭第一門，方合長安十二門之數，刻本覆盎門下脱失凡八條。卷五首甘泉苑上脱上林苑一條四百餘字。廣明苑上又脱御宿苑、思賢苑、西郊苑、樂游苑、宜春下苑，凡五條四百餘字。其以下各卷尚未及畢勘，得失殆不可知。然余更以來賢堂本核之，上舉各條來賢本皆不脱誤，不知朱氏付梓所據爲何本，致紊亂漏落如此其極也。大抵此書舊無刻本，《提要》稱其寫本不一，展轉傳鈔訛缺，異同固不能免。即《提要》所舉浙江進本，較湖北進本總序中多唐代宗廣德元年幸陝州一條，元順帝至元二十五年改南京路爲汴京路一條，今鈔本及新舊兩刻均無之，可知當時傳本手鈔，愈久愈失，朱氏所得缺失尤甚，而來賢堂本流傳較稀，覆木時固未及見也。

余嘗論亭林負蓋代之才，懷經世之略，身丁艱阸，藴不得施，故發憤著書以傳於世，而於地理之學尤爲博通淹貫。嘗言必有體國經野之心，而後可以登山臨水；必有濟世安民之識，而後可以考古論今。故舉其畢生之力，總萃《一統志》、二十一史及天下府州縣志書，以成《肇域志》，復撮録其有關於政治者，爲《天下郡國利病書》。更彙集歷朝建都方域制度，以成此書。蓋卜世之短長，基於定鼎之得失。統觀歷朝締造之始，必居上游，控形勝，道里均，財賦集，厚集其勢，以建不拔之基，雖中才之主，亦可守成而無患。若夫宴樂於一隅，懷戀夫鄉里，苟爲便安一時之計，而不思制馭四方之圖，權勢一失，不能復振，未有不敗亡隨之者也。嗚呼！披觀先生此編，以求古今興衰之迹，後之謀國者宜可以深長思矣。

余以宅京之利害深繫於國本，而朱氏所刻乃紕繆如是，故備舉其失，冀得有志之士據來賢堂本以廣其傳，庶治史者得以參稽，無或沿訛襲謬，以大負先生纂述之勤，則幸矣。癸酉七月初九日，藏園老人記。時大雨徹宵，園林清瑟，秋意已深矣。

顧衍生、丁小疋、張古餘跋録後：

先府君著書數種，俱有自序，載入集中。兹編告成最晚，甫脱稿，先君捐館，徐相國遺人取去。自念雲泥勢阻，無能往來，至相國歸田後始獲檢還。復録二本，一貽潘太史，一贈靖逆侯。不肖衍生泣血誌。

亭林先生嗣子衍生跋云：復録二本，一贈靖逆侯。靖逆侯不知何人，《浙江采進遺書總録》閏集第八十六翻有《張襄壯公奏疏》六卷，云國朝靖逆侯西安張勇撰，皆其奏績疆埸及歷辭封號諸疏。據此，則衍生贈書之靖逆侯似即張襄壯矣。此書浙江進本止一册，《蘇州志》亦云今傳寫本六卷。蓋總序二卷、關中四卷而外，自洛陽以至遼陽，世人罕見也。特未知此本即出靖逆侯家否？丁小疋。

敦案：此書所引《三輔黄圖》雖於中不無删削，然前後錯見，大略俱在，較之靈巖山館所刻《黄圖》本互有異同，亦互有得失。兹就其傳寫脱誤較然明顯者，依畢本改正，餘則一仍其舊。蓋《三輔黄圖》自宋以來傳本不一，所據各異，正未可以彼而議此也。壬子閏月二十六日燈下識。

余按：衍生跋言寫此書二本，一贈靖逆侯。以《年譜》考之，知爲張又南，非勇也。又南名雲翼，咸寧人，甘肅提督勇之子，以父蔭官太常寺卿。父没，襲靖逆侯爵，改江南提督。先生康熙乙卯至山西祁縣，又南曾過訪。所注《左傳杜解補正》三卷又南曾捐貲刻之。沅叔附志。

翁松禪師手鈔吳郡圖經續記書後※

常熟邵君和甫爲伯英前輩之哲嗣，家藏法書名畫，多宋元劇蹟，頻年同居舊京，文醼往還，時從其齋中獲觀一二。昨歲携《吳郡圖經續記》見眎，屬爲題識。原本上卷舊鈔，中、下二卷則松禪師歸田後所手寫也。舊鈔爲巾箱本，半葉十行，行二十一字，筆致清雋，疑出清初名手。前有「重光」、「子宣」二印，知曾藏吳門蔣氏。首頁鈐「翰林院印」大官印，則又經四庫館採進者。公得見汪柳門侍郎所藏宋刊本，因就其行格手寫以完之，又補書序一首，卷尾録黄丕烈、胡珽二跋，米芾《樂圃先生墓表》。寫成後，復取宋本校勘，而手識三則附焉。余嘗見宋刊原本，有公手識十七行，言余有舊鈔半部，欲假以鈔補，忽聞北方兵警，遂至中輟。及檢公《日記》，則言「庚子四月二十七日，汪侍郎與費屺懷自吳門來訪，携此書相示，遂發興鈔書，日盡四五葉，至五月十四日録畢」云云，是鈔此書在題識後也。時值大難將作，公雖放逐還鄉，優游泉石，而以廿年樞輔，兩世經帷，與宗社同其休戚，懼杞天之傾墜，蘊漆室之悲吟，重以憂讒畏譏，煩寃莫訴，故爲此冷淡生活，以寄其無聊，非徒嗜奇癖古，與露鈔雪纂者争一日之短長也。余曾得公藏《歸震川集》，乃手録寶雲和尚三家評點，爲光緒乙酉歲所書，小行楷，絶茂美可玩，而此帙之精湛又遠勝之。老而勤學如此，後生末學甯易幾及耶！

憶余戊子應順天鄉試，年甫十七，爲公手拔，倖得入彀，經藝有「詞藻紛披，考據翔實」之評。榜發晉謁，獎諭殷勤，瀕出，詢余齒稚，拊背而詔曰：「三百人中，最少年其殆汝乎？好自爲之！」戊戌入詞館，再往造謁，則公已退出樞庭，閉門謝客，十載門生，從此人天永隔。今摩挲此帙，旣歎尤深，昔日造門垂髫之童，今已皤然成一老禿翁。自維生平，事功學業，百無一成，惟此耽心鉛槧，焠掌丹黄，區區好古之情，差足遥承衣鉢，此所由展卷流連，不禁神往於虞山琴水之間也。

公家藏典籍多珍祕，余得見者有宋本《施顧注蘇詩》、宋本《鑑誡録》、紹興本《後漢書》、贛州本《文選》、咸淳本《説苑》，聞晚年得宋刊《集韻》，因自號「韻齋」，第此書獨未得寓目，附志於此，異時補《藏書紀事》者，得以取資焉。

至宋刊原本，歷藏葉文莊、季滄葦、徐健菴、顧聽玉諸家，以歸於黄蕘圃。自士禮居散出後，又轉入汪閬源、胡心耘、吴平齋，而歸於汪氏萬宜樓。鼎革後，友人蔣孟蘋獲之汪氏。余時在申江，得以披覽，字體方嚴，楮墨精善，真乙部寶笈也。孟蘋浼董授經爲影雕行世，聞今又入南海潘氏矣。夫以戔戔百葉之書，三百年來，流轉至八、九姓，完好如新，不爲水火蟲魚所毁蝕，且得以一再傳刻，昔人謂古書祕笈，在在處處有神物護持，殆不虚矣。乙亥八月二十有七日，藏園老人識。

洪武本蘇州府志跋※

《蘇州府志》五十卷，明盧熊撰，洪武刊本，半葉十三行，行二十三字，黑口，四周雙闌，版心上記字數，下記刊工姓名，字體厚重，刊工古樸，猶是元代風範。前有洪武十二年金華宋濂序，次目録，目後有圖説一卷，凡十八圖：一春秋吴國境，二秦漢會稽郡，三東漢吴郡，四三國六朝郡境，五隋唐五代州境，六宋平江府境，七元平江路境，八本朝蘇州府境，九蘇州府城，十蘇州府治，十一蘇州府學，十二吴縣界，十三長洲縣界，十四崑山縣界，十五常熟縣界，十六吴江縣界，十七嘉定縣界，十八崇明縣界。卷一沿革、分野、疆界，卷二山，卷三川、水利，卷四城池、鄉都，卷五坊市，卷六橋梁，卷七園第，卷八、卷九官宇，卷十户口、税賦，卷十一賑貸、廩禄，卷十二學校，卷十三貢舉，卷十四兵衛，卷十五祠祀，卷十六風俗、氏族，卷十七封爵、旌表，卷十八至二十牧守題名，卷二十一至四十一人物，卷四十二土産，卷四十三古跡、寺觀，卷四十四冢墓，卷四十五異聞，卷四十六考證、雜志，卷四十七卷四十八集文，卷四十九、卷五十集詩。鈐有「西河」白文印、「汲古閣」朱文印、「石韞玉印」白文印、「瑑堂」朱文印、「凌波閣藏書印」朱文印、「吴中石氏凌波閣藏書」朱文印、「田耕堂藏」、「泰峯所藏善本」朱文印、「慶餘堂印」白文印。卷末有黄筆書「婁水宋賓王校補」一行。按印記考之，此書歷藏毛子晉、宋賓王、石瑑堂、郁泰峯氏諸家，卷中奪葉經毛氏影寫補入，斷板損字經宋氏手自塡補。偶有朱筆改字，或爲石殿撰手筆，蓋乾隆蘇州修志時，殿撰實司總纂之事也。

按：此書《四庫》不收，阮氏亦未進呈，此明初刻本最爲罕覯，諸家著録多屬傳鈔，陸存齋藏本有朱竹垞跋，《曝書亭集》中無此跋。爲蕘圃舊物，今在日本静嘉堂文庫。愛日精廬所藏鈔帙從陳子準之洪武本出，然陳本今已不可考。海虞瞿氏一帙有宋賓王跋，今歸北平館中。此外余曾爲顧鶴逸購得一部。計當世所存，並余書而四矣。余書於壬子春日得之吳門，乃鳴琴室帖估楊馥堂携以見示，重其爲宋、石二氏遺跡，因以四十金收之。序文爲毛氏補鈔，不若顧本之完整，而全書印本則視瞿氏所藏遠勝。聞館中收瞿本，其值爲六百金，閲時甫二十年，而書價騰升，乃至十倍上，亦滋足詫也！

熊字公武，其先武寧人，宋季徙家於吳。父觀，字彦遠，讀書，有至行，學者稱爲夷孝先生。弟熙，字公暨，爲睢州守，有惠政，博涉經史，善筆札。子彭祖，字長嬰，永樂初薦授禮部主事，幼傳家學，不事藻麗，而求以適用。曾孫瑛，宣德五年進士，官刑部主事，淹博工書。奕葉儒風，吳人稱爲望族。公武少從學於楊鐵崖，博學工文，尤精篆籀，以善書故，由工部照磨擢中書舍人，旋出知兗州。嘗上疏言州印篆文譌謬，忤旨，後竟以簿録刑人家屬坐累死。撰此志時，公武方爲吳縣學官也。

考吳門地志，以范石湖所撰《吳郡志》最爲有名。其後趙節齋之《續志》、章捬之《吳事類補》相繼而起。元總管趙鳳儀嘗事集録，其書未成。公武閔前志之乖紛，毅然以筆削爲己任，博攬旁摭，芟繁取要，撰爲此編。景濂序稱其效《史》、《漢》之法，損益舊典，爲一郡成書。郡守高郵湯德爲之梓行。洎後王文恪增入明代事實，遂成《姑蘇志》六十卷，世稱宏著，然其取材不出此編，且删易或多未協。是公武之書，上承石湖，下啓文恪，翔實淹雅，蔚然爲五百年來不刊之作。今范、王之書一再雕行，流播廣遠，學者咸得披觀，而公武此編，乃不得上登於祕閣，又無人爲之覆刊，祇此三數遺帙，流轉當代，在若存若亡之間，文章之顯晦其殆有數存耶！嗟乎！公武既雅負材雋，著述等身，公武別著有《説文字原章句》、《鹿城隱書》、《兗州志》、《孔顏氏世系譜》、《蓬蝸》、《夏幽》、《石門》、《清溪》等集，見《姑蘇志》。而禄仕迍邅、卒賫志以没世，此煌煌鉅作，又沈晦堙鬱，僅留此一綫之延，余展誦終篇，不禁傍徨嘆喟，爲文士之蹇運者悲且懼也。近以《四部叢刊續編》方網羅名著，余已馳書海上，深願舉此遺編，播之貞石，庶幾萬本流傳，足慰公武於異代乎！甲戌七月幾望，藏園記。

跋顧鶴逸藏洪武本蘇州府志※

壬子歲，余客蘇州，書賈楊馥堂攜一巨篋來，檢視其中，有洪武刻《盧熊志》二十册，時余未嘗留心方志，不以爲貴也。馥堂謂此吾蘇古志，世所罕覯，勸余勿失之交臂，乃以四十金得之。後數日，訪顧君鶴逸於怡園，坐甫定，即詢余曰：「聞君新獲《蘇州府志》，此吾郡故物，訪求頻年不可得，且爲石琢堂殿撰修府志時所用，在理宜以歸我，敢以爲請。」余復以此行他無所得，欲藉此以壓歸裝，且甫經入篋，未遑披玩，勢難遽捨。君既重視此書，倘異時更有所見，必爲君力致之。鶴逸詫曰：「公何言之易耶！以愚所知，諸家藏目所載，率皆鈔本，惟海虞瞿氏、歸安陸氏有全帙耳！公得毋畫餅以充飢耶？」相與一笑而罷。

及癸丑春入都閱肆，忽於翰文齋瞥見此帙，欣喜過望，亟馳書告鶴逸，竟以百金爲之諧價。秋初，余重至吳門，載之行篋，鄭重相付。鶴逸雅愛鄉先輩手澤，欲舉新獲之本與余舊藏交易。余以兩書印本雖同，而余帙乃經汲古閣鈔補，宋賓王手校，終難割愛。

前年章君式之自吳旋燕，携此書來，傳鶴逸語，欲余就琢堂本爲之對勘補正。匆匆頻年，人事牽率，迄未得從事丹鉛，而鶴逸已遽歸道山，把卷迴思，愧負良友。兹緣汪君孟舒還鄉之便，仍以原書奉諸嗣君。延陵掛劍，殊有愧於前賢；相如返璧，幸能完夫故物。爰述源流，附之簡末，俾知吾兩人生死之誼，與二十年往復之情，咸藉此書傳諸後禩。異日倘有繼假緣而題詠者，或亦增此故實乎？甲戌六月之望，藏園老人記。

松陵文獻跋※

吳江潘力田先生學問通博，一代史才，熟於朝章典故，生平以史事自任，與吳赤溟同修《明史記》，不幸遘莊氏史案之禍，其書不成。遺著傳世者有《今樂府》、《國史考異》諸書，此《松陵文獻》亦其一也。考吳江舊志，惟存莫、徐二氏，力田以莫志詳而徐志簡，皆有疏失，又自嘉靖以迄明季，曠無紀述，乃爲《松陵文獻》一書，獻以紀先賢之事蹟，文以存邑里之詩文。乃文集未完而史案作，其弟次耕未得獻集於灰燼之餘，乃序而傳之。

書凡十五卷，卷一至十二爲人物志，卷八以後人物又析爲儒林、孝義、文學、隱逸、高僧、道術、藝能、列女、寓賢、名門，卷十三至十五爲官師志，述歷代守令丞倅簿尉之績，而以教職附之。凡三百四十餘傳，舊志所有從而更定者六十餘傳，增立者六十餘傳，嘉靖以後自撰者又一百六十餘傳。凡歷代正史、列朝實録、與夫直省志乘、古今文集，有涉於邑事者咸鉤稽疏記，積累成編。凡所臚舉，皆有據依，其文質，其事核，觀於此而先生之史才可見矣。

卷前有次耕序，卷後附邑人戴笠撰傳。次耕又以康熙甲子邑令改修縣志，新志全用此書，而姓氏不著，以爲有似取人之物而諱言主名者，因撰後序以申辨之。惡聲厲語，詆訐百端，有「《莊》注尚存，何傷乎向秀；《化書》無恙，何損乎景升」之語。平情論之，力田罹禍未久，邑志采其書而諱其名，自是當事者遠禍之意，若必謂利其死而掩取其書，於事未免深文，雖激於友于之情，要非士君子所宜出也。

此書刻於康熙癸酉，流播未廣，世所稀見。余壬子歲游吳門得之，扃諸篋笥者二十餘年，頃以檢書及此，深悼先生以曠世異才，偏遘奇禍，死時年甫三十有八，史稿既佚，遺著無多，因略述梗概，附於卷尾。其《國史考異》余亦訪得原本，當合裝並儲，以期永保。别有《觀物草廬焚餘稿》則先生詩稿，恐出於後人搜采而成，非其全也。己卯十月，藏園老人識。

萬曆濮州志跋※

《濮州志》六卷，明萬曆刊本，九行二十字，題「賜進士尚寶司少卿郡人李先芳編次」。前有嘉靖丁亥郡人李廷相舊序，次萬曆壬午順陽李蓘序，次凡例十二則。卷一爲疆域、圖表、星野、古蹟、河渠諸考，帝系表、帝紀、世家、年紀諸篇。卷二爲賦役、學校、兵防各志，職官、貢舉、科第各考及表。卷三爲名宦鄉賢記。卷四爲孝友、明經及貨殖、仙釋各傳。卷五爲藝文，首以王言，次詩。卷六文。附北山野史傳，則先芳自傳，仿《史記·自叙》例也。

按此帙余得殘本三册於臨清徐氏，爲卷三、卷五、卷六，嗣於文友堂架底搜得二册，爲卷一、卷四，審其册式簽題，正一書而分析者，惜卷二一册無從尋訪矣。余略事瀏覽，私意以爲未安者有二焉：卷一帝系表一門，列顓頊、帝嚳、堯、舜帝相，而附以漢文帝之竇后、唐肅宗之吴后，實爲非體。蓋都邑、陵墓宜列之地理古蹟中，不得以一代帝后與地方人物相提並論，繩以史例，頗嫌於褻尊，核之事實，亦鄰於夸飾也。又，藝文之首，冠以王言，其中皆官吏勑書及誥命之文。此類文字千篇一律，陳陳相因，且無關典故，何取乎濫收以充卷帙。設各名都劇邑，其豪家世族簪紱相承不絕，若援此爲例，則累牘不能盡矣。愚謂王言一門，要當取有係於地方興革，如水利、兵防、倉儲之詔旨及名公鉅儒褒諭祭葬之碑，且爲兹地所專有者而後爲宜。昔章實齋《永清縣志》最爲有名，然余嘗取而觀之，其宸翰一門亦取紳宦誥勑以充之，心竊以爲非，蓋自明以來相承而莫知其失也久矣。自餘列傳諸篇文字頗爲簡净，要不失爲佳構。州邑古志傳世本稀，况萬曆初元距今已四百餘年，故詳述其大概於此。倘就海内外官私藏書之府訪得此志，以補其缺卷，俾北山野史之著垂絶而復續，俾得與《武功》、《朝邑》並傳，庶或不負區區網羅放失之意乎！

又按，此志各家書目不載，惟《千頃堂書目》有之。前此有侯文度所修，後此有鄧鼎所修，皆十卷，然咸不見有傳本，則此帙雖殘缺，要爲僅存，彌足珍矣。

宋刊咸淳臨安志殘本跋※

庚午之秋，大盜俶擾青齊，竄入聊城縣，盡劫海源閣楊氏藏書以去。於是宋元槧刻、舊鈔名校之本，錦衺縹函風飛雨散，流落於歷下、膠澳、津沽、燕市之間。兼以其時倉皇俵分，摧燒攘奪，往往一書而分割於數人，一函而散裂於各地。或甲擁其上而乙私其下，或首帙尚存而卷尾已燬，零亂錯雜，至於不可究詰。余聞其事，私心摧喪，爲之不怡者累日，以謂文籍被禍之酷，未有如斯之甚者也。歲月既久，廠肆估人或展轉捆載而至，余感歎未終，雅不欲觀，蓋亦怵心世變，無意於儲藏矣。至臘月將盡，董估廉之携《咸淳臨安志》五册見示，閲之頗爲心動，緣雙鑑樓中地志一門，尚未有宋刊爲之領袖，因以重價收之。今歲王君獻唐自歷下來，言彼中尚有數册求沽，遂挽以代爲諧價。旋斥去它書，勉籌四百金寄之，又二月而書篋郵至。通計前後所收，凡十有一册，存卷二十、二十一、二十四、二十五、三十三至四十五、七十五至七十九，通得二十二卷，内刻本十一卷，二十、二十一、二十四、二十五、三十五至三十九、七十五、七十八。餘十一卷咸以鈔寫補入。刊本半葉十行，每行二十字，注雙行同。版式闊大，高八寸二分，闊六寸。版心上方記字數，下記刊工姓名。收藏有「珊瑚閣珍藏印」、「季滄葦圖書記」，又「寶」字白文圓印，別有「高平家藏」、「朝列大夫之章」朱文二印，最爲古舊。考「高平家藏」、「朝列大夫」二印，皕宋藏本亦有之，知此本爲竹垞襞緝所餘，復配合以成全帙者也。以汪刻本略校數卷，文字初無大異，每卷改訂不過三數事，惟遇玄、匡、貞、署、桓、構、啓、璇諸字，宋本作「廟諱」、「舊諱」或「今上御名」，而汪刻則直書本字而已。其它若「湧」之作

「涌」，「鍊」之作「煉」，「汎」之作「泛」，「煙」之作「烟」，「筍」之作「笋」，「茅」之作「茆」，「棲」之作「栖」，「卻」之作「却」，「回」之作「迴」，「浙」之作「淛」，乃結體之異，初無關於閎旨。以是推之，當日振綺堂據宋槧覆刊，其校讐之精審蓋可知矣。

考此書宋刊本見於著録者共有三部：其一爲皕宋樓藏本，即黄蕘圃《百宋廛物賦》中所稱「臨安百卷，分豆剖瓜，海鹽常熟，會蕞竹垞」者也，凡鈔補十二卷。其二爲錢唐丁氏善本書室藏本，爲吴氏拜經樓故物，凡鈔補七十五卷，今存江南盋山圖書館。其三即海源閣此帙，爲季氏延令書室故物，宋刊存者六十八卷，鈔配者二十七卷。煌煌鉅帙，海内鼎峙而三，其成之可謂艱矣。顧昔人所爲腐心焠掌、苦索冥搜、勤勤補綴、廑而得完者，楊氏保藏三世，歷五六十年，今一旦忽摧毁於凶暴之手，使瓻離斷析，終古無合并之望，斯亦深可悼歎也。

是書據余所知，其尚可蹤跡者，自余得十一册外，江君漢珊得九册，劉君惠之得一册，文求堂書肆得一册，廠市尚流傳一册，視原書十分有五而猶不足焉。嗚呼！陽九百六，厄運所遭，商於詎楚，鶉首賜秦，河山破碎且不足論，吾輩獨抱此斷爛簡編，而爲之深致惋惜，毋亦顧眉睫而失岱華，徒貽朝菌蟪蛄之誚而已！癸酉嘉平月十七日，大雪滿園，坐琪花玉樹中，展玩異書，真所謂清極不知寒矣！藏園老人書。

大典本瀘州志跋※

此志撰人不詳，光緒間繆氏荃孫自《永樂大典》第二千二百十七、十八兩卷鈔出，審其門類尚未完具，原書分卷若何，莫由悉也。所引諸書有《九域志》、《寰宇記》、《輿地廣記》、《輿地紀勝》、《江陽譜》、《江陽續譜》、《元一統志》、《郡縣志》、《圖經志》等書，最後者爲《大明清類天文分野之書》。檢《天文分野之書》爲洪武間欽天監編成經進，是此志當爲洪武以後人所撰矣。考明代瀘州志向無傳本，其名可考者有隆慶間章懋撰《瀘郡志》，見於黄氏《千頃堂書目》，又有明李璿、全天德二家撰志，見於周其祚《瀘志序》，其人皆在永樂以後，則此志非三家所撰明矣。

此本前列圖五，一瀘全境、二本州、三江安、四納溪、五合江。上卷首建置沿革，次郡名、分野、至到、城池、坊巷、街道、鄉都、橋渡、園、風俗、形勝、户口。下卷爲錢糧、土産、土貢、山川、宫室。全書分類賅簡，叙述詳明，輯取諸書咸標舉其名，可謂深知體要矣。卷中文字蒐采尤博，如鄧綰《瀘南譙門記》，鄧選揚《江安南門記》、瀘州《東園》、《西園》、《北園記》，李燾、朱孝友《南定樓賦》，李寅仲《鎮遠樓記》，梁介《瀘江亭記》，皆世所未見，關於掌故要端。巽巖一賦，論孔明冒暑遠涉，用兵南荒，虚耗國力，坐失事機，卒使岐山之功不成，其言似有爲而發，文尤雄奇可喜。諸文《成都文類》既失載，明楊慎纂《全蜀藝文志》，綜覽古今，收羅閎富，自詡一代雄編，今以志中所載檢之，則咸在遺珠之列，知慎於此志固未寓目也。慎在當時號爲博極羣書，瀘南又爲鄉邦舊游之地，而國初圖志已艱於訪尋，則此書之罕可知矣。據志中小注，知尚有《文類》一門，惜已久佚。然僅此寥寥殘帙，其中遺文賸簡固已貴若璆琳，其裨於蜀乘豈淺鮮哉！丁丑九月二十一日藏園老人識於石齋。

明嘉靖本廣東通志跋※

《廣東通志》七十卷，明嘉靖刊本，不著撰人姓名。前有凡例十條，卷一至二《圖經》，卷三至七《事紀》自周至明。卷八至十《職官表》，卷十一至十二《選舉表》，卷十三至十九《輿地志》，山川、城池、坊市、宮室、臺榭、關梁、津渡、陵墓、古跡。卷二十至二十七《民物志》風俗、姓氏、户口、田賦、糧餉、徭役、土産、虚市、珠池、礦冶、水利、屯田、鹽法、預備、郵典。卷二十八至三十五《政事志》公署、壇廟、兵防、倉廒、驛傳、舖舍卷三十六至四十三《禮樂志》學校、社學、書院、國禮、鄉禮、絃歌、經目、史目、子目、集目、碑刻。卷四十四至六十三《列傳》名宦、流寓、人物、列女。卷六十四至七十《外志》。仙釋、寺觀、夷情、雜事。鈐有「授經樓珍藏祕笈之印」、「沈德壽印」兩印。

是書余得之四明千頃堂書坊，缺卷五十四至五十六列傳三卷。考各家藏書目録及近代公私館庫皆無之，前後失序跋，未知何人所撰。然余閲第十二卷《選舉表·後序》注中言於癸未冬會陽明於紹興，出古本《大學》相示云云。考《明史·黄佐傳》，嘉靖初授編修，尋省親歸，便道謁王守仁，與論知行合一之旨。按癸未爲嘉靖二年，與史正合。其每門前有序，後有論、有贊。《選舉志·論》暢論學行之本，義利之辨，人心道心之異，而采李价《辨學論》，以爲善學聖人之道，會朱陸之異同而得其要者惟陽明，與佐平日學旨亦相合；又，其古跡門所采詩文往往以黄佐殿。據此則志爲佐撰殆無疑矣。

全書賅核而有體要，友人吴君向之曾假閲《職官表》、《人物志》兩類，謂引據翔博，可補史志之缺者甚多。〔雍正〕《廣東通志》於此書絶未引及，蓋流傳絶少，清初已爲罕覯矣。煌煌鉅製，殘本僅存，後之言粤事者或有取於此乎！乙丑十二月立春，藏園主人志。

燕史跋※

《燕史》存三十四卷，明郭造卿建初撰，分爲十紀：曰《政紀》、曰《統紀》、曰《雄紀》、曰《鎮紀》、曰《敵紀》、曰《督紀》、曰《道紀》、曰《繫紀》、曰《裔紀》、曰《朔紀》。以諸卷文字考之，尚有《變紀》、《追紀》、《牧紀》、《貊紀》、《胡紀》、《蕃紀》、《寇紀》，是十紀之外别撰正多，此鈔本恐未得其全也。書中叙述史事自漢訖唐而止，宋、遼、金、元四朝事皆不著，或此亦未完之稿乎？此書爲劉燕庭任興泉道時得於厦門舊家，即録存副本，命烏程高錫蕃校正之。錫蕃有跋以述其原委，後又有嘉定周其□跋，其時皆在道光戊申。頃王世兄思籛以家藏本見示，因記其大略，並録兩跋於左方：

右《燕史》鈔本三十四卷，爲目凡十：曰政、曰統、曰雄、曰鎮、曰敵、曰督、曰道、曰繫、曰裔、曰朔，而皆系之曰紀，明郭建初造卿撰。燕庭方伯權興泉永道篆時，於厦門舊紳家見此書，以語孫儀國總戎曰：「昔朱竹垞作《日下舊聞》，檢書隸事一千五六百種之多，猶以未得見此書爲憾。《四庫全書》亦未著録。蓋建初籍隸福清，徧游九邊，有所作，藏之篋衍而歸，今稿本猶在閩，可寶也。」總戎即借鈔成册。方伯旋去閩而陝右，而甘涼，而西蜀，道里遠，未郵致也，以寄貯於吳閶，將以遺之。適方伯開藩兩浙，携之來，簡帙散亂，爲釐訂爲八册，命錫蕃校正其文。鈔胥庸劣，譌舛夥頤，且有闕文脱簡，無元書可以校補，僅就所確知爲錯誤者而乙之、添之，其疑者仍闕之。竊以爲此非全本也。《鎮紀》第九叙劉仁恭爲子俘囚於晉事云「語在《變紀》」，是十紀之外又有《變紀》也；《敵紀》第一叙漢初以公主妻冒頓事云「語在《追紀》」，是又有《追紀》也；《督紀》第一叙劉清爲鎮北將軍事云「語在《牧紀》」，是又有《牧紀》也；《督紀》第一叙肅慎來獻楛矢石砮事，第四叙王白駒等迎燕王事，《道紀》第一叙高句麗、新羅、百濟入貢事，《繫紀》第二叙高句麗王璉入貢事，《裔紀》第一叙陳饒椎破故印事，又叙討濊出漁陽事，皆云「語在《貊紀》」，凡六見，則又有《貊紀》矣。此本前無總序，疑尚不止十紀，殆皆失鈔。且建初從事幕府，與定襄侯郭登善，最留心邊防扼塞，故書中於華夏争戰置州略地極詳，而自漢訖唐而止，至宋、元、遼、金時燕雲割據及明萬曆以前邊事無一語及之，何也？意尚有别紀歟？抑鈔胥急於蕆事，大半脱寫歟？或原稿久經散佚歟？安得於閩取其書而核之！倘獲全書，梓以行世，庶考證古今，不致如竹垞遺珠之歎乎！時道光戊申三月，烏程高錫蕃讀一過并跋於浙藩官廨。

此書十紀之外有《變紀》、《追紀》、《牧紀》、《貊紀》，高已生學博校之詳矣，而猶未也。如《政紀》前取叙遷郡之著者在《胡紀》；《政紀》後取臧旻除盧奴令，冀州舉尤異，由刺史太守遷中郎將，語在《胡紀》；《鎮紀》取叙開元五年營州置平盧軍節度使，語在《蕃紀》；又叙安、史父子更屠夷，語在《寇紀》；則是又有《胡紀》、《蕃紀》、《寇紀》也。劉燕庭先生命重加校讐，闕文脱簡有見於正史者，即爲訂正而塗改之，添注之，未見者仍其舊。是書自漢訖唐，而不及宋、元、遼、金，豈以邊釁首開於漢唐耶？抑著録未竟耶？十紀外未見者已有七紀，竊疑尚不止此七紀也。書爲明福清人郭造卿撰。造卿從事幕府，留心邊塞，其於宋、元、遼、金似不應無紀録。昔竹垞太史以不得見此書爲憾，《四庫全書》亦未采入，他日得全書而校刊之，可補正史之闕，嘉惠藝林，功豈淺鮮哉！道光戊申春，嘉定周其□識於兩浙藩署。

按：郭造卿字建初，福清諸生，爲少保戚繼光幕客，著有《海嶽山房存稿》十五卷。葉進卿稱其諸體無不工；陳元凱言建初詩曠遠閒逸，歸於麗則；陳松山給諫謂建初游戚元敬幕府，《燕史》百卷，客戚幕時作也。五七言近體句鍊調穩，猶是閩人成派云云。皆交贊其詩，而於其他著述不能詳也。此書《四庫》不見收，明人書目亦未之録，惟黄氏《千頃堂書目》卷六地理類載造卿《燕史》一百二十卷，又《碣石叢談》八卷，於是其書名及卷數乃確有可稽矣。

今此書乃王氏假黄子壽先生家藏本録副，計存《政紀》二卷、《統紀》三卷、《雄紀》二卷、《鎮紀》十卷、《督紀》六卷、《道紀》三卷、《繫紀》三卷、《裔紀》二卷、《朔紀》二卷，通得三十三卷，視原書祇得四分有一。據高、周二氏考各卷所述，尚有《變紀》、《追紀》、《貊紀》、《牧紀》、《胡紀》、《寇紀》、《蕃紀》七類。然以全書卷帙論之，就令十七類猶存，恐亦祇能得半耳。此書大旨就古燕國地域，取歷代史蹟，起自周初，訖於五代，分類采輯。每類之中又分年隸事，自成爲燕地之通史。其取材多資於正史，每紀之前有叙述一篇，後有總論數行，惟所纂事實不注出處，猶沿明人舊習也。

又觀高、周二跋，均以史事不及宋、遼、金、元，深用爲疑。余謂此書既多至百有餘卷，必有自序以討其源流，或撰凡例以申其旨趣。今僅此十紀，闕殘已多，且所存《政紀》，亦斷非首帙，其編次前後、分析義類已渺無可考，安知宋元以下之事不有後編別録在此亡佚之七十餘卷中耶！異日當窮搜博訪，或檢取南閩之志乘，或參考同時之藝文，更旁稽乎藏家目録，明代遺聞，庶幾探索原委，盡發此疑滯也。

嗟夫！建初一閩海書生耳，幸得置身戎幕，久歷窮邊，成此鉅製，其志業之恢閎，才氣之豐偉，視當時吳下山人、朱門食客，度量相越，豈不遠哉！乃遺稿飄零，百年以來姓氏幾不掛於人口，而彼淫詞膚説，乃騰播世間，爲流俗稱誦，至今未已，寧不重可嘆哉！

戚武毅《横槊稿》中送建初歸閩詩有：「醉揮綵筆時側目，况復過從鞬與櫜。幕中校藝萬夫敵，銜杯出塞誰稱豪！」是其才筆縱横，久爲武毅所稱賞矣。

補題校本中吳紀聞後

此帙爲昔年所傳録，原本乃假之廠市，校畢匆匆付還，而於其原委未遑記也。頃邃雅齋自鄂中劉氏捆載羣籍而來，檢視此書原本適在其中，因重尋一遍，補誌如左。

按：原本爲汲古閣本，而毛斧季取葉文莊家鈔本手自校正者。斧季勘訂最爲詳審，校筆用雌黄，凡字體之不同者，悉爲照改，手書二跋於卷首。前跋言是正者三百餘處，補録一則。後跋述黄俞邰誤改本書「文人行」爲「丈人行」句，馮靈伯誤改李燾《長編》詔誥出一事，均足爲校勘家之逸聞。卷中朱筆爲陸勑先重校，凡紀元年號皆考其朝代、甲子，注於行間，余當時未暇傳録也。此外更有乾隆己酉十二月知不足齋朱筆記一行，道光戊申五月劉燕庭藍筆記二則。鈐有鮑氏藏印四方，劉氏藏印二方。此書三百年來，既經毛、陸二公之精勘，俾得留此善本，又爲鮑、劉二氏所珍儲，流傳有緒，咸屬名人，益足增重。但市賈居奇，此二册乃懸高價至二百金，恐王城如海，無此大力者負之以趨耳。

又斧季言世傳嘉靖以前刻本，式雖大雅，而字句紕繆甚多。余曾藏有小字本，號稱元至正刊者，同年董大理遂取以覆諸木。兹以覆本對勘既訖，字句紕繆，果如其言，不特汲古本訛奪弘多，即小字本亦榛蕪滿紙。乃知斧季謂嘉靖以前所刻，即此本也。嗚呼！鑑別版本，非多聞博見，寧可輕肆評斷哉！乙亥三月晦，沅叔記。

都城紀勝跋

《永樂大典》卷七千六百三、四合爲一帙，子目爲「十八陽，杭州府五十二、三，錢唐」，所載爲《西湖老人繁勝録》一卷，《耐得翁都城紀勝》一卷，昔年余得之廠肆，旋歸入涵芬樓。當時曾託董綬金同年録一副本，今偶檢篋笥得之，取校曹刻，則寥寥短帙中改正至八十餘字。考此書自元明以來未見傳本，凡世間鈔刻，殆皆從《大典》録者，余目見原本，幸得正其舛繆。循是以論，則古來鴻篇鉅製，其沿訛踵繆而莫從糾勘者，可勝道哉！丁卯十二月十二日，沅叔氏記於藏園之長春室。

戊辰二月三日，以明鈔《説集》校閲，又得異字二十餘。其標名爲《古杭夢游録》，卷中缺文甚多，不得遍勘，爲之悵然！

明刊本北虜風俗書後※

是書爲萬曆時蕭大亨撰，書凡二帙，不分卷第，首題《北虜風俗》，分匹配、生育、分家、治姦、治盜、聽訟、葬埋、崇佛、待賓、尊師、耕獵、食用、帽衣、敬上、禁忌、牧養、習尚、教戰、戰陣、貢市，凡二十門。後附《北虜世系》，自歹顔哈起，一世以至七世，列爲表格以明之。前有萬曆甲午大亨自序，署銜爲「奉勅總督宣大、山西軍務，兼理糧餉，太子太保，兵部尚書，兼都察院左副都御史」，蓋即其督宣大時所記也。按明自成、弘以後，韃靼擾邊，寇掠無寧歲，由是九邊、三關、四鎮連兵戍守，傾國力以嚴警備，而宣大、延綏尤爲衝要。一時論備兵籌防，考邊關扼塞，著爲圖志，見於著録者，無慮七八十家，然流傳至今乃寥落可數。余前歲偶獲此書於廠肆冷攤，徧檢諸家簿籍，均不著其名，惟黄虞稷《千頃堂書目》有蕭大亨《夷俗記》一卷，《北虜重譯》一卷，《北虜系俗》一卷，標名略異，而撰人則同，當即此書，而佚去《北虜重譯》一卷，其所云《系俗》者，疑即卷後之《世系表》也。卷中所紀風俗之外，亦兼及政教，雖文詞繁碎，采録未爲賅備，然自俺答哈受封後，互市已二十餘年，胡、漢往還漸稔，鎮邊官吏，就其身歷目覩者，而筆之於册，視文士徒鑽故紙者，要爲翔實而可徵矣。余獨喜其附載之《世系表》，叙次井然，尤足資考證。案《表》載歹顔哈有十一子，除次子五路士台吉、九子克列兔台吉不嗣外，與明代互市者惟賽那剌、我折黄台吉、那力不剌台吉三子耳。三子之中，以賽那剌之部落最爲豪雄，有子七人，俺答其次子也。在大同邊外豐州灘住牧，西至河套，東至宣府洗馬林，皆其境地。自隆慶六年受封順義王，後傳至卜石兔黄台吉已歷五世，而主持内向、傾心納款者，俺答之妻忠順夫人三娘子也。三娘子生子三人，其長者名不他失禮黄台吉，亦封龍虎將軍、都督僉事，終其身咸效貢職。《明史》稱自夫人受封後，自宣大至甘肅，不用兵者數十年。其安邊之功亦偉矣哉！

余月前以修志事赴綏遠，小住浹旬。距歸化城一百四十八里，有麥達召，爲夫人駐節之所。暇時馳車訪之，寺倚陰山之麓，峻堞崇門，榜題曰「壽靈寺」，寺左一塔，覆以方亭，土人傳爲遼時蕭太后塚墓，余舊聞之榮君耀宸，謂塔中所藏，實夫人遺蜕。寺中舊藏畫六幀，繪諸部落朝覲慶賀之圖。蓋自俺答歿後，夫人主藩政者三世，凡令節生辰，環邊四十八旗咸來慶祝，崇麗恢奇，擬於王會，則當時之聲威遠播，震讋豪酋，從可知矣。耀宸家居寺側，童時猶見六圖張於塔壁，其言宜可徵信。惜此圖近年爲俄人游歷者設計篡取以去。余徘徊亭下，緬想遺風，令兒子忠謨攝塔影存之。篋中舊藏有夫人遺像，異時當博采遺聞，形諸歌詠，寫入圖中，俾一代芳徽，不致隨白草黄沙同歸湮滅也。偶閲《世系表》中紀及三娘子事，因附著於後，庶讀史者知邊塞安危，其機括所係乃在此嬋娟之手，寧不足異耶！丙子端午日，藏園老人識。時歸自塞垣甫三日也。

余自獲此書後，同時友好有研求邊事者，驚其罕異，時來假閲。余雅不欲深自祕惜，然一瓻還往，卷帙紛糅，重煩裝褙。適姬人渠妍好弄筆硯，妝閣餘閒，輒手摹一本，置之副車。由是及門學子，廠肆估人，遂争相傳寫。今肆間往往有流傳鈔帙者，皆自渠姬録副而來也。第烏焉豕亥，三寫不免差違。倘後有好事者取而版行，當檢取原書，詳加校訂，庶不致沿訛踵謬，貽譏方雅耳。藏園又記。

蜀中廣記跋※

此戊寅殘臘董授經同年爲余得之邃雅齋書肆者，頃付文友裝成，爰識其大概於編首。

全書凡一百八卷，據《四庫》著録本，一曰《蜀中名勝記》三十卷，二曰《蜀中邊防記》十卷，三曰《蜀中人物記》六卷，四曰《蜀中宦游記》四卷，五曰《蜀郡縣古今通釋》四卷，六曰《蜀中風俗記》四卷，七曰《蜀中方物記》十二卷，八曰《蜀中神仙記》十卷，九曰《蜀中高僧記》十卷，十曰《蜀中著作記》十卷，十一曰《蜀中詩話》四卷，十二曰《蜀中畫苑》四卷。今檢此本，《邊防記》存鈔本前四卷，《方物記》缺末卷，《神仙記》全缺，《畫苑》缺末卷，共缺十八卷，異時當鈔補以足之。

余近十年來以纂輯《宋代蜀文輯存》，因旁及鄉邦故實，訪求此書甚爲切摯。然歷觀内府藏書及南北藏家，皆渺不可得，惟《名勝記》於宣統初元四川書局曾有翻刻，此外别種偶見者，如故宫圖書館有《著作記》一種，李椒微師家有《郡縣通釋》、《宦游記》、《高僧記》三種，而余自頻年以來南北搜求，亦得《方物記》、《畫苑》二種及《名勝記》殘本十餘卷，欲求全書完整，俾得以恣意披尋者，葢曠世而未嘗一遇也。余以待用孔亟，因就北平館藏之文津《四庫》書屬寫官繕録全帙，閲時經歲，耗資百金，始得如願以償。嗣以教部有選印《四庫》未刻本之議，推余主持其事，余以此書雖有刻本，而世不經見，實與斷種無殊，因破例以是書列入，於是海内人士乃得見此書於《四庫珍本》之中。余竊歎前人焠厲辛勤，以成一書，方其傳播也，如升天入海之難，及一旦散亡，乃如飛雨飄風之易。如石倉此編，煌煌百卷，窮蒐廣采，鴻博淵深，實爲西川古今文獻之淵海，而三百年來，吾蜀人士多有不能舉其名者。今事會相乘，藉余手而復彰於世，此非獨石倉之幸，亦吾蜀之幸也。然則著述之傳否，與時代之顯晦，殆亦有數存其間者乎！且余既刻意經營，緜歷數載，卒傳其書，洎影本既行，無意而忽獲此真本，以慰余平生之願，十年結想，一朝乃得於望外，爰喜而誌其顛末，俾後來者知其艱勤，而相與護持於勿敝也。

昔人論明代以撰述稱雄者，皆以楊升菴、王弇州爲最，余謂後來居上，實推曹能始，且所著、刻皆爲有用之書，而卷帙繁富，尤爲一代所無。就余所藏者言之，如《石倉十二代詩選》明代多至八九集，每集又分省選録，總計乃至八百餘卷，原本爲禮邸所藏，視《四庫》所録溢二百餘卷；《大明一統名勝志》二百七卷，其翔實殆過於王象之、祝穆二家；此書百許卷，乃任四川右參政時所輯，考其時當在萬曆之季。《池北偶談》載能始官四川時，與監司謁撫按，於館中別設一几，隸人置書几上，對衆一揖，即就几披閲，不交一言，時人議其孤抗。余意其時必正撰此書，徵材隸事，萬卷紛羅，宜其耑意篤志，冥心孤往，在簿書叢脞之際，而能成此鉅編也。公生平嗜學，振越閩風，晚歲家居廿載，以著書爲事，使閩海無波，石倉安隱，則儒藏之成，庶幾可冀。乃明社既屋，卒殉國難，臨難題壁句云：「生前一管筆，死後一條繩。」嗚呼！此二語可概公之生平矣。清師入福州，奔鼓山，佛前問休咎，甫下拜，見繩一

縷，携之歸，題壁上云云。事見《小腆紀年》

通觀十二記，其中義例不一，字體各殊，疑其撰成非一時，授梓非一地也。全書皆半葉十行，行二十字，然《名勝》、《人物》、《游宦》、《邊防》皆方體字，餘八記則以楷書上板。其纂輯之例，多分道叙述，如《名勝記》首川西，次上、下川南，次上、下川東，而終以川北，各志大率如此。惟《著作》以四部爲次，《詩話》、《畫苑》以年代爲次，而《方物》一記分紀草木、鳥獸、服用、食饌諸類，其茶、鹽、酒、錦、紙等又皆别著爲譜，以其爲蜀産之殊美者也。

能始家富藏書，徐興公稱其丹鉛滿卷，枕藉沈酣。又宦轍所至，多收羅志乘，所搜采諸書，或爲後來所亡佚，故其宏贍博洽，包羅萬象，實爲考蜀事者必備之書。然余觀嘉慶重修通志時，絶未述及此書，知吾蜀中久無傳本矣。余所以汲汲表彰，不遺餘力者，蓋以此也。各記有如臯李氏藏印，文曰「如臯李猶龍元德氏」、曰「如臯李猶龍元德甫海岳山莊藏書記」、曰「海岳道人」、曰「畏天畏人心法積書積德人家」。考《通州志》，猶龍字海嶽，萬曆二十四年舉人，搆層樓十數楹，儲書其上，自中祕迄山野遺書墨蹟，靡不畢致，叠案盈床，晨夕披閲，旁列姝麗，時聞絲竹聲，亦明季淮海間一畸人也。附誌於此，俾言藏書者有所考焉。辛巳五月二十七日，藏園老人識於企驎軒。

蜀中名勝記跋※

曹氏石倉於萬曆時官四川右參政，遷按察使。在官數年，撰成《蜀中廣記》十二種，都一百八卷，此《名勝記》其首帙也。考鍾伯敬序，言「諸種中予獨愛其《名勝記》體例之奇，借郡邑爲規，而内山水其中，借山水爲規，而内事與詩文其中，擇其柔嘉，擷其深秀，成一家言。林茂之，貧士也，好其書，刻之白門」云。是此記非石倉所自刊，故其字體與他記以軟體字上版者不同。按茂之即閩中林古度，晚年僑居金陵，窘困至不能舉火，漁洋筆記中曾述及之。以達官貴人之撰述，乃藉寒士之手以傳，斯亦世所稀聞。然則其書之閎深博雅，度越前賢，傳誦當代蓋可知矣。

余以是書網羅鴻富，爲鄉邦文獻之淵，與茂之殆有同嗜。始得成都志局刻本讀之，頗慮其傳播未廣，且全帙亦復稀見，故據文津閣《四庫》本傳鈔一部。嗣以政府有選印《四庫珍本》之議，委余選定書目，因舉此書加入其中，《廣記》十二帙遂緣此流傳於世焉。己卯殘臘，廠估自中州收得原刊全帙，同年董授經爲之作緣，其書既歸於我。顧以古刻鉅編，卷帙繁重，深加護惜，未便取携。今春文友書坊以殘本送閲，適篋中有舊藏零卷可補其闕，遂合而裝之，居然完好可觀矣。余生平雅嗜典籍，雖複本亦不惜兼收。况此書成都新刻不免差訛，今有此舊刊單行之本，瀏覽之餘，得以隨時取勘，亦暮年之一樂也。裝成爰喜而誌之。辛巳五月二十五日藏園雨窗記。

邊州聞見録跋※

此書舊鈔本，凡十有一卷，武進陳聶恒著，鈐有滿漢篆文「翰林院印」大官印，是曾進入四庫館者。然檢《四庫總目》及《江浙進呈書目》皆無之，或館臣失于著録耶？抑擯而不得與也！卷前有康熙五十七年戊戌自序，又五十九年庚子再序，略言自攝四川珙縣事，愛其鄉觀音洞三見水之奇，因避暑僧寺，成書八卷，越二年，復廣所聞，續有所記若干則，合爲十一卷云。

考武進《陽湖縣志》，載陳聶恒康熙二十九年舉人，三十九年進士，而題名碑乃作聶恒，注云：「後始復姓陳也。」授廣西荔浦縣知縣，調四川長寧縣，又歷署珙縣、興文等縣，後以行取，授刑部主事，改翰林院檢討以終。邑志藝文類載所著有《嶺海歸程記》十卷及此書十四卷。今鈔本衹十一卷而目録皆完具，不類殘缺，或邑志所記有誤也。聶恒字曾起，號秋田主人。自序言，方今目爲邊徼者四，滇、黔、蜀、粤也。聶恒初官荔浦，繼宰蜀南，其地域皆與滇、黔錯接，故其所記皆不越此四邊之事。然觀其宦歷所經，在粤西爲時甚淺，滇、黔涉歷，祇及蜀邊，所記咸寥寥無幾，惟蜀中宦游最久，紀述獨詳，且蜀事之中，於叙南六縣及江安、南溪、永寧諸地，所有山川勝異、物産民風，稱舉特爲賅備。蓋蜀南諸邑半屬僰人故地，狉榛草昧，林箐幽深，風習奇僻，加以明末清初之戰亂，地方凋敝已甚，雖歸版籍，不異蠻荒。聶恒以江南文士遠謫邊區，川南諸邑莅事最久，殊風異俗，多駭聽聞，洞僚溪民，侈談荒幻，故凡耳目所寓，瑣聞纖物，悉著于編。雖其中鬼神荒昧，不免等《齊諧》志怪之譚，然其遺文舊事，多足甄采。如述獻忠在蜀之事，爲《蜀碧》所未詳；述馬湖、屏山、烏蒙、鎮雄土司之沿革及豪奢横暴之政，爲邊備所宜知；紀金廠銅廠礦盗驛騷之害，爲地方人民利弊所攸關。至於表章明季守土諸人，如總督樊一蘅、布政尹伸、總兵曹武、副將楊展、中軍秦啓行、崇慶知州王勵精、興文知縣張振德，下及苗酋黄啓才、義僕羅長華等，咸能奮其才武，支拄崎嶇，義概英風，凛然可敬。是多他書所未詳，實爲吾蜀文獻之遺，異時談蜀故者允宜發微闡幽，藉補益州耆舊之編，俾附桑海遺民之録也。其他百産之瓌奇，景物之幽異，往往近在吾家百里之内，而爲鄉人所未及知者，尚不可以僂指計。若就此編刪其繁累，掇其菁英，勒成一書，傳之桑梓，雖未能追范至能《驂鸞》、《攬轡》之奇，然附曹能始《蜀中廣記》之後，固足爲博聞之一助云爾。癸未五月既望，藏園識於昆明湖畔之貝闕。

百粤風土記跋※

此書鈔本一册，不分卷，明晉安謝在杭肇淛所著，鈔存者侯官鄭氏注韓居也。在杭博聞嗜學，藏書閎富，是書爲其提刑粤西時所輯，首述地理沿革，次山川勝概古蹟，次物産風俗，次傜僮種類及土司建置，末采元至元中陳剛中使安南時即事律一首以附於後，蓋詩中紀安南風土爲詳，而自注所載尤爲賅備，以國境與粤西毗連，類而及之耳。粤、桂炎方僻遠，地阻蠻荒，中原文士游跡罕經，故唐宋以來，紀述之書，惟莫氏之《桂林風土記》、范氏之《桂海虞衡志》，以文辭典雅見重於時。至於有明，則張鳳鳴之《桂勝》、《桂故》、魏濬之《西事珥》、閔叙之《粤述》、江德中之《西粤對問》，咸以歷官所至，就其聞見，採掇成編。今衡校諸書，惟《桂勝》、《桂故》以博贍有體，簡核不支，見收於祕閣，其他或侈采異聞，多沿襲之謬；或略稽風物，有掛漏之譏。在杭此編，以簿書之暇日，爲輶軒之采風，叙次有法，詳簡得中，文字亦復閑雅可誦，言粤事者，得此書觀之，庶足以知領要矣。

在杭撰述至富，當世多已刊行，惟此書不特未見雕鐫，即傳寫亦未聞著録。《千頃堂書目》既未之載，偏檢近世叢刻諸書咸不見采録，洵可謂罕祕矣。丁丑二月，余探梅南行，獲此於南中舊家。原本版心有「注韓居」三字，卷首鈐「侯官鄭人杰」、「林少穆珍藏」諸印，蓋二百年來名臣宿彦固已珍祕視之矣。前有自序一篇，兹録存於左，以俟方聞者得以考證焉。己卯八月，藏園識。

桂林象郡，秦漢始隸職方。其地多危巒怒江，虎蹲電激，其人多山傜水蠻，被卉食生，往往阻聲教而尋干戈，故雖列王會，而掌故闕焉。唐莫休符、宋范至能洎近代田叔禾、張羽王諸君子間有紀述，多飣餖而寡全鼎，無亦以彈丸荒服，非輶軒所恒經，文人墨士即欲探砂句漏，問石鬱林，而至者尠矣。余提刑粤西，受事之日淺，而師命十七，病十三，懼竊升斗而無述也，取風土之耳且目者，次第筆焉。視郡邑諸乘，繁簡逕庭矣，而間出乘之所未載。語有之：「胡人見麖，不知爲布。」是爲粤麖也。藏之宛委，以俟後之觀風或有采云。天啟壬戌九月下浣，晉安謝肇淛識。

鈔本西域遺聞跋※

此書二册，不分卷，題「歸安陳克繩衡北纂輯」。前有分巡松茂道張之浚序。首西藏事跡，次疆域，次佛氏，次政教，次風俗，次物産，次屬番，次與國，次鄰番，次巴、裏二塘，次建昌鎮道統轄官長。據張序言，衡北任蜀之保縣，旋擢茂州牧、打箭鑪廳同知。金川之役，身在兵間，任轉輸之事，故據其耳聞目見著爲此書，視他人專按圖籍者較爲詳核。

余獲此帙於武林坊肆，殆近二十載。故人吴松鄰曾假閱一過，縱臾授梓。旋以卷中訛文奪字校訂爲難，遂爾中輟。昨歲偶訪吴寄荃同年，語及研考藏衛邊事，已數十年，積稿盈尺，因取兹編屬爲校核。頃撰成提要，持以見過，並就行間改其譌謬，補其缺失，叢榛積莽，爲之一清。異時重爲繕録，據以入梓，使前人撰述辛勤之力，不致湮没於蟲蠹之中，則寄荃之惠我實多矣。兹取提要刊列左方，庶覽者得以通貫其原委焉。甲戌四月六日，時將南游衡岳，倚裝書此，藏園老人記。

吴君寄荃跋録左：

《西域遺聞》二册，歸安陳克繩衡北纂輯，舊寫本。前有分巡松茂道張之浚序。首西藏事跡，次疆域，次佛氏，次政教，次風俗，次物產，次屬番，次與國，次鄰番，次巴、裏二塘，次建昌道統轄土司，共十一門。其所載事迹，內如準酋納兵始末，大兵進藏等事，皆紀岳威信公語，殆當時身參戎幕，故特詳於他書。政教所釋衛藏之義，縱噶之義，均爲他書所未詳。亦有略而不詳者，如風俗物產內所載婦女見喇嘛及卦卜等，不及《西藏圖識》之明瞭，扎不扎雅、延壽果、蠻酒不及《竺國紀游》，山川源流亦不同《西藏圖考》。見聞異辭，固史家舊例也。屬番內所載桑駝駱海產白鹽，藏民資之以食。科爾喀兩次用師，實因鹽滲沙土之細故，釀成絶大風波，而《平定巴勒布紀略》、《平定廓爾喀方略》均未提及。是書獨載産鹽之區，尤見詳人所略。與國、鄰番大抵採自明史各書，而大宛與火州二則述紀中丞、王游戎語。紀名斌，爲四川巡撫及駐藏大臣。王游戎官階較小，未詳其名，無從考證，要一身仕邊陲者，其言信而可徵也。疆域内所載甯静山頂立界，爲《世宗實録》所删，僅記巴、裏二塘税入賞給達賴喇嘛一事。黄沛翹《西藏圖考》載劃界事，諒宗是書。近時英人干涉中國事務，强劃西藏境界，力持此議，昌都等處日尋干戈，未始不由此厲階。甚矣紀述之不可不慎也。又考《湖州府志》進士表，陳克繩字希范，己酉舉人，雍正十一年進士，今官保縣知縣。時保縣未歸併汶川。蓋《府志》採訪時其人尚爲大令，而張序則云由保縣擢茂州牧，題補打箭鑪同知，出守嘉定，分巡川東。溯其一生官迹，在川邊爲久。值金川蠢動，膺飛輓重任，而兩金川《方略》絶無其名。王昶、查禮同辦軍需事，而《春融堂隨筆》亦無往還，豈官卑職小與？迨後洊升府道，権税夔關，或出王師奏凱之剡章。是書爲権税時所手輯，晚年追述舊聞，皆所身歷之途，目擊之事，非向壁虚造東塗西抹者所能望其項背。亟宜付梓，以廣流傳。惜有亥豕魯魚脱落費解之語，自是傳鈔之訛。若按各書校正之，則不致以訛傳訛矣。

鈔本西藏見聞録跋※

《西藏見聞録》上下卷，峽江蕭騰麟十洲撰，男錫珀松浦編次，舊寫本，十行二十二字。前有同邑李天植序，乾隆庚寅岳夢淵序，又騰麟自序。次凡例七則。卷上事迹、疆域、山川、貢賦、時節、物産、居室、經營、兵戎、刑法，卷下服制、飲食、宴會、嫁娶、醫卜、喪葬、梵刹、喇嘛、方語、程途。有「頤志齋藏書記」、「武昌柯逢時收藏圖記」、「蕴生珍賞之章」，皆朱文印。此帙余得之文友書坊，嗣後得東方圖書館舊鈔本，補鈔卷首袁枚、蔣世銓、李其昌三序，卷下缺葉五葉，及錫珀後跋，盧文弨書後序。

騰麟生平所歷，已見於其子錫珀跋中。余別考同治《峽江志·武功編》有騰麟傳，略言騰麟字繡谷，長田人，移居鳳皇山麓。父朝俊，舉於鄉。騰麟其長子，少好學，工書，由弟子員中康熙甲午科武舉，戊戌舉會魁，選侍衛，晉鑾儀衛整儀尉，隨駕幸熱河。雍正間授河南開封都司，護懷慶參將，晉川北鎮保寧遊擊，歷任左右中營。乾隆丁巳，上以西藏重地，非會將不能綏服，僉推騰麟可，爰移藏三載，以諳悉蠻情，又留鎮二載。著有《西征録》，紀藏中風土習俗特詳。父喪，格於例不得終制，號泣請假，歸廬墓側。尋赴任，旋以母老請終養。比喪母後，廬墓，邑令周增瑞贈詩褒之。據邑志及序跋所述，騰麟雅好詩書，彊記博聞，入都後師事汪退谷、李穆堂諸公，故雖身列右職，遠戍邊荒，而殫見洽聞，勤於撰述。各卷敘列藏中政教、習俗、形勢、風土，視世傳《藏衛紀略》、《西藏誌》、《竺國紀聞》等較爲賅備，緣其先後留鎮五年，文韜武略，志量閎遠，就身所親歷者，舉而筆之於書，視彼文墨之儒，檢圖經，摹簡册，足不出户庭，而侈談籌邊之略，禦戎之機，其得失之數，寧假衡量而始定耶！丁丑七月初九日，藏園雨窗識。

鈔本藏徵録跋※

此《藏徵録》一帙，余昔年得之藝風老人殘書中，不著撰人姓名，首行題「藏徵録卷一」，則其下爲卷若干不可知矣。書凡十四葉，半葉十行，行二十四字，字體圓潤，似嘉慶間人書。都十有三則，敘述藏事至詳，有爲他書所不道者。余於藏中故實夙未究心，因持以示同門吴君寄荃，寄荃謂卷中於宗教源流特爲精確，因爲撮舉要端，誌諸卷尾。兹録之左方，以訊當世。方今藏事正亟，輶軒之使方在中途，必洞悉政教分合之原，方足規定撫綏之策，故揭示兹編，聊備研求藏情之助。倘並世名家藏有全帙，能舉以見告，俾得拾遺補闕，尤私衷所幸冀者也。甲戌七月十一夜，藏園雨窗書。

是録無編纂人姓名，共十有三則，殆嘉慶朝四川派往西藏糧務通判所作而散軼者與？三載駪徵，諮詢故事，故於宗教源流特詳。如濟嚨呼圖克圖、地穆官書作「第穆」。呼圖克圖。噶勒丹錫哷圖薩瑪第巴克什，皆京中八大禪師之翹楚，且爲藏中最有權勢之噶布倫。嘉慶九年，達賴喇嘛特旨，以濟嚨胡圖克圖掌辦一切事務，不啻君薨聽於冢宰也。至噶勒丹錫哷圖薩瑪第巴克什，於乾隆朝先已爲之。其轉世掌辦商上事務最久，適值達賴喇嘛未及坐床，相繼夭折，故政權久握，家貲鉅萬，爲耆善所參劾，致遭籍没發遣之禍。洎同、光朝，其徒衆猶申請准予轉世，朝廷不允。説者謂藏人不樂内附，此其嚆矢。是雖寥寥數頁，而於中藏存亡關係絶大。今雍和宫譜牒無一存者，初燬於庚子，再燬於近今。而此獨詳，殊堪寶貴。又所載薩迦胡圖克圖事尤稱翔實，若非目擊，安能如是源源本本乎？第八輩達賴喇嘛之涅盤，以久患咳嗽，手足浮腫，故爲當時章奏所未詳，足補史闕。獨怪達賴喇嘛以久病之軀，而紅教授以房中術，并昌言於駐藏大臣，謂不聽禳免之法，故不能免，可見迷信之深。而達賴喇嘛寧死不肯背教，較諸明季紅丸、清末哲布尊丹巴呼圖克圖黄教不得娶妻，而庫倫有女活佛。外蒙獨立，實與其謀。不已加人一等哉！惟所載乍雅即乍丫。源流，與《康輶紀行》不合，《康輶紀行》第一輩爲高舉札巴江錯，第二輩爲納瓦四朗隆珠，第三輩爲昂汪慈慎勒珠，第四輩爲羅藏朗結，第五輩爲羅藏丹必江策，居煙袋塘者爲桑金札喜，第六輩爲羅藏丹臻江錯，與此册絶不相同。惟大呼圖克圖之丹必江策譯音稍合耳。豈《紀行》

得諸傳聞，而此得諸原書與？使當時川省官吏早見是書，則乍雅十數年之獄不難片言而折，爾時乍雅大呼圖克圖暴戾，番人不服，羣推二呼圖克圖掌印，相持不下，日尋干戈。川藏明知大呼圖克圖啓釁，而以無例案不決。使責大呼圖克圖擅殺人罪，而以二呼圖克圖引此例代爲掌印，則烏拉供而番禍早決矣。故治邊事者須明習掌故也。惜是書不全，而吉光片羽亦足窺見全豹云。

宋刊殘本水經注書後※

此宋刊本《水經注》，余於丙辰春見數卷於袁抱存公子許，其後展轉竟以歸余。嗣又得數卷於淮南舊家，遂合而裝之，通存卷十有二。其卷次爲卷五至八，卷十六至十九，卷三十四至四十。惟卷五缺前二十六葉，卷十八祇前五葉耳。半葉十一行，每行二十字或二十一、二字，注低一格，中縫下記刊工姓名，可辨者有吳禮、陳忠、陳高、蔣暉、姚宏、胡端、洪新、朱諒、洪乘、洪茂、方擇、方成、洪先、尤先、流宏、李榮、施蘊、胡瑞諸人。宋諱殷、弘、玄、敬、匡、貞、恒均缺末筆，惟桓、構二字有避有不避，或爲南渡初梓耳。

考《水經注》一書舉世未聞以宋刻著録者，錢遵王言陸孟鳧有影鈔宋本，黃蕘圃言顧抱沖得影宋本，全謝山言柳大中有手鈔宋本，皆未嘗親見宋刻也。惟陸存齋藏馮已蒼校本，言先以柳大中影宋本校，復以謝耳伯所見宋本增改，然亦不詳宋刻之款式及爲何人所藏也。明代嘉靖之黃省曾刻本、萬曆之朱謀㙔刻本，其自序咸不言得見宋本，卷中所稱宋本云云者，大率皆摹影宋本耳。此本舊藏內閣大庫，故外間無由得見。然以叢積數百年無人釐整，蟲傷水浥，殘損已甚，所存各卷黴濕薰染，紙册膠凝，堅實如餠，曝之蒸之，差可觸手。爰募工揭開，裝背成册，聊便披覽，而文字斷爛，求一葉之完者已不可得，洵可謂碩果之僅存者矣。

明代刻《水經注》者有黃、朱二家及吴琯本。世以吴本爲最善，謂其所據爲宋本，余遂取以對勘。凡宋本有異字，吴本多有剜剔之迹，頗疑其同出一源。然亦有不盡然者，如卷十九灞水注滕公石槨銘「于嗟滕公居此室」句下，宋本脱二行三十七字，吴本固不脱。而卷十八末芒水注文自「芒水出南芒谷」以下四行八十四字，宋本注文宛然，吴本轉一字不存。差殊之鉅，至於如此，則決非同源可知矣。又朱箋本往往稱引宋刻，余更以此本核之，亦不盡符。如卷三十九匯水注「舩人上下以篙種者」，箋云：「當作以篙橦者。」今宋本正作「篙橦」也。來水注引庾仲初云「嶠水南入始與溱水注海」，箋云：「當作始興」，今宋本刻正作「始興」也。洣水注「下注水謂之歷口」，箋云：「脱一洣字。」今宋本正作「洣水」也。贛水注「山高瀨激，激著樹木，樹木霏散」，箋云：「宋本無下樹木二字。」今宋本固仍疊「樹木」二字也。盧江水注「水導雙石之中，懸流飛瀑」，箋云：「《御覽》引作懸流飛澍。」

今宋本正作「懸流飛澍」也。又「匡先生所游至江道」，「游」下箋云：「舊本作通」，今宋本亦作「通」也。其他注文，如「衝波水激」，宋本作「所激」；「南平縣都山北」，宋本作「部山」；「桂水南出縣東理」，宋本作「無出右」；「今其泉水」，宋本作「除泉水」；「縣平溪以即名」，宋本作「憑溪」；「同溱一瀆」，宋本作「同湊」；「水出山復」，宋本作「山腹」；此皆朱箋所引宋本與兹本相同者。而其餘單詞隻字，宋本多佳勝之處，朱箋轉不載，是又可知朱氏所見之影宋本與此斷非一刻矣。昔全謝山盛稱柳大中大有功於是書，如渭水篇中補得脱文四百餘字，不獨國初亭林諸老未之見，即謝耳伯亦拜下風，因所校之本固從宋槧手鈔也。余按：《渭水篇》在卷十八中，今宋刊殘本此卷適存，詳檢其文正在第二葉，自「所得白玉」起，至「即皇覽謬」止，適爲全葉，以行格計之，應得四百一十八字，因此以推知趙氏言孫潛夫用大中本校補四百二十字，或云四百二十二字，或云四百三十四字，皆未見宋刻，以意增省，而致此差舛也。今更以宋刻此葉文字與趙本對校，其中亦小有差違。如「敗趙昌」，「敗」作「改」。「咢酉小衰困囂喪」，「喪」作「亡」。「嗚呼嗚呼」，無下二字。「赤牛奮靷」，「奮」作「燋」。「終如其言矣」，無「其」字。「世亂則無驗」，「亂」作「濁」。「路經此亭」，「經」作「逕」。「中夜聞女子稱寃之聲」，「中夜」作「夜中」。「當爲理寢寃」，「寢」作「侵」。「祈年觀」下無「皇覽」二字。似宋刻於義爲勝也。近年，《大典》本

《水經注》幸得集合全本，播傳於世。原本《大典》八册，後四册爲余舊藏，展轉歸之涵芬樓。余因取《大典》本校此第十九卷，其脱葉之文及他卷字句異同，均與宋刊八九合。余由是憬然徹悟，知永樂修書正據此本鈔入，獨惜其累代閉藏，寖歸堙佚，僅留此寥寥殘帙，且序跋不存，莫由考定爲何時所鎸，深足歎耳。昔袁抱存初獲此書，曾加題識，援錢氏《敏求記》之説，斷爲元祐二年轉運使晏知止所刻。余觀其字蹟雕工初不類蜀中風氣，其言未可深信。且詳審其結體整嚴而氣息樸厚，要是南渡初浙杭所開，則張君閬聲謂爲紹興本者庶幾近之矣。

夫發古來不傳之祕，爲人間未見之書，固已足珍爲奇寶。乃殘卷之中而闕葉佚文數百言，爲學人夙所驚詫者，宛然燦具於册。爲前輩成此鐵案，爲後來祛其宿疑，蕘翁所矜爲奇中之奇寶中之寶者，加之此書甯有愧色耶！昔張石洲爲全、趙平議《水經》事，於戴東原大肆訾謷，謂《提要》所言脱簡有自數十字至四百餘字者，此《大典》本絶無之事。今《大典》原本既出，其事已可大明，而四百餘字之原文宋刻又適存於余篋，行當影摹傳世，用以執石州之口，爲東原雪此沉冤，斯亦學林中一快舉也。

憶辛壬之交，晤楊君惺吾於海上。其時君方撰《水經疏》，爲言研治此書歷四十年，窮搜各本以供參證，獨以未覩宋刻爲畢生憾事。余語君曰，此書宋刻之絶迹於世固已久矣，設一旦宋刻出世，吾恐經注之混淆、文字之譌奪仍不能免，未必遂優於黄、吳諸本也。洎余獲此書，而君已久謝賓客，不得相與賞異析奇，一慰其平生之願，思之愴然。然其訛文脱字未能盡掃，亦竟如吾意所期。第瑕不掩瑜，勝異亦所在多有。披沙揀金，往往得寶。異日當詳審精勘，盡取各本，臚陳同異，以定是非。蓋各本之誤，得《大典》本可以證明，《大典》本之誤或待宋刻以糾正也。

余生平癖古嗜書，多得舊本，顧於酈書特有奇遇。昔督學畿輔，曾於南中得全謝山五校稿本。辛亥後始得孫潛夫校本十許卷。繼得此宋本十二卷。旋又得《大典》本半部。此皆孤本祕籍，世所稀逢，而余乃先後兼獲之，於酈氏似有夙緣。惜頻年博觀旁騖，不得專治此書。今暮齒衰頽，更無餘力纂成鉅業。或者奮志丹鉛，就所藏各帙舉其領要，疏爲校記，以俟後人之考索，於酈書不無微助，庶無負長恩之默佑耳。己卯九月二十一日手識，時方游翠微諸刹歸也。

校河朔訪古記跋※

舊鈔《河朔訪古記》三卷，藍格，每半葉十一行，行二十字，書名標上魚尾上。此蕭山王氏萬卷樓寫本也，余別藏《中吳紀聞》、《松漠紀聞》、《平江紀事》皆如此式。鈐有「錫曾校讀」白文印，則曾藏魏氏績語堂矣。前附四庫館《提要》，與今本所載不同，蓋此爲初稿，於本書撰人尚未考悉。提要後有陳徵芝跋語，則據劉仁本《羽庭集》中本書序文定爲葛邏禄氏迺賢易之所撰，不知今刊本提要所引正是《羽庭集》文，意此書刊本陳氏固未之見耶！余曩時見法梧門藏四庫館鈔《大典》本宋元集數十家，其中《提要》之文與今本亦異，知爲館臣初稿，未經訂正者，茲書亦其例也。然正惟館中初寫之本，其文字尚未經删改，傳寫之誤亦差少，最爲可珍也。

茲得此本，以粤翻聚珍版校之，上卷改訂一百七字，中卷改訂一百三十六字，下卷改訂三十五字，凡約二百七十八字。其著者如卷上「九門故城」條論董忠獻事，云「其孫士選陝西平章，謚忠宣，子孫清顯，世罕及之者，」寥寥數語而已。鈔本作「其孫世選陝西平章，孤介剛毅，遍歷臺閣，號稱名臣，謚忠宣。子孫貴列朝宁，當代清顯，世罕能及之。故内翰元文敏公明善撰公家傳」云云。不獨平章以下文字詳略大異，其叙元明善撰家傳乃順叙而下，不似刊本之改作小字附注，是鈔本之叙次詳贍，勝於刊本，彰彰甚明矣。

嗚呼！《四庫》著録之書，以觸冒時忌而動遭改竄者固多，其不幸而遇庸妄之館吏及粗率之寫官，鹵莽滅裂，删落謬訛，失其本意者，正復不少，可勝歎哉！可勝歎哉！

跋灤陽録※

《灤陽録》二卷，朝鮮檢書柳得恭所作也。乾隆五十五年庚戌隨進賀使來，赴熱河，入燕京，爲詩四十九首，凡所聞見，悉詳詩注中。乾隆庚戌爲高宗八旬萬壽，鋪張揚厲，侈其十全武功之盛烈，爲振古未有之鴻猷。觀得恭所記熱河入宴諸詩，同時覲賀者，有蒙古、回部、安南、南掌、緬甸、臺灣諸藩王酋長，亦可謂薄海内外來享來王矣。

然得恭冷眼旁觀，言「皇子、皇孫，芝蘭玉雪，如中州才子，無復舊風」。言蒙古諸王，「老者沉雄如虎，少者俊爽如鷹，爲滿洲之深患，故帝每年必至熱河撫摩彈壓之」。而於安南王阮光平，尤深鄙其叛主得國，諂事中朝權貴，輦輸寶貨於福康安，因得封王，頗有羞與噲伍之意。於黎氏失國，則深致其不平。所述皆切中事情，亦彼邦有心之士也。且言「熱河形勝，山河周匝，野曠而泉駃，風氣高涼，北壓蒙古，右引回回，左道遼瀋，南制天下，此康熙之苦心，而諱之曰『避暑山莊』。今皇帝即位五十餘年，民物漸殷，商賈輻湊，酒旗茶旌，輝映相望，里閭櫛比，吹彈之聲徹宵不休。昔時萬家，今至數倍，不待遠方之兵，而六、七萬甲卒可以立辦。」觀此可知熱河全盛時之景况矣。余宣統三年巡學至灤陽，因累朝罷幸，城市蕭條，宮苑頹圮，視先朝勝概，十不存一。及今回憶，則又動三見海塵之感矣。

其紀燕京慶壽諸詩，述華侈奢靡之狀，咸有微詞。如《圓明園扮戲》云：「督撫分明結綵錢，中堂祝壽萬斯年。一句演出《西遊記》，完了《昇平寶筏》筵。」「桃綬紅絲總亂真，空中樓閣鏡中春。西華門外西山路，緑臭丹香醉殺人。」《西直門外》云：「十里蘭風麝霧飄，鈿車轣轆上紅橋。癡人每説銷魂好，試向西山處處銷。」其餘《假山》、《西山宫殿》、《堪達漢珊瑚樹》各詩，極寫富麗紛華，而注中亦有絃外之音，或昌言不諱者。如言「萬壽節各省獻結綵銀累鉅萬，和中堂珅主管料辦。帝老矣，中朝大臣阿桂最賢，而又老矣，漢閣老嵇璜、王杰以下充位而已。和珅權傾天下，帶銜御前大臣等至二十一官，悉兼樞要，百官望見皆起立，威已立矣。大學士阿桂今七十八歲，瞻視凝重，有大臣風，不媚和珅者惟桂一人。金簡平平宰相，謹事和、福者也」。又記「西華門至圓明園三十里，左右樓臺，悉覆黄、碧琉璃瓦，或冒以文繡，欄楯塗泥金，結雜綵流蘇。畫布爲城郭，建碑樓，作紋石沈香柱狀。或爲鏡閣數百步，車馬往來映其中，或爲棕屋、竹籬，剪綵爲桃柳，爛然深春。皇帝自圓明園入京城，左右綵樓千百，妖童塗粉墨，曳羅縠，騎假鹿、鶴，一齊唱曲。綵樓之側，多以蘆簟撓摺蹲踞爲石，塗以黄緑，嵌空玲瓏。又作假山數十丈，神仙、白鹿、獮猴之屬跂跂圍繞。尤奇者，路轉深，或作遠山，一抹碧色，又爲夕陽淡紅山，白雲横於兩山間。又不知何物，鋪地如琉璃爲假水，隔以紅欄，望之漪漪然，疑不可涉。圓明園西南昆明池植芙蓉、楊柳，東岸鎮以鐵牛，有門曰罨秀。門外烟波渺然，駕十七虹橋，望西山宫殿，丹緑參差，延壽寺白塔矗矗雲霄間。皇帝泛龍舟，御舵樓，樓下載各國王使臣，發棹歌，至延壽寺前，縱覽玉泉、萬壽山諸勝。」此亦《盛典圖》所未詳，張平子不能賦。當時人物之豐昌，山水之佳麗，風日之和美，閱之使人神游目想，不禁感慨係之矣。其紀貢獻之品云，「内而軍機、内務府大臣，外而督、撫、將軍，競獻珍玩。玉如意最多，陳列殿陛，觸目琳瑯。小金佛一輦數十，覆以黄帕，舁入宫門，絡繹不絶，無慮萬軀。珊瑚樹高可三尺，青玉葉，琥珀果爲柑橘狀，以金絲絡之，晶光照人，不知何人所獻。諸權貴亦乘時受餽遺焉。」又云，「福長安等紛紛求藥、扇於使臣，又使通官求東髢，欲爲戲子髯。中朝大臣舉動如此，帝方與番王、蠻客扮孫悟空、猪八戒，不經之事，未知其如何也。」

余常謂高宗晚年志得意滿，驕惰乘之，寵任佞臣，婪財黷法，治軌雖號極盛，而政本已剥，亂機潛伏，故楚教一起，蔓延數省，征討頻年，僅得戡定，國力因之大殫。當時未嘗無賢臣拂士，多鈐噤而不敢盡言。不意歌頌盈庭之際，而海外陪臣固已竊窺其隙。其深識遠見，度越常流，吾國士大愧此多矣。其時京朝人士，如紀曉嵐、李墨莊、羅兩峯、鐵冶亭、阮伯元，皆與之談讌往還，詩詠頗爲清雋。月旦羣倫，亦復允當。其文采風流，亦朴寅亮、李穡之亞也。

跋燕臺再游録※

此書亦朝鮮柳得恭所撰，記嘉慶六年辛酉隨謝恩使入燕京所作也。前歲，朝鮮恭宣王薨，命明俊納清保往，敕封世子玜爲朝鮮王。至是遣使謝恩，命得恭隨行，赴燕購朱子書善本，留燕館者三十有二日，距前度入京正十年矣。卷前列交游姓名，所云瀋陽書院十三人皆不知名，至燕京所往還凡四十一人，其犖犖在人耳目者，如紀文達、李墨莊、錢既勤、顧南雅、劉松嵐、黄蕘圃、陳仲魚諸人，皆詳紀其問答之語，及唱和詩詞。而聚瀛堂之崔琦、五柳居之陶生，過從尤稔，皆書肆主人也。其他所識，如彭蕙支、蒲文申、奚大㚟、楊鼎才、張問彤皆川人，意爲墨莊所介紹，不然何吾鄉人之多外交也。得恭以購朱子書遠來，而文達語以坊肆所無，并求之江南，亦無所得，殊不可解。豈如東坡請禁高麗求書之意耶？得恭至譏國人尊慕鄭學，而置程、朱之書不講，爲中國學術憂。斯固有激而言，然亦可見當時之風尚矣。與仲魚談地理、音韻、顧亭林學術、近代詩家，持論頗通達。惟三省教役，得恭極爲注慮，多方探訪，逢人輒詢，蓋征剿頻年，元帥數易，迄未掃除。得恭推論，以謂其始由於賦役之繁重，而又加以官吏之驅迫，將帥之玩愒，遂令坐大而不可制。其言頗爲深摯。至舉人大挑之弊，善後鬻官之例，尤正言其非。其人蓋精於覘國事，匪徒文學之足稱矣。嗟夫！煌煌禮義之邦，而使粃政惡風流聞於海外，輕朝廷，羞當世，華夏聲威，從此替矣，寧不重可嘆喟哉！乙亥二月下浣，藏園記。

鈔本夢粱録跋

舊鈔本，半葉十行，行二十二字。鈐有「紹寅印信」、「雲將」二印，又「周星譽印」、「周星譽刊誤鑑真之記」、「周畇叔」三印。紙墨古舊，審是康熙時寫本，卷中朱筆則周氏所點勘者也。畇叔書衣識語三則，照録如左。卷末有康熙壬辰跋，以紙幅殘損，失其姓名，亦附存之，以俟考訂焉。

咸豐辛酉正月十日，偕陳珊士比部、李蓴客郎中游廠甸，以京錢十一緡得此於火神廟市。陸褱居士記。

是書專述南宋臨安舊事，亦東京夢華之比也。恨筆意不甚雅馴，叙述處時有村氣，頗不可耐，然於當日瑣聞佚事記之最詳，足補志乘之所不及。生平未見刊本，今日得之意外，尤可寶愛。他日俸入稍裕，當付梓以永其傳。同日又識。

辛酉正月十日，秉燭讀竟，并以朱筆校勘一過。驅堂學人星譽識。

錢塘吴君諱自牧者，其世次不可考，大都南宋之遺民也。所著《夢粱録》二十卷，文筆雖不甚雅馴，然紀載臨安風物，一一無遺，俾覽者慨然想見當日南渡之盛。偏安尚如此，而況東京爲趙氏所開創，歷百八十餘年，享車書之一統乎！捲卷低徊，正與「黍離」「麥秀」同一感慨也。向聞余友李小園有此書，未暇借觀。昨李金陵郎中丞幕府，見案頭宋人諸遺集，而《夢粱録》在其中，余以長夏無事，日鈔七八頁，浹月而書成，其中魯魚甚多，略次改正十之二三。至文義不解、仍襲其訛者，尚復不少，當俟他日取小園藏本參對之，則善矣。康熙壬辰九月□□□□□□□□金陵行館之西齋。

按：是書舊無刊本，故各家所藏多爲傳録之本。朱竹垞從古林曹氏借抄楊南峰本，乃屬節文十卷，後由棠村梁氏始得足本録藏之。王漁洋文集有是書跋，云不著名氏，以所見鈔本脱自牧原序也。其著録最早者爲章邱李中麓家藏本，毛斧季於京師得之，錢遵王從之假録，《讀書敏求記》中曾詳述之。然鈔本流傳亦殊希覯，近代藏書名家如瞿、楊、丁、陸四氏皆無是書，惟慈溪沈藥菴《抱經樓目》有曹綱珊手抄本耳。

余此帙得之廠市，藏篋中已二十餘年，頃以曝書檢出。其鈔工雖未爲精善，然審其筆蹟古拙，要爲清初時風氣。觀其後跋，知出自郎中丞家，當與斧季藏本同出一源。卷中間有缺字，亦與他本合，惜無暇取刻本一校其異同耳。至竹垞跋云贊徐舍人鏤板於吳下，今徐氏所刻，未見傳本，其行世者，有曹氏《學海類編》、鮑氏《知不足齋叢書》、張氏《學津討源》三本。曹、鮑二本皆無跋識，未詳其本所自出，惟《學津》本有張鳳池跋，言原本爲惠紅豆藏書，有錢遵王跋，係從宋版抄出，是三本之中，當以《學津》本爲最善，異時當研朱對勘，庶可盡發其勝異也。癸未嘉平月，傅增湘識於企麟軒。

藏園羣書題記卷第五　史部四

職官類

校宋紹興刊唐六典殘本跋※

《唐六典》世行本以正德乙亥吴郡刊本爲最古。據王文恪序言，此書世無刻本，間於中祕得其書，手録以歸，浙江按察使漳川席君文同捐俸刻之，至繼任嘉魚李君立卿乃成書。余曩於南中收得此本，爲積書巖周氏舊藏。其書半葉十二行，每行二十字，注雙行同，白口，左右雙闌，版心上方記大小字數，下方記刊工姓名，在明刊中亦號爲精審不苟者。然脱誤閎多，行間多有墨釘，頗難是正，讀者憾焉。嗣後有嘉靖甲辰浙江刻本、清代嘉慶庚申掃葉山房刻本、光緒乙未廣雅書局刻本，皆從正德本出，而沿訛踵謬，又加甚焉。余别收彭文勤家鈔本，行間缺字殊夥，是亦源於正德本無疑也。日本享保甲辰攝政太政大臣近衛家熙刊本名曰《大唐六典考訂》，每卷附補考各條，自謂校勘之功經二十寒暑，所據以正德本爲主，參以嘉靖本。又檢《舊唐書·百官志》、《通典》及《太平御覽》等書，隨文補其闕逸，訂其訛誤，可謂致力甚勤。第未覩宋刊面目，不敢遂以爲脗合也。

余於戊午長教部時，發敬一亭所庋内閣紅本蔴袋，檢出宋殘本數册，命儲之歷史博物館中。其散落於廠市者，李椒微師收得數册，余亦收得二册。通計所存爲卷一至三，卷七至十五，卷二十八至三十，凡十五卷，已得全書之半。考明《文淵閣書目》宿字號第一廚政書類《唐六典》一部，十册，疑即是帙也。原書每半葉十行，行十九、二十字，注二十三字，白口，左右雙闌，版心高六寸七分，寬四寸七分，下方記刊工姓名。余所收第三十卷有紹興四年知温州永嘉縣詹棫題誌，其結體方嚴，氣息樸厚，猶具北宋遺規，當即紹興初温州學宫所刻。麻紙，廣幅，蝴蝶裝。紙背鈐有「國子監崇文閣」朱文大印。余別見内閣殘宋本多有此印，審爲元代官書。卷中粘有校簽，則前人依《職官分紀》訂正之文。余遍假官私所藏殘卷，就校於正德本上，字句匡糾之處多不可勝計。最要者卷三，金部郎中，「若雜綵十段則絲布二匹」下脱一葉，正文二百五字，注文三百七十二字。正德本則「絲布二匹」下逕接「從三品三百六十石」，爲倉部郎中掌百官年禄之文。日本雖據《舊唐書·百官志》、《通志》補之，然今以宋本覆核，正文既多不完，注中脱失尤甚，蓋粗舉大要，得其二三耳。卷七屯田郎中「凡天下諸」下脱一葉，正文八十一字，注文七百二十字。正德本「諸」

字下接「太子右春坊各五頃」注文，於義既不可解，廣雅本則於「諸」下妄增「侯」字以求文字之順適，而不知其注爲下文公廨田之注也。享保本據《舊唐書·百官志》補正文，與宋本適合，注文據《通志》補，職分田、公廨田各官頃數視宋本文字小異，而「諸軍州管屯總九百九十有二」注文、「屯官屯副」下注文、「京兆尹河南府京縣員」注文，凡三段皆缺焉未得一字，若非親見宋本，雖具媧皇神力亦末由彌其缺憾矣。其他文字小失處，如卷尾詹棫題誌，結銜爲「右宣教郎知温州永嘉縣主管勸農公事」自正德本「管」字訛作「簿」字，於是爲「主簿勸農公事」，讀者習焉不察，甯知宋代有斯官制乎？昔人所云一字千金者，得非此類耶！

昔年游覽南中，行篋曾携此殘册，以示沈乙盦、王息叟兩先輩，詫爲驚人祕笈，謂世間《六典》得此遂無殘缺，當使播諸天下，以餉學者。余私意亦欲萃官私各卷製板印行，絀於資力，因循未就。兹先録闕文二葉及元代官印於左，用詒海内知好。其沈、王二公題記亦附著之，俾後來者有所考焉。庚午立冬後三日，藏園居士記。

辛酉歲冬至前四日，沈曾植敬觀於海日樓，於是世間《唐六典》遂無闕文，甚難得也。

案：王本三卷缺葉在此本三卷之第二十一葉。今以王本暨日本天保九年覆王本勘之，日本本正文俱全，惟脱二句及小注四段。至第七卷所脱一葉兩本均同，兹得補缺，當續綴《羣書拾補》矣。統檢此二册，計三卷存十葉，廿八卷十三葉，廿九卷十一葉，卅卷廿二葉，均全，凡五十六葉。尚有一册未見。此二册刊工姓名爲方中、林允、范元、毛袒、万正、郭實、郭敦、江青、万兑等九人。郭實刊最多，廿七葉。林允十一葉，訛尚少。惟方中刊僅一葉，而誤至五處。如「關内」誤「開内」，「工商」誤「二商」，「丁之田」誤「丁之由」，「女冠」誤「女官」；注「織紝」誤「織紐」。此亦宋本之僅見者。册中有舊籤數處，系據《職官分紀》校者，頗有可採，惜不多耳。王本、日本本誤字校正不少，未及覼縷。並未校記。惟卷末「《大唐六典》三府督護州縣官吏第三十」一行在詹棫題誌前，王本同，日本本無。又，各卷末有卷目，王本亦有，日本本均祇《唐六典》卷幾數字，兹得此本，一一斠正，裨益宏多，不僅補七卷之一葉已也。辛酉長至，秉恩識於海上後悟溪華堂。

據宋本補闕文二葉録左行格未依宋刻。

紬二匹、綾二匹、縵四匹。若賜蕃客錦綵，率十段，則錦一張、綾二匹、縵三匹、綿四匹。凡遣使覆囚，則給以時服一具，隨四時而與之。若諸使經二季不還，則給以時服一副，每歲再給而止。諸□人出使覆囚者，并典各給□服一具。春夏遣者給春衣，秋冬去者給冬衣。其出使外蕃及傔人并隨身雜使雜色人有職掌者量經一府已上亦準此。其雜色人邊州差者，不在給限。其尋常出使過二季不還者，當處斟量並典各給時服一副。去本任五百里内充使者，不在給限。凡時服，稱一具者，全給之，一副者減給之。一具者，春秋給袍一、絹汗衫一、頭巾一、白練袴一、絹褌一、鞾一量并氈。夏則以衫代袍，以單袴代袷袴，餘依春秋。冬則袍加綿一十兩，襖子八兩，袴六兩。一副者，除襖子、汗衫、褌、頭巾、鞾，餘同上。正冬之會，稱束帛有差者，皆賜絹。五品已上五匹，六品已下三匹。命婦會則視其夫、子。倉部郎中一人，從五品上。《周禮·地官》有廩人，下大夫之職，爲舍人、倉人、司禄之長，掌五穀之數賙賜稍食以知足否，蓋倉部之任也。自魏、晉、宋、齊、後魏、北齊，並有倉部郎中。梁、陳爲侍郎。後周地官府有司倉下大夫一人。隋初置倉部侍郎，煬帝但曰郎。宋、齊、梁、陳、後魏、北齊並以度支尚書領倉部。開皇三年度支爲民部領之。皇朝因隋曰倉部郎，武德三年加「中」字，龍朔三年改曰司庾大夫，咸亨元年復故。

員外郎一人，從六品上。後周地官府有小司倉上士一人，則其任也。隋開皇六年置，煬帝曰承務郎。皇朝復曰倉部員外郎，龍朔、咸亨並隨曹改復。

主事三人，從九品上。

倉部郎中、員外郎，掌國之倉庾，受納租税，出給禄廩之事。凡百官每年禄：正一品□百石，從一品六百石，正二品五百石，從二品四百五十石，正三品四百石，

以上宋本卷三第十一葉刊工「万正」。

軍州管屯總九百九十有二，河東道：大同軍四十屯，横野軍四十二屯，雲州三十七屯，朔州三屯，蔚州

三屯，嵐州一屯，蒲州五屯。關内道：北使二屯，鹽州監牧四屯，太原一屯，長春一十屯，單于三十一屯，定遠四十屯，東城四十五屯，西城二十五屯，勝州一十四屯，會州五屯，鹽池七屯，原州四屯，夏州二屯，豐安二十七屯，中城四十一屯。河南道：陳州二十三屯，許州二十二屯，豫州三十五屯，壽州二十七屯。河西道：赤水三十六屯，甘州一十九屯，大斗一十六屯，建康一十五屯，肅州七屯，玉門五屯，安西二十屯，疎勒七屯，焉耆七屯，北庭二十屯，伊吾一屯，天山一屯。隴右道：渭州四屯，秦州四屯，成州三屯，武州一屯，岷州二屯，軍器四屯，莫門軍六屯，臨洮軍三十屯，河原二十八屯，安人一十一屯，白水十屯，積石一十二屯，富平九屯，平夷八屯，綏和三屯，平戎一屯，河州六屯，鄯州六屯，廓州四屯，蘭州四屯，南使六屯，西使一十屯。河北道：幽州五十五屯，清夷一十五屯，北郡六屯，威武一十五屯，静塞二十屯，平川三十四屯，平盧三十五屯，安東一十二屯，長陽使六屯，渝關一十屯。劍南道：嶲州八屯，松州一屯。開元二十二年河南道陳、許、豫、壽又置百餘屯。二十五年敕以爲不便，并長春宫田三百四十餘頃並令分給貧人。大者五十頃，小者二十頃。凡當屯之中，地有良薄，歲有豐儉，各定爲三等。凡屯皆有屯官、屯副。屯官取前資官嘗選人文武散官等强幹善農事有書判堪理務者充。屯副取品子及勳官充。六考滿，加一階，聽選。得三上考者又加一等。凡在京文、武職事官有職分田，一品一十二頃，二品一十頃，三品九頃，四品七頃，五品六頃，六品四頃，七品三頃五十畝，八品二頃五十畝，九品二頃。京兆、河南府及京縣官亦準此。其地子應入前□後人皆同。外官具在户部。凡在京諸司有公廨田，司農寺二十六頃，殿中省二十五頃，少府監二十二頃，太常寺二十頃，京兆、河南府各一十七頃，太府寺一十六頃，吏部、户部各一十五頃，兵部及内侍省各一十四頃，中書省及將作監各一十三頃，刑部大理寺各一十一頃，尚書都省、門下省、太子左春坊各一十頃，工部、光禄寺、太僕寺、祕書省各九頃，禮部、鴻臚寺、都水監、太子詹事府各八頃，御史臺、國子監、京縣各七頃，左右衛、太子家令侍各六頃，衛尉寺、左右驍衛、左右武衛、左右威衛、左右領軍衛、左右金吾衛，左右監門衛、太。

以上宋本卷七第十葉。刊工「林元」。

印式如左楷書朱文高四寸九分、寬一寸九分。

國子監崇	借讀者必須愛
	護損壞闕失典
文閣官書	掌者不許收受

明内府寫本翰苑羣書跋

《翰苑羣書》二卷，宋洪景嚴編。《文淵閣書目》史部職官類著録爲十二卷，知不足齋刊本作上下卷，然上卷自李肇《翰林志》以下凡七篇，下卷自蘇易簡《續翰林志》以下凡五篇，閣本以一篇爲一卷，非有所增入也。惟《直齋書録解題》作三卷，言自李肇而下十一家及年表、中興後題名爲一書，而以遺事附之。《提要》因疑今本所收除年表、題名外不過九家，若列入張著《翰林盛事》、李宗諤《翰林雜記》正爲十一家，或原本三卷者如是，而今佚之。其説當爲可信。惟宋時原槧久已不存，其佚卷殆不可考。朱竹垞、錢竹汀集中有此書跋語，亦不言所見爲舊刻。鮑本前有盧召弓序，祇言借本校録，是盧本亦出傳鈔，而鮑氏即據以鋟梓也。今盧氏校本尚存静嘉文庫，可以考而知矣。余别見舊帙，多附竹垞跋，則欲求舊本固戛戛乎難之。

昨歲於廠肆文友堂忽覯兹册，半葉十行，行十八字或至二十字不等，筆墨精美，紙幅闌格尤古雅絶倫，望而識爲明代内府藏書，以楷法風氣觀之，必爲嘉、隆時翰苑人手寫。且版式寬展，卷中語涉朝廷皆空格，《翰苑遺事》卷末有乾道九年遵跋十行，提行款式一仍舊觀，又必從宋本傳摹無疑。鈐有拜經樓藏書銘三十五言朱記，盛伯羲祭酒家藏印二方，歷經名家收藏，端緒可尋，尤足增重。因斥重金收之篋笥。適弢菴太傅約翰苑同人集於藏園，爲蓬山話舊之舉，爰出是帙，詳紀原委，並乞羣公題名卷端。披宛委之奇書，憶蓬瀛之仙境，異時有補《金坡遺事》者，或可志之，以存一時之故實也。癸酉八月二十八日，藏園識。

癸酉八月宴於藏園，重爲蓬山話舊之會。主人出觀内府鈔本洪氏《翰苑羣書》，以長句紀之。

藏園主人晁陳儔，口數四部懸河流。當筵出示中祕册，玉堂掌故資談諏。景嚴仍世襲清秩，由唐及宋遺編搜。惜哉三卷僅存二，《文淵》著録源流周。傳刻但見鮑渌飲，赫蹏小字雖清遒，那及天家精寫本，朱絲玉版光銀鉤。此書採掇訖北宋，南渡以下當博收。同時汴京述故事，《麟臺》程監稱其尤。程俱《麟臺故事》。陳氏兩録繼其後，陳騤《南宋館閣録》，又《續録》。益公一記附集留。周必大《玉堂雜記》在集中。元代文物遜唐宋，秘監有志王、商修。王士點。商企翁同撰《祕書監志》。明推廖、黄兩鉅製，詳略互見相挹抔。黄佐《翰林記》、廖道南《殿閣詞林記》。斯並典故之淵藪，允宜薈萃供討蒐。昭代作述益美備，兩度敕撰輝瀛洲。乾隆敕撰《詞林典故》八卷，嘉慶續修，增爲六十四卷，分十門。煌煌十門六四卷，入海求珠山採鏐。竹垞《道山》擅博雅，朱彝尊《瀛洲道古録》。梧門述今勤輯裒。法式善《槐廳載筆》、《清祕述聞》。私家專著遂罕繼，後軫未免慚前輈。即今瀛亭没烟莽，欲語銅狄淒清秋。年年汐社呼舊侶，猶藉壺觴相嚶咻。羡君園林宜大隱，輪雲高覆藏書樓。願陳篋書恣纂録。百年墜緒宣沈幽。柱下蘭臺不終廢，承明侍從非俳優。斯文畢竟關治忽，彼哉野言空蚍蜉。夏孫桐初稿。

辟雍紀事跋

明東莞盧上銘、吴門馮士驊輯，《四庫全書總目》亦載此書於《存目》，然無卷數，撰人祇有上銘，而不言士驊同輯，意其所見非完本也。此帙十五卷出順德李侍郎文田家，言從德化李編修盛鐸藏本傳鈔，其流傳固有緒也。前有詹事張四知序，次《引言》，次《紀事述言》并《凡例》七則，次《辟雍考》，分官秩、職掌、創修、錢糧四則，次《紀事原始》，述洪武甲辰至丁未四年之事。本書則起洪武戊申，迄於天啓，凡章制興革，典禮恩遇，學官除授，監生升擢，皆按其年月詳述原委。惟事詳於南監，而北監轉爲附見，蓋上銘任南監典簿，自謂在南言南，不敢越俎也。

據張序及《引言》所稱，南雍舊有《雍中紀事》一書，爲蘿陽區公所撰。其後李、黄二公《南雍志》、續志，先後刊行，獨以簡册稍繁，不能人手一册，上銘乃就前、後二志而折衷之，而區書散軼者，亦間爲綴拾，編不盈寸，而事蹟罔遺。今觀其書，故實明晐而叙述有法，足當簡要之稱。學者欲考其詳，則黄氏之《南雍志》已覆刊行世，取而觀之，一代豐鎬作人之化可知其大凡矣。

明刊本鴻臚寺志跋

明渤海楊爾繩撰，凡五卷，明季刊本，前有崇禎癸酉自序，題銜爲「資治少尹光禄寺卿掌鴻臚寺事」，略言本寺前本無志，後將何師，故勉圖而襄其成。是此志乃爾繩所創爲也。半葉九行，行十九字。卷一宣宗御製箴、聖諭、奏疏、鴻臚考；卷二禮儀，自登極至頒曆，凡十七類；卷三禮儀，自太廟祭祀至謝頒恩詔，凡若干類；此卷前失五葉，故條目不完。卷四彙纂，自朝儀稽略、新舊事例以至公儀帖式，凡十類；卷五題名，至崇禎五年爲止。前有江汝璧撰記，每卷前爾繩又别有記述。

按黄俞邰《千頃堂書目》有《鴻臚寺志》四卷，不著撰人，卷數亦不符，其非此書明矣。《四庫全書·存目》、載《南京鴻臚寺志》四卷，爲濮州桑學夔撰。學夔萬曆壬辰進士，則千頃堂所收必桑氏作也。楊氏序謂寺本無志，自指永樂北遷後而言，明代鴻臚寺衹此兩志，南桑北楊，遥遥相映，孤行天壤。桑志自進呈四庫館外，未見流傳，此楊氏志亦不見於諸家著録，其罕祕要自可珍。所載諭旨奏牘，以冷署事簡，初無鴻編鉅製，惟儀制及題名，考明代典制人物者大可資參證耳。是帙爲順德李芍農師舊藏，其孫棪持以相示，因略加考證，書於卷首以歸之。乙亥八月，藏園老人記。

政書類

校宋本通典跋

庚申夏南游，獲北宋本《通典》於寶應舊家，凡二十八册，爲卷一百四十。半葉十四行，行二十六字，蝶裝古式，每葉紙背鈐「進齋」白文鼎式小印。收藏有元人薛玄卿、明代晉府各印。嗣得宋翻殘本，行款同前，凡七册，爲卷三十三。先後共得一百七十三卷，視海虞瞿氏、日本圖書寮所庋卷帙爲多，意世間《通典》宋刊本無過此者矣。爰取明刻大字本對讀，自庚申歲展卷，至甲子祇畢十卷而輟。丁卯入秋，人事稀簡，乃發憤從事。自中秋以至歲暮，程功殆已過半。今夏猝遘淩夫人之戚，意緒摧傷，無以遣日，乃鋭志復理丹鉛。起自六月之杪，訖於冬月之初，於是全書一百七十五卷乃得竣功。溯庚申迄於兹，時閲九年，時事之變遷劇矣。外而朝政之翻復，内而家族之喪亡，所歷駭心怵魄、勞神摧志之境，殆非人所堪。而余一身蝨處其間，摩挲卷帙，倚徙山林，幸得粗完此願，日盡一二卷，多或至五六卷，少或數日得一卷。然總計點勘之工，頻歲在清泉吟社、鳳窩丙舍春花秋月中居其泰半焉。蓋山中日月，固視城市爲永也。

明本無序跋，未審爲何人所刻，余意其爲嘉靖戌戌方獻夫本。《郘亭書目》言：明本有十行二十三字，較李元陽本少誤字。此本行款正合，當即郘亭所稱之本。然以宋刻勘之，脱誤乃不可勝計。每卷或改數字，多者至二三百字。如一百二十八、二十九、三十各卷視它卷尤甚。此三卷中增訂竟有六百六十餘字。尤異者，第九十四卷中前二十行宋本行間有小注凡十五處，通三百一十一字，而明本皆失去，未審其傳刻源出何本也。考其異同，勒爲校記，文字繁重，或俟諸異日耳。政局更新，舊時典章文物棄置殆同芻狗，然循諷終篇，乃知歷代賢哲制爲儀文節度，不憚委曲繁屑者，實寓有範圍萬端，綱紀羣倫之深意。使天下之人循涂遵軌，而不敢厭其煩難，詆爲虛僞，故能品節詳明，而上下安焉。百六既終，貞元啓運，有聖人作，將以制世馭物，黜羣邪而納諸正，則郯子名官，叔孫緜蕞，或有禮失求野之一日乎？跂余望之矣。戊辰冬至，西峯老農書潛氏識。

宋刊殘本西漢會要跋※

此宋刊本，存第四十三至四十五，凡三卷。半葉十一行，每行二十字，左右雙闌，版心上記字數，下記刊工姓名。次行題「從事郎前撫州州學教授臣徐天麟上進」。刊工有余仁、余士、李生、虞安、吳才、余岩諸人。又劉、周、葉、思、魯、慶姓或名一字。字體方勁，版式闊大，當即嘉定乙亥全州郡齋刊本。存職官十三、選舉上下。余以聚珍本對勘，凡增删改正之處，卷四十三得一百十五字，卷四十四得二百一字，卷四十五得二百二十五字。卷中凡遇帝諱皆變文以避之，如易「樹」爲「木」、爲「植」，易「署」爲「書」、爲「廬」、爲「補」，易「敦」爲「崇」、爲「淳」，易「匡」爲「正」、爲「康」，易「慎」爲「謹」，易「徵」爲「召」、爲「聘」，易「完」爲「全」，易「讓」爲「遜」，皆極謹嚴，與他刻不類。蓋郡齋鋟版，將以進御，故倍致矜審也。

其糾正文字當别録爲校記以存之，兹略舉其最著者：如卷四十三，戒貪吏門，景帝元年詔後有「後二年詔曰：吏以貨賂爲市，漁奪百姓，侵牟萬民。縣丞長吏也，奸法與盜盜，甚無謂也。其令二千石各脩其職。不事官職耗亂，丞相以聞，請其罪。紀」五十六字。卷四十四末，有孝平元始五年詔見上異科條。十二字，各本皆失載。他如各條所注紀傳及注文，宋本往往删落或移易。豈此爲初雕本，或後來有所更訂耶？

此帙面覆粉箋，書簽端楷，似舊藏大内或王邸之書。壬子夏，余得八卷於同好堂，册式裝潢與此無異，當爲一書而分析者，第未知如海王城中尚存幾許耳。卷中鈐有「寶孝劼藏宋元經籍」、「孝劼所藏書畫金石」二印。

此書壬申二月女弟子寶文仙書持以見示，尚有南監本《史記》殘册及金臺馬諒本《爾雅》二書，乞爲鑑定，云將斥以易米，因留案頭數日，得以從容校勘而歸之。文仙女士爲松峻峯制軍之女。光緒戊申，余奉朝命創設女子師範學堂於京師，女士偕其姊寶霞、寶珊三人聯袂來受學，畢業後各充小學教師，十餘年久不相聞。昨歲余以周甲之誕，女士集同學舊人來祝。文仙寫詩一章，其姊畫隱珊寫松一幅以獻，蓋其同懷三人咸工詩善畫，雅好鼓琴，尤喜藝菊，亦閨襜之雅流也。其兄寶康字孝劼，盛伯羲祭酒之女夫，官福建武定府知府，履任未久遂卒。緣意園館甥之誼，濡染雅尚，收羅古本書籍甚富，中多驚人祕笈，如紹興本《古三墳》、程舍人本《東都事略》、紹興本《徐公文集》、宋本《新雕白氏六帖事類》。辛亥殘臘，皆爲董授經大理連車載歸。余於廠肆亦獲明代卧雲山館鈔本《北堂書鈔》，有孝劼手跋數行。二十年來，枕祕篋儲，傾倒殆盡，此其殘膏賸馥，猶足沾溉後人。涉筆所及，聊志其梗概。

按，兩漢《會要》宋刊本傳世者路小洲、朱子清家皆有之，劉椒雲亦有殘宋本。路、朱所藏，是一是二，殊不可知。朱氏祕笈皆歸豐潤張氏，或猶存仲釗篋中，異時南游，當就訪之。豐順丁氏所藏亦爲全帙，莫郘亭曾記入《經眼録》中。然持静齋遺書頻年散佚殆盡，此書乃無蹤跡可尋。余昔年曾得宋刊《東漢會要》殘本二十八卷，友人蔣孟蘋堅欲相讓，遂詳校一本以歸之。今敝篋所儲者，祗與此同種之八卷耳。世間尤物聚散何常，世亂如麻，外物盡爲身累，此區區者寧能終爲吾有乎？把卷輒爲三歎。癸酉二月二十二日，藏園手識。

明鈔本建炎以來朝野雜記跋※

此明鈔殘帙，存甲集卷一、卷二、卷十四至二十，凡十卷。棉紙，藍格，十行二十一字，爲上德、郊廟、官制、財賦、兵馬、邊防各門，賈人剜改卷第爲一至十以充全帙。有「仁和吳任臣印」、「志伊父」、「嘉木謝東墅藏」、「謝墉印」、「何文焕印」、「江邨高氏巖耕草堂藏書之印」各印記。余以聚珍本校之，其中奪文至數十字者頗多。卷中兵馬、邊防夾注詳略頗爲違異，而人名地名由譯文追改不同者更無論矣。

考粤覆聚珍本後附孫星華影宋本校記，按其所列佚文異字，與此本無殊，是兹帙出於宋刊固無疑義也。兹將各卷佚文條舉於後，其所缺各卷曾假繆藝風藏本補校正定者不復贅述焉。壬申二月二十一日，藏園記。

卷一「恭淑韓皇后」條八月下脱文：「歸於邸第，封新安郡夫人。十六年三月，封崇國夫人」。

卷十八「四川禁廂民兵數」條「十四萬餘人」下脱文：「而民兵保甲不仰給者八萬餘人」。

又，「興元良家子」條「酒息錢實備他用」下脱文：「又私置鹽店六所。又收諸津渡鹽税以給焉。紹熙末，楊嗣勛申嚴鹽法，奏言：本府自有義士廂禁軍良家子」。

又，「御前軍器所披膊一副費錢」下脱文：「十千四百。兜鍪一，費錢七千八百。金裝甲一副，費錢」。

卷二十「皁角楚勝」條「軍中諸將」下脱文：「以天險諫，亮不從。乙未夜，諸將即帳中弑亮，語在夷狄事中。諸酋」。

又，「癸未甲申和戰本末」條「陳俊卿王十」下脱文：「朋、陳良翰、黄中、龔茂良、劉夙」。

書甲午萬壽慶典檔案册後※

吴仲懌侍郎家遺書散出，余見抄本六册於文友書坊，乃彙録甲午孝欽皇太后六旬萬壽慶典承辦檔案而作也。凡册文、奏書、進表、詔旨、慶賀筵宴典禮、樂章諸大端，以及營繕工程、備置物品、報効銀兩單摺數目，洪纖悉具。其一切成案皆援乾隆二十六年皇太后八旬慶典辦理，用銀至七百萬兩。其中部庫撥四百萬兩外，各官報効廉俸銀一百二十一萬餘兩，又京外各官另外報効銀一百六十七萬餘兩。大抵外省扣俸報効數目有等差，惟另外報効則不論大小省分，每省三萬兩。報効最鉅者爲長蘆、兩淮鹽商各四十萬兩，最小者爲欽天監二百兩；即降而内監、宫婢亦不得免。如小太監、太監、媽媽、哩女子亦有數百金之進奉。一人進奉者，則爲太僕寺卿林維源三萬兩。林固臺灣首富，以捐金得官者。外臣特進者爲税務司赫德一萬兩，且特奉傳旨嘉奬之諭。洵可謂薄海内外，鉅細不遺矣。其用途可紀者，如製造金輦費七萬六千九百餘兩；點景六十段，每段四萬兩，共二百五十萬兩；綵棚、綵殿費十一萬兩。物品可紀者，如綵紬用至十萬疋；備賞緞疋用至五千疋，令蘇、杭、寧三織造承辦，又加派四川出二千匹；紅黑毡條用至六十萬尺；備賞餑餑桌子至八百五十張；宫廷苑囿應用門神一千二百對，門對至一千二百八十九對。足見鋪張揚厲，備極一時之盛。

按孝欽兩次垂簾，侈心漸萌，樞府多將順之人，正臣拂士，或退或逐，諧臣媚子，遂進而舉行慶典以爲希榮固寵之計。且國家號稱孝治，以天下養，其名既正，亦無人敢訟言其非。於是特派王大臣籌辦其事，一切皆援引乾隆成案，以大肆恢閎。不意歌頌方騰，而鼓鼙忽動。朝鮮變起，日本興師，怵於清議，乃始稍稍歛抑，東朝意興，亦爲大沮，諭令一切儀文概從減省。然總計糜費金錢固已逾千萬矣。

嗚呼！甲午之役，海軍盡殲，藩屬喪失，此吾國危亡之所關，正千鈞一髮之際，而秉軸者乃媚茲一人，置軍國大計於不顧！哀莫大於心死，余覽既終篇，不覺悲來横臆，視賈生之痛哭流涕殆有甚焉。慶典云乎哉。

題陝西四鎮軍馬册及會禦事宜※

此册失去前後序跋，撰人時代已無考，檢册中有吴方山識語，乃知爲王晉溪總制三邊時所撰。惟所書陝西設總制自石淙始，嘉靖七年召歸，以晉溪繼之。考《明史》，石淙以兵部尚書總制三邊在嘉靖三年，建議修邊，旋召還。繼之者爲王憲，七年改憲南京兵部尚書，乃以瓊代之，至十年，瓊始以吏部尚書召還。與方山所述不合。然方山言近代事不宜有誤。且憲督邊三年，大敗吉囊入寇于青羊嶺，五日三捷，功績炳然，不應略而不稱。豈以當日世論有異同，故屏而不録其事歟？俟再考之。

此帙見于翰文齋書坊，出自潘伯寅家，鈐有「姑蘇吳岫家藏」、「季振宜印」、「滄葦」、「御史之章」各印。余以昔年總纂《綏遠通志》，于西北邊事常事研求，爰假歸録此副本而記其大略，以備考覽焉。辛巳十二月十一日藏園記。

目録類

述古堂書目稿本跋※

此述古堂原稿本，凡十卷，竹紙，八行，緑絲闌，版心有「述古堂」三字。前有遵王自序，又後序一首。舊爲江都汪氏所藏，有「汪」、朱文，圓。「喜孫」、白文，方。「周玉齊金漢石之館」、朱文，長方。「揚州汪喜孫孟慈父印」朱文，方。諸印記。

按《述古堂書目》有《粤雅堂叢書》本，祇有四卷，其次第與此不同，如此本之第八、九、十卷，釋藏、道藏及詞曲、雜劇，刻本皆無之。近時《玉簡齋叢書》刻有《也是園書目》，亦爲十卷，其門類大略相符，而編次先後有異，即一類之中，部帙有多寡，著録有更易，是必别爲一目，或就此目重編之本，故其差殊乃至此也。且稿本書名下各注「宋本」、「元本」、「抄本」各字，粤雅本有之，而玉簡本乃一字不存，益可證其非一本矣。即遵王序跋二首，以後來刻本相校，其字句往往有異。各類之中時有朱墨識語，其爲手訂初稿殆無疑義。又卷十所録詞曲、戲劇諸本，取玉簡本校之，大概相同，惟《續編雜劇》一類爲玉簡本所不載。門人孫子書夙研劇曲之學，謂其中所録多有異本，爲後世所未知，得此可以糾正近人《曲録》之誤解。且謂《古今雜劇》類各注明何本，於考據有關，曾假録副本，並爲題記，以述其概要。余生平於詞曲初未留情，然孫生以頻年探索，號爲專門，而推崇如此，則此書之奇祕足貴蓋可知矣。遵王承絳雲之後，以藏書雄視虞山，《敏求記》一書尤有盛名於時，獨其藏書之目一再刊行，頗多漏略。余幸藏此原藁，當世倘有好學之士欲總萃簿録，廣資擘考者，當出此篋藏，公諸海内，庶於流略之學不無裨助也。孫生子書跋語並附後方。己卯九月二十二日，藏園識。

藏園夫子新收《述古堂書目》稿本，出以見示，并命紀述大要，藉供參證。拜觀一過，竊見卷十曲類記載較玉簡齋本加詳，卷尾續編雜劇所録近二百種，爲自來刻本所無，尤爲珍祕，洵天壤之孤帙，曲林之瓌寶，歡喜讚歎，匪可言喻。重承鈞命，謹就所知，牏爲詮釋，謏聞謭識，知無當於大雅也。

謹案：卷十曲類《録鬼簿》以下至《太和記》二十七種，又自關漢卿《漢宮秋》以下至教坊編《感天地羣仙朝聖》，録雜劇凡三百種，標曰《古今雜劇》，又録周憲王等編雜劇數十種，標曰《續編雜劇》，又録《燈花婆婆》等詞話十七種，標曰《宋人詞話》。以玉簡齋本《也是園目》勘之，《録鬼簿》至《太和記》一章、《古今雜劇》一章雖與此本同，然玉簡齋本書名下例不注爲何本，此則大抵加注。且《古今雜劇》一章所注全爲抄本，有注「内府穿關本抄」者，悉爲明大内抄本。「穿關」今作「貫串」，乃别於有詞無科白之本而言，凡劇本詞文及賓白科範完全無缺者，謂之「貫串」，「穿關」、「貫串」，特字異耳。按元時曲本最稱繁賾，鍾嗣成《録鬼簿》録四百餘種，明寧獻王《太和正音譜》録五百餘種，今存者以臧懋循《元曲選》收九十四種爲最多，以殘本元刊《雜劇三十種》爲最古，據此本所録雜劇悉爲抄本，知元明舊劇實藉伶工抄録而傳，刻者實居少數。詞曲不爲世人所重，刊本已易散佚，抄本更不待論，此所以元曲作者雖多，而傳播至今乃寥寥無幾也。

其《續編雜劇》一章，今玉簡本無之，所録頗多異本。如《帝妃春游》、《秦蘇賞夏》、《韓陶月宴》、《戴王訪雪》四劇，王國維《曲録》録入無名氏目中，注云：「《秦蘇賞夏》疑即金仁傑之《蘇東坡夜宴西湖夢》，《韓陶月宴》疑即戴善夫之《陶學士醉寫風光好》。」此本乃指爲程士廉作，與殘本陳與郊《古名家雜劇》所收《帝妃春游》劇署名正同，知王氏所疑全誤。又如淩波之《石季倫春游金谷》等九劇則從未見各家著録。汪廷訥今唯存《廣陵月》一劇，即此本所録之《韋將軍聞歌納妓》劇，按雜劇題目無作三字者，此本所録必原名也。此本所録則有《鍾離令捐奩嫁婢》及《黄善聰詭男爲客》等劇，皆有裨考據。

至《宋人詞話》一章，玉簡齋本雖亦有之，而書名下亦均無注，此則《燈花婆婆》、《紫羅蓋頭》、《風吹轎兒》、《錯斬崔寧》、《山亭兒簡帖和尚》均分别疏其别名。其《山亭兒簡帖和尚》二本所注與明洪楩《清平山堂》、馮夢龍《警世通言》題目下小注全同，知遵王此目隻字片言皆得之於實物實證，不同文人造作目録，展轉沿襲，動多訛謬，此藏書家之所以見重於世也。 滄縣孫楷第謹識。

鈔本國史經籍志跋※

題「史官瑯琊焦竑輯」，卷一制書類，卷二經類，卷三史類，卷四子類，卷五集類，卷六糾繆。制書以尊王冠首，凡帝后製作及勅脩之書，紀、注、時政諸書皆入焉。其下以四部爲次，分類與諸目略同，惟制、誥、表、奏列於集部，差爲變例耳。末卷糾繆，則緣官私諸書分門繆失而作。如漢、唐、宋之《藝文志》、隋之《經籍志》，其餘若唐之《四庫書目》，宋之《崇文總目》及鄭樵、馬端臨、晁公武諸家目録，皆臚列其名以糾正之。此書《四庫總目》謂萬曆時陳于陛議修國史，引竑專領其事，僅成此志而罷，故仍以國史爲名。然編中皆取歷代書目，盡行鈔撮，初無别擇，其書存佚亦不加考辨，乃悍然襲史志之名，可云濫竽充選矣。每類仿《漢志》之例，粗述流别，無所發明。竑在有明一代號爲博覽，而撰述官書，草率至是，殊難索解。

此帙舊人所鈔，末題「康熙丙子仲春手録」，而闌格有「曼山館」三字，每卷有「錢塘徐象櫺校」、「茂苑許自昌」各一行，是乃從明徐刻録出，初無他異矣。各卷鈐「汲古閣」、「孫從添」、「慶增氏」諸印。喜其歷經名家收藏，鈔工尚雅，便於披檢，故録而存之。

史評類

明張鼎思刊史通殘本跋※

此《史通》一册祇存内篇十卷，明刊本，半葉九行，行十八字，白口，左右雙闌。前有《刊正史通序》一首，題「提督學政、雲南按察司副使成都門生王閣」，爲陸儼山蜀中刻本而作。然陸本余舊有之，其字體刊工與此殊不類，及諦觀之，乃萬曆時張鼎思所覆梓也。卷首有「述古堂印」、「吳越工孫」、「昌霖印」、「彭城」、「季振宜讀書」各印。

余取《讀書敏求記》考之，乃知遵王當日著録即此書也。記云：「陸文裕公刻蜀本《史通》，其《補注》、《因習》、《曲筆》、《鑑識》四篇殘脱疑誤，不可復讀。文裕題其篇末而無從是正，舉世罕覯全書，殊可惜也。此本於脱簡處一一補録完好，又經前輩勘對精允，凡標題行間者皆另出手眼，覽之真有頭白汗青之感！」今檢此本，所有《補注》等四篇，所謂「殘脱疑誤」者，悉已鈔補完具，凡十有一葉，誤字復隨文改正，行間闌上多有朱筆評語，文字精要之處亦加以點識，按之記中所言無不符合，第不審出於何人。然書衣有舊人標題「牧齋先生評點」六字，則其出於東澗老人之勘訂宜可信矣。若下册具存，當有遵王題識可以考見，第代異時移，不知流散何所，難以追尋，豈不重可惜哉！辛巳歲暮，得此於隆福寺書肆中。壬午元日，事簡心閑，乃泚筆識之。藏園老人。

明刊四明尊堯集跋※

《四明尊堯集》四卷，宋陳瓘撰，明初刊本，半葉十一行，每行二十字，大黑口，四周雙闌。前有至元五年隨州知州三山林興祖序，言是書爲了翁九世孫文綗所刊。首列進書表，次自序，次目録。後有政和六年了翁跋，次紹興二十九年男正綱跋，次至元文綗跋，惜缺葉文字未補完。末附《責沈文》，亦了翁所著也。有「□寧縣儒學記」官印，又「茂苑香生蔣鳳藻秦漢十印齋印」。

舊聞此書涵芬樓藏有元刊本，余曾假觀，實爲明刻。嗣得此本，因取光緒甲申江右翠竹書室新刊校之，惟卷末岳珂《論尊堯集表》、劉震孫跋爲此本所無。其大異者，此本分四卷，新刊分十一卷，而新刊脱誤之處賴此本補正者至多。兹舉其要言之，如：卷一進表「彼則曰畏謹過當」下脱「神考欲除苛細之法彼則曰元長叢脞」十五字。卷二《聖訓門》「京師人優饒」條「實未知百姓疾苦」下脱「夫優饒京師，而謂之不知百姓疾苦」十四字。卷三《論道門》「汨陳五行」條「博施濟衆」下脱「堯舜其猶病諸，夫知人安民，堯以爲難，博施濟衆」十九字。總論「而不知春秋者」下脱「必陷僭僞之誅，死罪之名，其實皆以爲善而爲之」十九字。卷五《理財門》「理財爲九」條「非天下之福」，「天下」下脱「事譬如和羹，當令酸鹹適節，然後爲和，今偏於理財與」二十一字。卷八總論「合乎堯舜者也」下脱「以不吝之明，改用人之過，此神考所以合乎成湯者也」二十一字。卷十後序「自太古」下脱「以來至於今日亹之而不斷者非此理乎？冠屨衣裳一」二十一字。其餘刊落舛訛爲事又逾數百，如披荆榛而履夷途，抉雲霧而見蒼顥，爲之怡快無已。至紹興二十九年男正綱跋十行、又文綢跋十三行，不獨新刊所無，即涵芬樓藏明本亦失載。其《責沈文》四十二行，涵芬本雖附卷末，而空缺之字三十有四，正賴此本補完。此書自紹興二十九年男正綱刊板後，至後至元五年九世孫文綢始得重刊，至明而有數刻。今紹興本、元本不可得見，而得此明初翻元本，訂訛補脱，勝於世行本萬萬，洵海内之祕笈，絶無而僅有者矣。

按：是書《直齋書録》著録一卷，《四庫總目》據天一閣藏本著録爲十一卷，《提要》謂後人並其原表序跋合而編之者。今翠竹書室本其卷數正同。此本分四卷，實依宋刊卷第，然其文字多寡與十一卷本無以異也。了翁初撰《合浦尊堯集》，今已失傳。此集乃北歸後，據王氏《日録》摘其原文而逐條著爲駁論，以抨擊蔡卞等改修《實録》之誣，坐此再羈台州。余考本書自序，言「昨在諫垣上疏，嘗以安石比伊尹，更以安石爲神考之師，賴陛下委曲保全，念念循省，得改過之義。」是了翁固嘗附安石矣。今乃幡然改易，取原書句糾而字斥之，抑何前後異轍如是耶？嘗見曾静所撰《大義覺迷録》，先列其原供，後乃逐事申辨，以追悔其前日之謬妄。其書曾頒天下學宫，核其體裁，正與此書相類。第曾氏乃懾於雷霆之威，不得已而爲此宣講之制。若了翁者，其亦有所不得已耶？余蓋不能無疑於其事矣。

影宋本舊聞證誤書後※

秀巖李氏心傳字伯微，宗正寺簿舜臣之子，與昆弟道傳、性傳皆績學知名。心傳晚歲被荐，始出爲國史校勘，歷修中興四朝帝紀、十三朝會要，練習朝章，博通掌故，後人言宋代史學名家，必推蜀中二李，蓋謂仁甫與伯微也。《宋史》稱伯微著述甚富，其關於史事者有高宗《繫年要録》二百卷、《讀史考》十二卷、《朝野雜記》四十卷、《道命録》五卷、《西陲泰定録》五十卷、《辨南遷録》一卷，其一即此書也。本傳及《藝文志》均載此書爲十五卷，然原本自元明以後。久經亡佚，今世所行者爲文淵閣著録本，乃乾隆修《四庫全書》時館臣自《永樂大典》中搜輯得之，以意編次，分爲四卷，匪特卷帙不完，即原本次第亦不可復識矣。

按：此書宋刻傳世者，祇汲古閣有殘本二卷，其後歷藏愛日精廬張氏、硤石馬氏，以歸於八千卷樓丁氏，載入《善本書志》。光緒之季，丁氏藏書悉收入江南圖書館，余重爲鄉賢遺著，世無二本，亟思一見，以慰飢渴之思。嗣游金陵，入蟠龍里訪之，則插架所儲僅有五硯樓鈔本，而宋刊踪迹渺然，爲之悵然若失。歲在乙卯，余南游吳越，以八月之杪自滬而蘇，於靈芬閣獲此鈔本，肆主言爲魏稼孫手鈔。其書半葉九行，行十七字，格心有「非見齋鈔本」五字，並摹存「愛日精廬」、「張月霄」二印，知即從宋刻録副者，私用喜慰。當日即泛舟至琴川，訪丁君秉衡於荷香館，遂留下榻。秉衡爲藝風前輩及門高弟，專攻史學，雅嗜校讎，撰有《晉書校録》，裒然成册。良宵清話，投分遂深，余因語及新收此書，而以未見宋刊爲憾。秉衡莞爾曰：「君欲見宋刊乎？其書固藏余家，特嚴扃祕篋，不輕示人。君以收藏校勘名家，又承遠道來訪，余亦曷敢自私乎！」因啓鑰出書，披函展卷，字體清麗，楮墨精瑩，古香襲人，心目爲爽。視其行格，正與鈔本相同，惟審諦良久，見鐫工雖精，而行間未盡整飭，遂決定爲宋活字本。秉衡聞此，忻喜逾望，蓋活字世所稀覯，視宋刻益爲珍奇也。原書有魏稼孫跋，詳審筆蹟，知新獲鈔本首卷確爲稼孫手寫，即宋本跋中所云「借至閩中手臨一過」者也。惟中有闕番，諄託秉衡爲覓寫官影摹補完。秉衡因言：「君於此書頻年搜訪，其精神之所感召，竟得早獲名鈔，晚見宋本，古緣奇遇，爲藝林留此佳話。宜詳誌卷末，以示後人。」補録既竣，爲手加跋語，記其原委。雅懷高誼，良足感也。

此帙自鈔成後，儲之祕庫近三十年，近以檢理乙部及之，故人遺跡，觸目增悽，惟久未勘定，有負良友殷勤緝録之心。新春無事，乃取《函海》本對校一過，拾遺糾謬，新獲至多。乃知此戔戔殘卷，遠出《四庫》輯本之上，遺聞佚事，皆爲治史學者所未見，此新歲以來第一快心之事也。舉其勝異，略有數端：《函海》所刻乃鈔自閣本，即《大典》輯出之一百四十餘條也。宋刻殘本二卷，凡五十七條，與閣本同者二十六條，其餘三十一條，皆原書所有而閣本佚之，一也。宋刻於所述舊聞皆頂格書之，證誤則低一格，小注則加雙行於下。今閣本則連接而下，賓主莫辨，正注不分，大失原書體例，二也。《大典》采録原書，脱失時所不免，館臣重加編輯，差誤因之益滋。如「太祖改元乾德」條，閣本不載所引舊聞六十七字，其下證誤之文復漏落兩節，祇存「掖庭覽蜀宫人鏡背有乾德四年鑄」數語，首尾不完，竟不知所證誤者何事。「張齊賢廷試」條前半文字視宋本大異，又「李文定言外寧必有内憂」條，其首冠以「北虜講和」四字，閣本脱去，則文定所言究何指耶？三也。其他單詞異字，可以補正者尚多，使全書猶存，其所獲寧可量耶！

弟余有不解者，宋本殘卷自汲古閣散出，迭經張氏、馬氏、丁氏珍藏，諸人咸精鑑别，嗜丹鉛，視此爲珍祕之本，乃百年以來，未嘗持此與閣本相校。稼孫夙精考訂之學，又曾假至閩中，手録副本，並標舉譌文，亦未能勘明其異同。以致宋本勝異之處無人爲之表襮，遲之又久，乃藉余手以發其覆。如玉之在璞，金之在山，終古埋藏，光氣久鬱而不著，豈書之顯晦有時，必待其人而始出耶！

夫伯微以一代史才，多聞博識，其畢生著述，如《朝野雜記》、《繫年要録》，煌煌鉅帙，皆幸而得傳，獨此書埋没數百年，而搜採遺文，一旦復出於世。雖所輯僅十之三四，而留此殘帙，又足以補其闕佚，合二本計之，可得一百八十條，差及全書之半。余更得見此孤本祕册，以正定其異同，爲綜合而輯理之，使前賢露鈔雪纂之功，不致隨刦灰蠹屑以俱盡，此伯微身後之遭逢可云至幸，而余以梓鄉後進，藉校訂之勞，得掛名簡末，亦與有榮焉。

兹取宋本溢出各條列目於左，爲異日重刊之資。其魏、丁二氏之跋亦附後方，俾後人知此書淵源之所自，則余之勤勤董理，庶不爲徒勞矣。癸未正月燕九節，藏園老人識。

魏稼孫跋

此書舊藏愛日精廬，世無二本，後歸硤石馬氏。乙丑之秋，余爲松生購之，今借至閩中，手臨一過。其中譌字如「面縛」作「縳」，卷一第一葉。「奔競」作「兢」，第五六葉。「樞密」作「蜜」，第六葉。「著姓」作「娃」，第七葉。「沂公」作「祈」。第十三葉。「二官」作「宫」，卷二第十一葉。皆顯然筆誤。盍取《四庫全書》本校而梓之！同治戊辰重九前三日，錫曾識。

丁秉衡跋

余舊藏宋刻《舊聞證誤》二卷，爲汲古閣、愛日精盧、善本書室所著録，末有魏氏錫曾跋，所謂世無二本者也。乙卯中秋後十四日，沅叔從蘇來虞，晚宿余齋，見之，定爲宋活字本，且出此鈔本相示，蓋先生即晨購於蘇估者。早得精鈔，晚見原刻，機緣巧合，洵爲藝林佳話。蘇估以此爲魏稼孫手鈔，以宋刻跋尾證之，知卷一實爲稼老手跡。惜已缺八葉，先生屬余鈔宋刻補之，因併録稼孫跋一通附後，而記其緣起如此。古重陽日，秉衡丁鈞記於荷香館。

宋本舊聞證誤補出各條：

王文正扈從在澶淵　寇準爲樞密使當罷　弭德超誣奏曹彬　寇準知京兆宋能獻天書　國朝舊制有殿前承旨　保安軍奏獲李繼遷母　李繼隆與盧之翰有隙　上將立章獻后　文臣爲樞密使　范魯公王沂公魏僕射三相罷　楚王元佐將立爲嗣　真宗疾甚丁謂李迪俱罷相　真宗時遣曾致堯安撫陝西　丁謂復相逐李文定　吕申公免相晏元獻爲政

以上卷一補十五條。

真宗時向文簡除右僕射　國朝異姓不兼中書令　天聖中宋莒公知制誥　丁晉

公爲集賢院學士此條前有闕文　駙馬都尉石保吉求爲使相　寶元中御史府闕中丞　王參政化基及第于呂蒙正榜　澶淵之役寇萊公首乞親征　真宗寢疾仁宗幼沖　嘉祐末仁宗曲宴羣玉殿　澶淵之役章聖既渡大河　神宗自潁川郡王即位　李文定公參知政事　王荊公執政時上元夜其家於宣德門觀燈　薛文惠公嘗請建儲　高麗曆日自天慶八年以後皆闕不紀

以上卷二補十六條。

熹年謹案：此書丁氏誤爲宋本，故跋中亦沿其稱謂，檢先祖《補記郘亭知見傳本書目》稿本，記此書云：「張氏殘宋本在丁秉衡家，乃活字本，非宋本也。後歸袁寒云」。然則此書非宋本明矣。

玄羽外編跋※

明眉州張大齡玄羽著，萬曆刊本，十行二十字。前有辛亥閩中曹學佺序，又眉州張養正序。全書凡六種，爲卷四十有六，卷一至四爲《史論》，卷五至十八爲《說史雋言》，卷二十二至二十八爲《晉五胡指掌》，卷二十九至三十四爲《唐藩鎮指掌》，卷三十五至四十二爲《隨筆》，卷四十三至四十六爲《支離漫語》。據養正序言，《隨筆》、《漫語》、《指掌》諸書里中先有刻本，義興俞羨長聯各種而貫之，名爲《玄羽外編》，損俸重梓，是此編乃俞氏在南京所再刻者也。養正又謂尚有《搜奇瑣談》、《汗青碎玉》、《止止亭雜言》，共八十餘卷，尚俟續梓云。知玄羽所著尚夥也。

統觀全書，大抵長於考史，徒騁議論，近於縱横家言，多染明人矜奇騖博之習。《隨筆》、《漫語》二種差有可觀，然亦略於紀述，而多肆評騭，蓋其人逞才好辯，其衡量亦未必允當也。

此帙昔年見於廠市，重其爲蜀人遺著故録而存之。其後數年又見一帙，因告鄉人涂子厚收之。萬曆辛亥至今三百二十餘年，舊籍傳世日稀，恐眉山里中今日亦絶少傳本矣。庚辰九月二十六日，藏園識。

史抄類

明鈔本兩漢博聞跋※

書凡十二卷，卷一至七爲前漢，卷八至十二爲後漢，《四庫總目·史鈔類》著録，《提要》云，不著撰人名氏，以晁氏《郡齋讀書志》考之，知爲楊侃所編。其書取班、范二書，擷其古今典實，文字雅雋，而以原注綴其下，亦《漢雋》之類也。明代有嘉靖戊午刻本，此影宋寫本，半葉十行，行十九字，版心記刊工姓名，宋諱殷、敬等字皆缺末筆，卷首列總目，每卷又有目，連本文，此猶存古式。卷末有胡元質書四行，知乾道時刻於姑熟郡齋者。此書宋刊本藏海源閣，余嘗獲見，行款與此悉合。又見宋刊本《左氏摘奇》一書，爲元質所撰，書尾有元質跋語，乾道癸巳鋟木當塗道院，是後此書一年付梓也。《提要》謂此書「四皓」條顔師古注，論四皓姓名臆説九十四字，爲明監本以下《漢書》所無，葉奐彬證明其説，言《張良傳》四皓下亦無此注，稱其足資考證。余檢汲古本《班書》，則王龔等傳序其注固赫然具存，豈館臣竟未之見耶！然楊侃爲端拱時人，其采擷時必據古本，取以校兩漢史注，自當别有佳勝可尋也。收藏有「黄氏汝成」、「日升」、「庚戌進士」、「秋官大夫」、「四義堂」各印。丁丑七月七日，藏園老人識。

跋語録後

元質頃游三館，蒐覽載籍，得《兩漢博聞》一書，記事纂言，真得提鉤之要，惜其傳之不廣也。爰是正而芟約之，刻版於姑孰郡齋。乾道壬辰十月旦日，吴郡胡元質書。

宋刊觀史類編殘本跋※

《觀史類編》宋刊本，存《治體》一卷。缺首葉。半葉九行，行十八字，白口，左右雙闌，板心上記字數，中記「治體」二字，上魚尾下。次記葉數，下魚尾下。下記刊工姓名。可辨者有：吴彦、卜進、吴珙、王信、李珍諸人，又宗、宣、遇各一字。末葉有「至正四年五月初九日」墨書一行，下鈐蒙古文印一方。

按：本書采輯經史中關於治道事蹟言論可爲法戒者，自《左氏傳》、《國語》、《史記》、《漢書》，以至《南史》、《北史》、《舊唐書》爲止，每書下記明卷數。書爲寶應劉君翰臣所藏，因失去首葉，不審其爲何名。嗣翰臣據《直齋書録解題》考之，知即吕祖謙《觀史類編》之一也。余昔年於文友書坊得明寫本《閫範》上卷，半葉九行，每行十八字，匡、貞、恒、慎、惇等字均缺末筆，知從宋槧影出，前有廣漢張栻序。其文亦采輯經、子、史諸書而成，《直齋書録》載之，而馬氏《經籍考》焦氏《國史經籍志》皆不著録，各家目録亦不收。余喜其閑家訓俗，有裨世教，欲考其源流，而渺不可得。兹取《治體》觀之，其行款與《閫範》正合，更據翰臣考訂，乃知其爲《觀史類編》之第三種，而以先成別行者也。且其説即出於直齋，余乃徧檢羣書，而未遑近察，日睹泰山而失之眉睫，此亦可爲愧怍者矣。考伯恭所著諸書，多已行世，獨此編自宋以後無傳者，竟爲斷種孤帙，而余與翰臣乃各藏其一，且藉以互相證明，雖殘珪零璧，要當以敝帚自珍矣。丙子二月初四日，藏園識。時大雪連朝，小園中松竹縞然，宛如玉海，臨窗展卷，寒光襲人，可云冷淡生活矣。

劉君翰臣原跋録附後方：

書缺首葉，不知何名，據《直齋書録解題》十四載：「《觀史類編》六卷，吕祖謙撰，初輯此編爲六門，曰《擇善》、曰《儆戒》、曰《閫範》、曰《治體》、曰《論議》、曰《處事》，而《閫範》最先成，既别行，今惟五門，而論議分上下卷。」此書所引止《舊唐書》，當爲宋人書，三十七引張説語，下注「此段又見議論」，據此頗類吕書。寶應劉啓瑞識。

影宋本閫範跋※

此書宋吕祖謙伯恭輯，分上下卷。前有乾道六年夏四月廣漢張栻序，言伯恭爲嚴州校官時，「與其友取《易》、《春秋》、《書》、《詩》、《禮》傳、《魯論》、《孟子》，聖賢發明人倫之道，見於父子兄弟夫婦之際者，悉筆之於編。」又考子、史諸書可以示訓者皆輯之。書成，名以《閫範》云云。《直齋書録》所載略同，惟題作十卷爲異。第檢此册，則采《易》、《春秋》、《書》、《詩》等文咸别葉重起，或陳氏所見本即據此分卷耶。然自陳氏後，如馬氏《經籍考》、焦氏《國史志》皆不見録，蓋宋元以後此書遺佚久矣。十年前廠甸游春，於冷攤拾得此書，祇存上册，楷法精雅，紙墨俱古，審爲明人手録。細棉紙，烏絲闌，半葉九行，行十八字，如匡、貞、恒、慎、惇等字均闕筆惟謹，知從宋槧摹寫無疑。卷上凡九十番，所輯爲《易》、《春秋》、《書》、《詩》、《周禮》、《儀禮》，則下卷所佚者爲《論》、《孟》、史子諸書矣。

余玩誦終篇，喜其於閑家訓俗，裨益閎多，私欲求得完帙，補繕成書，付梓行世。頻歲以來，窮搜簿籍，博訪通人，不獨著録不見其名，即後世撰述《内訓》、《閨範》諸書稱引皆不之及，守闕抱殘，殆將長此終古。余用是揭其大略，布諸周刊，或並世藏家有庋存是編者，敬當望風百拜，求爲一瓻之假。設如萬分之一，使原書復出，闕卷適符，則豐城劍合，樂昌鏡圓，吏可爲書林增一佳話。此尤鄙人所馨香禱祝而冀得一遇者也。生平於宋元殘帙訪得原書復合者，前後凡有數事，俟别述之。癸酉坡公生日書。

藏園羣書題記卷第六　子部一

總　類

明刊十子跋※

《鬻子》一卷，華州鄭縣尉逢行珪注，前有永徽四年逢行珪進書表並序。《鬼谷子》一卷，前有長孫无忌等校上叙，又高似孫文一首。《公孫龍子》一卷、《尹文子》一卷，前有山陽仲長氏序。《亢倉子》一卷、《鄧析子》一卷、《關尹子》一卷，前有劉向校上叙録。《子華子》二卷，前有劉向校上叙録。《鶡冠子》三卷，陸佃解，前有佃序。《小荀子》一卷，後有淳熙九年尤袤、嘉定庚辰丁黼跋。《鶡冠子》後有朱學勤跋、盛伯羲跋、章式之題。有「朱學勤印」、「小湖」、「鹽官孫氏」、「鳳鈞之印」、「孫銓百」、「東門狷者」、「宗室盛昱收藏圖書印」、「盛昱」、「伯羲」諸藏章。

右十子明刊本，半葉十行，行十九字，白口，左右雙闌。各種均無刻書序跋，不審爲何時所梓，然以字體刊工風氣觀之，其鐫刻當在正、嘉之間。且各卷於玄、殷、敬、貞、徵、完、慎、敦諸字皆闕末筆，則其由天水舊刊覆梓傳世可無疑矣。余於壬子歲始收得《鶡冠子》二册，爲盛氏意園所藏，卷首有朱學勤手跋，伯羲祭酒亦有題識，言爲孫銓百司馬所貽。脩伯、銓百、伯羲皆富藏書，精鑑别，前後珍重相付，視爲佳本，是其罕祕可知。旋於廠肆又得《子華子》一册，楮墨尤精。數歲後南游，於吳閶書坊。見《鬻子》、《鬼谷》、《鄧析》等八種，其字體行格板式刻工與《鶡冠子》無以異，決爲同時彙刊之本，因亟收之。於是先後竟得十子矣。然余博稽簿録，初無明刊十子之説，惟《郘亭書目》注有明刊《十二子》之名，而其所列爲何書，版刻爲何式，均不可得而詳。其以單帙著録者，《丁氏善本書志》有《尹文》、《鬼谷》各一卷，寫刻俱精，審其所記，與此本頗相類，疑即爲全帙之散出者。而余所獲此十子當即郘亭所載之十二子，而逸其二耳。

此書自收得後，久扃祕篋，不獲從事丹鉛，其勝異之處，未嘗爲之發明。惟偶檢《鄧析子》觀之，近時江山劉氏履芬曾有覆宋刻本，其《轉辭篇》末有「一聲而非，駡勿追；一言而急，駡不及」二語，讀者皆訝其不倫。及校此本，俱作「駟馬」，詞意顯然，視劉氏宋刻遠勝。至《鶡冠子》經意園手識，言較館本爲佳。後故人章式之曾從余假校，亦謂聚珍本之奪訛據此多所糾正。式之以校勘名家，其言宜不妄發，然則此十子者雖略有缺佚，而雕鐫既精，淵源復舊，且爲世不經見之書，從此珍爲罕祕，與宋槧同觀，寧有愧哉。

《鶡冠子》諸家跋語録如左方：

是書宋時有三十六篇，前十三篇即《墨子》中三卷，十九篇即今所傳者是也。此本不知何時所刊，中多謬誤，然其源出於宋本。偶於廠肆見之，購置結一廬。昔韓昌黎極稱此書《博選》、《學問》二篇，而柳子厚非之，以謂《鵩鳥賦》所引數語外，餘皆淺近。黄東發、晁公武皆祖其説。予謂是書蓋申、韓、尹文之流，語雖不純，要非後人所僞託。或疑因《鵩鳥賦》而依託，恐未必然也。咸豐六年九日，舊史氏朱學勤識。

此較館本爲佳。世無宋本；即有宋本，固云文字脱謬，如朱所云。不謬誤之本當爲另撰而後可。伯羲。

此序前引韓文，正爲退之讀此云云作案，乃一篇文字，聚珍本析爲兩篇，館臣之謬也。伯羲。此條在序後。

光緒丙申七月，孫銓伯司馬所貽。伯羲記。

歲在元(玄)黓困頓歲寒，長洲章鈺借校。時寓析津聽鵰戧舍。

儒家類

宋本纂圖互注荀子跋※

此宋季閩刻四子之一，中板心，半葉十一行，每行二十一字，注雙行二十五字，黑口，左右雙闌，左闌外記篇名及卷第。卷首有欹器、大路、九斿三圖，注内間加互注及重言、重意，皆用陰文標出。宋諱匡、玄、恒、徵、樹、桓、慎、敦、廓等字咸缺末筆，字體瘦勁，鋒棱峭露，是建本之佳者。間有補板，則規格雖存，而神采已滯，闌外亦無耳，頗易辨識。前後有「晉府圖書印記」、「敬德堂圖書印」、「姜氏家藏」各印。

此書舊藏内閣大庫，爲寶應劉翰臣侍讀所得，秪存上下二册，缺中册七卷，爲第七至十四卷。昨歲翰臣以余七十生辰，特奉此書爲壽。余適於前歲獲有殘本，可補入第十至十四卷，尚少八、九兩卷。乃今春於友仁堂得影宋本數卷，而此缺卷適在其中，遂取以合裝成帙，於是此二十卷之書竟得完善無闕。且影寫之卷楮墨特爲古雅，字畫亦復精麗，驟觀之幾於不能辨，披玩之餘，欣喜無量。此亦今年第一快心之事也。昔張子和得宋刻本，爲汲古閣舊藏。子和没後，黄蕘圃以豪奪得之，其後展轉仍以歸子和之孫芙川。余曾得寓目，審其字體行格，正與此本相同，尤奇者，其書亦缺第八以下各卷，蕘翁以元刊本補入，前後兩加題識。歸小瑯嬛後，芙川亦手跋以詳誌其事，同時如孫原湘、錢天樹諸人，相與綴言卷首，摩挲賞玩，所以矜詡者甚至。今余獲此本，缺卷雖黄本相同，而幸得宋刻原本補完，宛然天衣無縫，視蕘翁所藏彌足珍矣。

顧或謂《荀子》古刻北宋有吕夏卿監本，南宋則有錢佃江西漕司本、唐與政台州覆監本，皆號爲精善，若纂圖互注之本，出於閩中坊肆，宜不足爲重。不知此本雖爲習見，然諸家著録，多屬元代翻雕，若宋刊原本，則自蕘圃所藏外，惟《天禄琳瑯後目》及《皕宋樓藏書志》有之，固宜罕見爲珍。且以往事證之，錢遵王所藏吕夏卿、錢佃二本既已歸之士禮居矣，而蕘翁於子和之纂圖互注本不恤冒不韙以取之，是則其重視此本可知矣。余更以明本考之，顧氏世德堂六子本近世咸推善刻，余取此本對勘，則世德堂本之譌奪賴以補正者乃正夥。即以楊序校之，「周公稽古」不誤「稽首」，「敷陳往古」不誤「往昔」，「傳習不絶」不誤「傳誓」，「今之君子」「今」不誤「令」，「亦復簡編爛脱」「復」不誤「獲」，「理曉則心愜」不作「愜心」，「文舛則意忤」不作「忤意」，「脱誤不終」不誤「説誤」，「申舒鄙意」不作「鄙思」，「或文重刊削」不脱「或」字，「適增其蕪穢矣」「矣」不作「耳」。其異同之字皆足以據依。至本書各篇之中，此本譌奪亦所不免，然單詞隻字，佳勝之處，尤難以僂指而計。舉其要者言之，如《勸學篇》「青出之藍」不作「青取之於藍」，「聖心循焉」不作「備焉」，「玉在山而木潤」不作「草木潤」，「君子如嚮矣」不作「響矣」；《賦篇》「請占之五泰」不作「五帝」，注有「五泰，五帝也」一句，皆與台州覆監本不同。世德堂本與台州本同。然《困學記聞》引此五條，言監本未必是，建本未必非，是此本即王伯厚所本之建本，未嘗以坊刻而輕視之。他如《勸學篇》「螾無爪牙之利」，「螾」上不衍「蚓」字，注有「蚯蚓也」三字。「目不兩視而明，耳不兩聽而聰」，兩「不」字上不衍「能」字，與《吕氏讀詩記》所引合。又《勸學篇》「謹順其身」「順」不誤「慎」。《修身篇》「詩曰：噏噏呰呰」不誤「潝潝訿訿」，與王氏《詩考》合。是自宋元以來，學者傳習皆用此本，固已據爲善刻矣。至其餘各篇文字，可以糾正世德堂之差失，而其義實勝於監本者，陸氏存齋又歷舉其異同至三十條以證明之，則建本又寧可厚非哉！

昔顏黄門有言，「學者不盡讀天下書，慎勿輕下雌黄」。今世不乏耽書嗜古之人，然版刻之源流未究於心，丹鉛之校訂未親於手，偶覩標題，乍披卷帙，輒侈口而言曰：「此麻沙陋刻，坊市惡書也。」豈知披沙揀金，往往得寶，頑璞之剖，實藴連城。若徒肆耳食之談，以皮相爲事，未有不失之交臂者也。余以纂圖互注之書久爲大雅所不屑道，然既感於王伯厚之言，又手勘其文字之異，始知書坊所梓，亦時有較胄監爲優者，故不憚覶縷之詞，庶以得平情之論耳。古子舊刊，最爲希覯，三十年來窮搜博訪，雙鑑樓中所儲有范應元之《老子道德經古注》，安仁趙諫議宅之《南華經》，述古堂舊藏之北宋本《文中子》，此皆孤本祕籍，海内知名。今晚獲此書，雖論其聲價未能與三子抗衡，然驂靳相隨，可置諸附庸之列，亦聊以慰思古之幽情而已。

明涂楨刻本鹽鐵論跋※

明弘治刊本，半葉十行，每行二十字，白口，左右雙闌。收藏有「光四堂藏」、「鄭西冉閱」、「志雅齋」、「方濬益收藏珍祕書本」、「雲輪閣」、「荃孫」、「邈姑射山深處」、「忠孝之家」各印。

按：《鹽鐵論》古本罕覯，《郘亭書目》批注有元本，題《新刊鹽鐵論》，半葉十三行二十五字。據葉郎園《讀書志》，知爲江建霞學使所藏。篇中脱落殊多，《論儒》第十一脱全篇，《未通》第十五「失牧民」句下脱至末四百三十四字，《水旱》第三十六「爲善於下」句自「福應」起至「耨土」止脱六百五十一字，《執務》第三十九、《能言》第四十、《鹽鐵取下》第四十一皆全脱。此外正多，難以悉數。是真麻沙坊市陋刻，減工射利，任意删落，毫不足取信者也。自明以來，以涂楨刻爲最善，顧其本乃頗不經見。嘉慶丁卯，張古餘得之，據以翻雕，又參會衆本，撰爲《考證》一卷，顧千里爲序而行之。然其原本至今不可踪迹，各藏家亦未有以此本著録者。二十年來南北周游，留心搜訪，僅於繆氏藝風老人許一見之。老人晚歲僑居上海，時鬻去儲籍，爲刊書之資。宋元善本多歸劉翰怡、張石銘兩家，余亦往往得其一二。曾商及此書，老人殊有不忍之色。蓋書爲老人故里江陰所刊，且並世無兩，駸駸爲海内孤帙，其珍惜與宋元古本同，宜也。老人没後，遺書爲杭估陳立炎以三萬金捆載入市。其中精善小品，子受公子挾之入燕。余所見者有元本《爾雅》，爲平水進德齋刊元本《吴淵穎集》，爲宋璲手寫付刊，元本《伯生詩續編》，以行書上版，咸爲友人分携以去。此書乃爲吴江沈无夢所得。頃者，无夢參黑龍江戎幕，萬里遠征，瓶無儲粟。余適新鬻明人集數十種，因以三百金爲賸，无夢遂舉此書見貽，亦夙知余之篤嗜也。十數年來所縈神繫夢者，至此乃入吾篋中。爰詳書始末於册，以見古本之難遇，良友之多情，吾子若孫其善保之。

又按：此書傳世者尚有華氏活字本、明攖甯齋鈔本、正嘉間刻本、太玄書室本、倪邦彦本、胡維新本，皆收藏家所稱爲善本者也。兹爲分考如下：

攖甯齋鈔本：黄丕烈藏。前有涂楨序，板心題「弘治歲在重光作噩」，與涂刻同歲。

無錫華氏活字本。黄丕烈影寫。據跋言，多脱落訛謬，不及攖甯齋本。然各家著録均無之。

太玄書室本：曾見湘中郭侗伯同年藏本，九行二十字，白口，單闌，版心上魚尾上標「太玄書室」四字。前有涂楨序。

正嘉間刻本：九行十八字，白口，單闌，字體方板。前有都穆序。余家有之。

倪邦彦本：十行二十字，白口，四周雙闌。前有都穆序，又嘉靖三十年倪邦彦重校序。余新獲一本。

胡維新本：萬曆刊。在《兩京遺編》中，九行十七字。

沈延銓本：併爲四卷，九行二十字，卷首撰人下題「明東吳沈延銓校」一行。相其版刻，似在萬曆以後。《孫祠書目》、《郘園讀書志》皆誤作沈廷餘。余藏有一本，前似失去序文。

合上列諸本觀之，華氏活字本衹見黄蕘圃、顧澗蘋影録，未見原本，其行款若何，有無涂、都二序，未由懸測。其餘若櫻甯齋鈔本及太玄書室、倪邦彦刻、正嘉間刻，均有都穆序，或涂楨序，是此書向無善本，自弘治辛酉翻雕嘉泰本出，於是再傳三傳，咸探源於此，第其行格有改易，或文字加以訂正耳。大宋本不得見，見涂氏本猶宋本也。涂本又不易見，見張本猶涂本也。此學人所咸知，宜無異説矣。

憶曩年滬館商定《四部叢刊》版行時，余語張君菊生，此書莫善於藝風所藏，迺真涂刻，海内無第二本，最爲珍祕。其餘紛紛號爲涂刻者，皆正嘉間覆録耳。而同年葉君奐彬起而抗争，奮几抵掌，以張刻爲僞，以涂刻爲僞，以藝風所藏真涂刻爲非真。高睨大言，歷詆張古餘、顧澗蘋、繆藝風諸人皆爲誤認，且謂彼輩皆受賈人紿，世間真涂本惟吾家所藏孤帙耳。詢其藏本爲何，則九行十八字，即余所斷爲正嘉間本者也。余反復駁詰，再三推證，堅持不易其説，菊生亦爲所劫持，於是舍繆本而用長沙葉氏藏本。余説既不售，惟屏息私歎而已。今故人長往，青山白首，時動哀吟，即當日奪席雄譚，辨論斷斷，回思輒爲腹痛。寧敢翹亡友之過以自矜！惟論學之道，要在心平，考證之途，必勤目涉，意氣固無所於争，而是非終不欲曲徇。今新淦初雕既日登几案，豐順宋槧亦躬得摩挲，衆證具陳，積疑自釋。爰列爲數説，辨其同異，以待亭平。九原之下，或亦許爲諍友乎？

一，宋本不足據也。葉氏所引爲鐵證者，以持静齋著録宋本也。宋本行款爲九行十八字，涂氏既直翻嘉泰本，葉氏因涂序言所據爲嘉泰壬戌本，而丁氏宋本則爲淳熙改元，於是又爲之説曰，嘉泰又翻淳熙也。其行款亦必相同。而其所藏明本行款適與之合，又前有涂楨序，遂斷定以九行十八字者乃真涂本，而張氏所翻爲誤。以余所見考之則大謬不然。丁氏宋本詳載《持静齋書目》及莫郘亭《經眼録》，羣謂此真驚人祕笈矣。數年前，丁氏族人捆載遺書入都，此書爲保古齋殷估所收。余急往觀之，原書乃明正嘉間刻本，卷尾「淳熙改元錦谿張監税宅善本」木記二行乃别刻粘附者。卷首馮武題識字迹凡俗，氣息晚近，決非竇伯所爲，使人爽然失望。其後貶價百元售之。中丞公兩目如漆，固不足責。邵亭先生號爲精鑑，亦復隨聲附和，不敢訟言其非，則真足詫矣。

一，涂本不易見也。此書自宋刊後，至明初未見刊本。元本删節不足論。涂氏得嘉泰本覆刊，都元敬爲之序，遂爲世寶貴。其字軟體，而筆意秀勁，的是成、弘間風氣。張刻影摹入木，備極工肖。自涂本出後，正、嘉、萬以來刊本皆從之出，故行款迭有改易，真體變爲拘板，或略加校正刊行，然皆有涂、都兩序冠首，以明所出之源。明人翻宋本多録宋本原序、年號，此通例也，豈得因翻本有涂序遂以爲涂本乎？祇緣涂本傳世最稀，後人多未得覩，遂皆以翻刻者爲涂刻。不意葉氏亦隨俗浮沈如是也。夫弘治辛酉距嘉泰壬戌甫三百年，其訪求宋本固非甚難，都氏又負雅鑑，富收藏，其審定自足取信於後。葉氏又經數百年之後，而必懸斷宋本非十行二十字，又懸斷嘉泰本爲淳熙重翻。杜預所云「度己之迹而欲削人之足」，無乃傎乎！又，涂刻自藝風藏本外，近年方於故宫檢出一帙，爲季滄葦舊藏，其珍祕可知。若九行十八字本，余於文德堂收得一本，葉氏自藏一本，日本亦藏一本，又嘗於廠市屢見之，三數十金即可得，蓋亦數見不鮮矣。葉氏閱肆未久，聞見頗隘，其持論倒置，宜哉！

一，張本直翻涂本，無可疑也。涂本字體秀勁，正嘉本則方整而神氣板滯，全無筆意，已開後來坊工横輕直重之體，爲古今刻書雅俗變易之大關鍵。凡鑑書者，但觀其刀法，審其風氣，即可斷定其時代先後，百不失一。此收藏家所宜知也。葉氏乃以秀勁者爲嘉靖本，反以板滯者爲弘治本。强詞以伸己説則可，若取兩本並几而觀之，當憬然於其故矣。葉氏既言張敦仁所刻涂本爲改易行款，又言顧廣圻爲張氏校刻所見爲倪本，并譏繆藝風所藏爲倪刻之無序者。余篋藏適有倪本，其行格雖同，然考其異者有六焉：倪本板匡横闊，較涂本增半寸許，且中縫無魚尾，上下半葉各爲四周雙闌，一也；前有倪氏重校序，言涂刻有誤，二也；首卷撰人後增「明倪邦彦校」一行，三也；每卷前無目録，四也；字體方板，五也；其篇中字句有校改處，六也。此六者與涂本無一合，不知葉氏何所據而爲此言。蓋葉氏實未曾日覩倪本，祇檢書目所載行款相同而比附之耳。古餘刻書本爲當行，其影宋撫州本《禮記》夙推精審，澗蘋博學多聞，以校勘名家，當時皆躬與其事，故其雕鐫精善，視原書毫氂畢肖，斠正極爲詳慎，安有輕改行款、誤認板本之失？葉氏乃悍然不顧，概從抹摋，寧免武斷之譏耶！

綜而論之，葉氏嫻孰著録，而於板刻無真鑑之力，故同一習見之正嘉間本也，在丁氏則以宋刻目之，在己藏則以涂刻目之。此本前有都序，丁本去之以充宋刊。根源既誤，見張刻之不同，則力詆張、顧之改易行款以堅其説。蓋緣生平未得見涂本也。及藝風以真涂本示之，則又妄稱爲倪本以飾其非。今涂本、正嘉本、倪本、張本皆並儲吾篋中，因爲詳著源委，以告後人，俾知凡學問之道要以實驗爲真，無假空言以取勝也。

嘉靖倪邦彦刻本鹽鐵論跋※

明嘉靖倪邦彦刊本，半葉十行，行二十字，白口，上下半葉各爲四周雙闌。前有弘治十四年吴郡都穆序，次鹽鐵論重校序，題「嘉靖三十年上海晚學倪邦彦識」，次目録。首卷第三行題「明倪邦彦校」。據邦彦序，有「翻校覆輯」之語，是雖沿用涂本而重加勘正者也。

今略檢其與涂楨本異者臚列於下：

《通有》第三：「是以揭夫匹婦」，倪本校改作「褐夫匹夫」。按：下「夫」是訛字。

《晁錯》第八：「此解揚所以厚於晉」，倪本校改作「解楊」。

《毁學》第十八：「然而荀卿謂之不食」，倪本校改作「爲之」。

《殊路》第二十一：「文學蒙以不潔」，倪本於「文學」下校增「曰」字。

《遵道》第二十三：「聖達而謀小人」，倪本改作「謀大」。

右所列各條就張古餘涂本《考證》中舉之，全書固未獲詳校。然即此觀之，其覆雕時别經刊正可斷言也。葉氏奂彬乃言古餘所翻者爲倪氏本，又指藝風老人所藏之涂刻真本爲倪本之失序者。今各本咸存吾篋中，其衆據明確又如此，倘故人無恙，觀此當可恍然悟矣。

倪本固不恒見，兹將原序附著焉。

鹽鐵論重校序

嘗披閱古之文多雅馴，兩漢中尤於《鹽鐵論》超悦焉。《鹽鐵論》者，桓次公推衍詰難，增益條縷，錯變數萬言，以成一機軸。班蘭臺有贊述矣。其學博通，善屬文，故每一篇辭響發而披赤憀，意沈壯而寓諷激。其遥遥乎莫知玄邈，而疾靡能物色也。世所傳已多，計年代變，尚有陸離，思得其完而覯之。幸有涂江陰錂者，凡六十首，然雕虎是執，而亥豕多訛。邦彦翻校覆輯，而桓之論其完見於今者，焕然曜聯璧之華，而讀有餘愴矣。緬維桓意，亦欲師古，始建明德，芟夷利湧，静醇俗風，以咸登國家之教政。世之學者命辭以托志，至乎桓而後爲論不能至，要之不知論爾。是故善附者異旨如肝膽，拙會者同音如胡越。嗟乎！論議其難，惟有寬焉。此邦彦之所希艷，而天下之所甚警也。是爲序。時嘉靖三十年辛亥五月既望，上海晚學倪邦彦識。

王蘭泉校本鹽鐵論跋※

清刊本十二卷，有注，前有張之象序，即王謨《漢魏叢書》本也。王蘭泉以朱筆校過，鈐印二，曰「王昶之印」，曰「述盦」，曰「經訓堂王氏之印」。前後無題識，未知所據校者爲何本，有依涂本者，有依《大典》者，有依《通典》者，其改訂字句與張古餘《考證》、盧召弓《拾補》不必盡同，意爲瀏覽時隨筆點勘所得也。原本既從張之象本而出，張氏變易舊第，於字句亦多踳駁，頗爲後人所訾議，其有待於糾正者甚多，蘭泉不過就其泰甚者而改訂之，庶便於披覽，非別據一古刻舊鈔以勘定全帙。

此書爲李椒微師舊藏，今歸於北京大學圖書館，余假得，以蘭泉校書向所稀覯，因迻録於《兩京遺編》本上，邇日以俗冗紛乘，苦無閑暇，因携入頤和園中，凡五日而畢。余別藏有弘治涂禎本、嘉靖大字本、倪邦彦本、萬曆太玄書室本、沈延銓本，異時當綜合諸刻，擇善而從，訂其異同，正其訛失，更取古來羣書引用之文，以資參證，其研尋所得，必有出於盧、張二家之外者，庶足垂爲定本乎。

校宋本説苑跋※

《説苑》一書余昔年曾假得宋咸淳本，取程榮所刻勘讀一通，是正極多。嗣海源閣藏書散出，其所藏北宋本《説苑》偶得寓目，悤悤諧價不成，後爲東邦人收去，至今耿耿於懷。頗憶其鐫工精整，字體方嚴，洵爲宋代佳槧，然其風範氣息，與北宋刻不類，蓋蕘圃跋語第云「必是北宋以來舊本」，未嘗徑題爲北宋刻也。

德化李椒微師藏有宋本，版式行格與海源藏本悉同，其書余爲師代收者。憶甲寅之夏，文德堂書估韓佐泉持以相眎，鉅册蝶裝，前後微有損浥，望而知爲内閣大庫之物，存卷十一至十九，卷二十存首葉。紙背鈐有元代國子監崇文閣印，索價雙栢。適窘乏無以應之，乃攜返津沽，師見之欣然，愛不釋手，遂以歸焉。其後余頻乞賜假一校，終不得請，先後十餘年求一見而不可得，思之輒爲悵歎。

今歲聞師之遺書以四十萬金歸於北京大學圖書館，余乃從典守者假出，攜入頤和園中，仍用程本對勘，凡歷七日而訖功。每卷前有進書人結銜「鴻嘉四年」二十二字，與咸淳本正同。其校正之字大率八九合，然此本有而咸淳本無者亦所在多有。其尤甚者，卷十三「周廟燔」一則，「天何不殃其身」下，多「而殃其廟乎子」六字，得此語意乃完足，實爲最勝。又偶有校正之文注於本句下者，亦爲咸淳本所未有，兹亦撮録於後。

又，此本字體雖方整，而氣息已孱薄，遇宋諱皆不缺筆，疑宋末元初重校覆刻之本，故雖同出一源，而文字微有差異，而椒微師乃定爲北宋刻，則非末學所敢知矣。庚辰八月中秋節，藏園識。

兹舉第十一、二卷異字爲咸淳本所無者，列於左方：

卷十一，「魏文侯飲酒」條，「飲不嚼者」，「嚼」作「釂」。下句同。「襄成君始封」條，「縣令執將」，「將」作「桴」。「雍門子周」條，「居則廣夏」，「夏」作「廈」；「激楚之功風」，「功」作「切」；「綵色以淫目」，「綵」作「練」；「臣所爲足下悲者一事也」下，奪「一」字；「夫聲敵帝而困秦者君也」，「也」不誤「之」。「蘧伯玉使楚」條，「三者固可得而託耶」，「託」下有「身」字。

卷十二「春秋之辭」條，「此四者各止其科」，「四」作「義」，「止」作「上」；「謂將帥用兵也」，「帥」作「師」；「君無危而擅生事」，「君」作「若」；「詩無通故」，「故」作「詁」。「秦楚轂兵」條，「試孰計之」，「孰」作「熟」。「魏文侯獻鵠」條，「斧鑕之誅」，「鑕」作「質」。

各卷所注校語録左：

卷十三「其次知事」，次下注「一有者字」。「誠而興於朝」，「而」下注「一有能字」。「楊王條」末注「其知一作其言」。

卷十五「大爲天下笑」，「下」字下注「一有戮字」。「已雕已琢」條，末注「一本自『直而不能枉』別作一段」。

卷十七「榮啓期」條，「是二樂也」，「是」下注「一有爲字」。

卷十九「樂者聖人之所樂」條，末注「『嘽奔慢易』一作『嘽諧慢易』」。

宋本揚子法言跋※

《揚子法言注》十三卷《音義》一卷，宋刊本，半葉十行，每行十六七至二十字，注雙行二十五六七字，亦有少至二十一字者，白口，左右雙闌，板心記字數，不分大小。下記刊工姓名。卷一第一行題「揚子法言學行卷第一」，次行題「李軌注」，低六七格不等。每卷後空一行標書名卷第幾，不附篇名。宋諱玄、弘、殷、匡、敬、貞、朂、恒皆缺末筆。《音義》後列國子監校勘官銜名，自主簿文効至判國子監蔡抗十九人，凡二十六行。下空三行，又列參知政事趙概、歐陽修，同中書門下平章事曾公亮、韓琦四人銜名，凡八行。蓋源出汴京國子監刊本也。刊工有殷忠、金祖、王植、沈定、王壽、李洪、朱玩、吴中、李正、章宇、王椿、王用、李度、李恂、高俊、何澄、張世榮、張謙、孫日新、王正、李亢、李信、李倚、嚴忠、秦顯、章忠、張用、莫珍、趙旦、吴寶、宋裕、李倍諸人名。後有顧千里手跋二十六行，已刊入《楹書隅録》，不更贅述。

按：是書石研齋秦氏已有覆本，學者多有其書。今以原刊對勘，摹泐精良，足稱佳槧。其文字佳勝，視建安坊刻遠過，顧澗蘋已備言之矣。然余連日詳審比勘，則所見有足補顧氏所未逮者。昔人以後列校勘官銜名有呂夏卿校定一行，斷爲治平監本。夫監本誠是矣，而以爲治平所刊則非也。考卷中宋諱缺避惟謹，然卷五第四葉注中「三桓專魯」句「桓」字缺末筆，卷三第四葉「君子微慎厥德」句及《音義》第七葉注文「《史記》作慎靚王，《索隱》作順靚王，或是慎轉爲順」各句「慎」字均缺末筆，則已入南渡無疑。且審其字迹雕工，雖格體嚴整，而樸厚之意寖失，當是浙杭重翻之本。至卷二之二、四葉，卷四之五葉，卷五之五葉，則又爲後來修補之版，寫刻皆粗率，毫無氣韻，更顯然可判者也。又卷十三之第三葉，秦氏覆本注明宋本缺葉，依何屺瞻校本補刊。今檢此葉，宋刊固赫然具存，已自足異。及以秦刻校之，則行格上下視宋本迥不相侔，而核其文字乃更有差舛。如本文中「荒荒聖德」句，宋本「荒荒」作「芒芒」，注亦同。又注文「道至微渺」句，宋本「微渺」作「微妙」，其義皆以宋本爲勝。以意揣之，秦氏付刊時原書本缺此葉，故依義門傳校本補之。嗣後得宋刊殘本，缺葉幸獲補完，而墨版已不及追改，故致此參差。所可異者，義門校讐夙稱精審，不應傳本歧出至此，豈所據之本適爲補刊耶？嗟乎！典籍流通，千古盛業，信今傳後，夫豈易言，一或不慎，則厚誣古人，貽誤來者。今書不及百番，義門屬筆於前，澗蘋致力於後，其人固皆博聞方雅，爲舉世所推崇，而指疵摘瑕，乃猶賴於吾輩。設令海源高閣，終古長扃，則覆本流行，雖明知其謬失，又烏從而糾之耶！是則閣書之放失，雖爲海内所嗟歎，而珍籍僅存，使人人得摩挲而訂正之，亦吾輩之私幸也夫！

庚午初冬，文友書坊收書於順德，獲海源閣所儲殆數十部。余急往觀之，大率多鈔校之本，而殘佚居其半。宋刊獨有此書，惜只存二、三兩册。留置案頭者匝月。余語主人魏經腴，謂：「此乃蜀賢名著，於理當歸余，俾與豫章本《方言》爲侶，亦大佳事。」經腴言：「此殘帙無人過問，可暫置此，終當爲君致之。」歲杪，經腴之弟慎甫在津門聞有《法言》二册在肆中，急取重金令會文李賈爲物色之。嗣李詗知踪跡，反金於慎甫而陰自取書以歸。同學邢君贊庭聞其事，亟挾此二册去，而争論自兹起矣。方余之返書於文友也，趙君斐雲知之，走肆中索是書。經腴告以余已有夙約矣，斐雲堅欲爲館中收此書，便詣會文取其半，李估以邢捷足先得告之，斐雲意不無稍望，乃堅持之不釋。贊庭亦頻過廠市督促經腴，終不得要領。於是趙與邢各挾其半不相下，賈人且乘此機以要高價，而余以最先約定者轉若毫無關係，且咸浼余斡旋其間。余乃商於斐雲，爲完成是書計，宜讓贊庭收之，且余已不復追理最初之約矣。斐雲亦欣然慨諾，緣是而兩方之書重集於吾齋，余得以從容勘讀者又百餘日焉。爰詳考同異而誌於册，且兼述交涉之顛末，以見二君愛書之摯，癖古之深，展轉遷回，終使豐城劍合，合浦珠還，爲書林留一段佳話。顧余以創獲之人，乃交臂而無所獲，撫卷之餘，又惘然若失矣。

宋本纂圖互注揚子法言跋

《纂圖互注揚子法言》十卷，宋刊本，半葉十一行，每行二十字，注雙行二十五字，黑口，雙闌。首宋咸序，次宋咸《進重廣註揚子法言表》，次司馬温公《註揚子序》，次篇目，次《五聲十二律圖》一幅。宋咸序後有牌子六行。本書首行題「纂圖互註揚子法言卷第一」，次行低二格題「晉李軌、唐柳宗元註」，三行低二格題「聖宋宋咸、吴祕、司馬光重添註」。註文先李，次宗元，次祕，次光。其重意或互註則於註後加白文二字以別之。卷中貞、慎等字缺末筆，左闌外記篇名及卷數。間有元補之葉，則闌外不記。

按：《法言》通行者爲明顧氏世德堂本，其源出於宋末建安四子，而去其互註與重言重意耳。然其中亦有未經去净者。此宋末刊本各家多有之，恒不爲世重，余歷年所見凡三四帙，皆晚印模糊者。且其中卷六第十一、二兩葉，卷八第九葉，卷九第三、四、五、六葉，卷十第七葉，行格既有改易，註文咸經删落，闌外亦不記篇名，審爲元代補刊之葉，欲求一初印清朗者竟不可得。余此帙得之滬上，爲鐵琴銅劍樓舊藏，未經編入目者。其補版晚印與所見各本同。初夏無事，偶取世德堂本對勘一過，則佳處正復不少。兹舉其註文言之：如卷一「丘陵學山」註「故曰學海」下脱「丘陵亦山之類而小，故曰學山」十二字；

卷二「蒼蠅紅紫」註下脱「咸曰：言□□蒼蠅白黑與紫亂朱」十三字；卷三「揗提仁義」註下脱「提徒計切，亦擲也」七字；卷六「德隆則晷星」註「有德無德」下脱「而已聖人知其然，務在脩德，豈在星乎？德之隆盛，然後規星無不順軌星」二十八字，卷七「程嬰公孫杵臼」註「趙括趙嬰」下脱「齊皆滅其族。朔妻成公□□有遺腹子，走公宫，匿程嬰」二十一字，皆賴此建本補完。其餘正文及小註改訂者約得二百數十字，更不可殫述。夫世德堂本開板宏朗，精美悦目，號爲善本，非兼金不易致，豈意其奪訛盈目，轉不如此陋刊坊本之爲愈乎！以此知讀書貴得古本，要必悉心翫誦，乃知其勝，惜乎皮相者多，而真賞者日少，爲足歎也。庚午五月既望，藏園居士附記。

臨何義門校揚子法言跋※

《揚子法言》宋刊本舊藏於海源閣楊氏，近歲以聊城被兵散出，爲邢君贊亭所得，余曾得假觀，即世所稱淳熙八年錢佃重刻之治平監本也。留置案頭，把玩連月，手爲題識以歸之。顧以方從事他書，未遑肆力丹鉛。頃贊亭復收得何屺瞻手校本，審其所據，即治平監本，乃取舊藏世德堂本移録於上。其卷第既殊，正文及注亦多差異，義門又於文字精要處加以標點，偶有所見，輒評隲於上方，蓋校勘而兼評點，固何氏之家法也。篇中往往發明刺譏新莽之旨，所以申辨子雲志事，一雪「莽大夫」之誣，其用意特爲深摯。然此説自宋時固已啓之矣，不始義門也。惟何氏校勘時，此宋本《孝至》篇中尚缺一葉，洎余見此書時，則闕葉已完，其補闕出於秦氏敦夫之手，蓋適得殘帙，正彌所失，亦云巧合矣。

余藏世德堂本，舊有吳中丁士涵臨吳尺鳧所校，據吳氏跋語，亦依治平本所勘正。然今取何氏校本對核，則補逸正譌，其文字多爲吳氏所未及，豈尺鳧校筆偶有奪漏耶？抑所據者爲重校補刊之本耶？洵疑莫能明矣。

丁氏臨校用朱筆，余以何校增入，改用藍筆，其相同者，則以藍筆點識於朱字之側，以免塗改重複之勞，而覽者亦可觸目了然焉。庚辰八月中浣，藏園手記。

明刊潛夫論跋

此書舊傳塘栖勞氏丹鉛精舍有金刻本，爲錢東澗舊藏，今已無可蹤迹。元大德間與《白虎通》《風俗通》合刻者，題曰「新刊三種」，今亦不見流傳。明刊亦有數本，余見盛意園家有十行十八字本，版狹小而刻工草率，曾爲吳佩伯收之，匆匆未得校勘，不知其善否也。此本昔年得之南中，半葉十行，每行二十字，白口，左右雙闌，序跋不存，莫辨爲何時所梓，刻工不精，然字體挺勁，尚存古意，要是正、嘉間風氣。門下士劉詩孫曾假校一過，言其佳字出於馮已蒼校本之外者頗多。按瞿氏《鐵琴銅劍樓書目》所舉明翻宋本，勝程榮本處甚多，如《三式》篇「稷禼」不誤「稷禹」，《德化》篇「砥夭」不誤「砥礪」，《姓氏》篇「則不能故也」不誤「改也」。今以此本核之，其勝異正同，是亦可推爲善本，未可以鎸工粗率而抑之矣。

考近時藏家目録，錢塘丁氏、虞山瞿氏、歸安陸氏皆藏有明刊本，然按其版式均與此不合，可知此本特爲稀見。余昔年領教部時，曾以部檄調取江南館所儲馮已蒼所校宋本，臨校於程榮本上。異時有暇，當更取茲本比勘之，其異同得失視宋本若何，方可以定此刻之品第，不徒以罕覯而見珍也。

劉先生譚録道護録跋※

按《郡齋讀書志》（《附志》）及《直齋書録解題》于《元城語録》後即載《譚録》、《道護録》二書。《陳録》并云「以上三書皆刻章貢」，是宋時刻本《元城語録》後原附二書也。今《元城語録》自明以來傳刻之本遍行於世，獨二書竟無傳本。咸豐時金山錢培名校刊《語録》，附入《小萬卷樓叢書》中，於是搜采羣籍，輯二書逸文，綴之卷末。《譚録》得十三則，《道護録》得八則，其所據者爲《黄氏日抄》，而參以《名臣言行録》。然各條所引皆寥寥數語，首尾不具，其詞旨莫由窺觀也。

昔歲見宋氏榮光樓寫本《諸儒鳴道集》，則此二書咸所甄録，數百年沈晦不彰者，一旦神明焕然，復顯於世。急手録副本，擬收入《雙鑑樓叢書》中，鋟梓以傳，俾復劉氏三録並行之舊焉。按《直齋》所記《譚録》爲二十一則，韓瓘自叙亦云然，今考全書，正符斯數。至《道護録》，郡齋所載爲二卷，陳氏所載爲一卷，錢氏頗疑郡齋二卷爲誤，緣所録止十九則也。今鈔本正作一卷，然止十三則，意當時畫分條段或與今本有殊，若就各條以意區分，亦可符十九之數，蓋文字完足，似非缺闕也。宋氏寫本源出宋刊，其底本不知尚在人間否，安得宋本一校，庶幾一決此疑也。

宋刊西山讀書記乙集跋※

《西山讀書記》甲、丁二集最先刊行，其乙、丙二集陳氏直齋即未之見，故不著於録。至開慶二年，門人湯漢從其子仁夫得遺稿，釐爲二十二卷，題曰「乙集下」，刊之福州，即此書是也。然書既晚出，傳播無多，行世絶少完帙。近世藏家，如虞山瞿氏祇存甲集，錢塘丁氏祇存乙集上及丁集殘卷，適園張氏祇存乙集下五卷，惟皕宋樓陸氏乃有全帙。今此本二十二卷完然無缺，可云稀覯之籍矣。觀其字畫方嚴，體仿顔柳，在閩刻中要爲上乘，與宋本《古靈先生集》字體鐫工絶肖，與尋常建本以峭麗取勝者不同，蓋事屬官工，寫楷人亦經妙選，披誦再三，無任欣嘆。第有不可解者，據陸氏跋記，卷尾監雕官銜名爲「福清縣縣學主張桂」，考此本乃作「縣學主學張植」，官名人名皆誤；提督官銜名「福建安撫司參議官仍釐務涂」，涂下失名，此本乃作「涂演」；然此猶可言印板模糊脱損，致此差失也。其尤異者，陸氏記其行款，每葉十八行，每行十六字，注雙行，二十四字。莫氏《知見書目》、瞿、丁、張諸家目録所載同。今取此本證之，每葉十八行固合，而每行十七字，注文同，與陸氏及各家藏本皆異，當是別爲一刻。異時若訪静嘉文庫，羅兩本於几案而參考之，庶可斷刻本之孰爲先後也。歲在壬午新春人日，傅增湘識於企驎軒。

明刻政經跋

《真文忠公政經》一卷，後附録歙縣、隆興、潭州、寧國、醴陵爲政諸事，及訓諭條教各牘，謂之政迹。前有淳祐二年門人王邁序，蓋與《心經》同刻者。明刊本，半葉九行，行十八字，黑口，四周雙闌，當是成、弘間所刊。舊爲陳仲魚藏書，有鈐印二方。此刻亦殊罕覯，光緒中葉，武英殿曾取宋本覆刊，廣幅大字，殊便閲覽，此本行格與之正同，疑即從宋刻出。然偶取一校，其序文中「國用漸煩」四字，此本已作「國步斯頻」，知覆刻正不免訛誤矣。書以古本爲貴，信然！戊寅五月杪，藏園記。

明本管窺外編跋※

元人史伯璿字文璣，平陽人，撰《管窺外編》二卷，《四庫·儒家類》著録。前有至正庚寅伯璿自序，當時與《四書管窺》同刊板於温州府治。歲久漫滅，明成化九年廣東布政使袁舜舉出貲刻《四書管窺》，而按察使吕洪與伯璿同邑，復刊此書，即今本是也。半葉十一行，每行二十二字，黑口，四周雙闌。全書不分卷，疑《四庫》之二卷乃館臣所分，非其舊也。舊藏汲古閣毛氏，有毛斧季手跋一則，兹録於後。其卷中鈔寫兩葉乃原板所缺，斧季據大字翻板手寫補完，是可珍也。

偶閱明人閩南鄭瑗《井觀瑣言》，論及此書揣摩太甚，反成傅會，又持論多無一定之見。歷舉其論天地、論月食、論置閏諸説，皆屢言屢變，乍彼乍此，進退皆無所據。且其言天有範圍，地有根著，尤近於妄談。其指摘要不爲無見，因取其全篇附之左方，以俟好學深思者折衷而論定焉。庚午立秋日，沅叔手記。

史文璣伯璿先生既撰《四書管窺》，以其緒餘爲外編。舊有刻板在温州，歲久漫滅，成化間其同邑吕大正洪復校刻之，即此本也。嚮爲焦淡園竑太史所藏，後歸於余。其天帝一條内缺二紙，偶訪郡友，見案頭有殘本，又屬大字翻板，而所缺處獨全，因借歸抄補，遂成完書。但其漫漶處翻本亦缺，無從是正，爲可惜爾。辛巳四月下旬，汲古後人毛扆識。

附録《井觀瑣言》一則

平陽史氏伯璿亦近代博考精思之士，然揣摩太甚，反成傅會，所著《管窺外編》，其持論多無一定之見。如論天地：既爲天屬氣，地屬形，形實氣虚，氣能載形，虚能載實，而主邵子有限無涯之説矣；復謂天亦有非虚非實之體以範圍之，内爲勁氣所充，上爲三光所麗。既主朱子天外無水，地下是水載之言，而謂天包水，水載地，地浮於水上矣；復疑地不免有隨氣與水而動之患，必不能久浮而不沈，而謂南樞入地處必有所根著，與天體相貫通。論月食：既疑先儒月爲日中暗處所射之説，而主張衡暗虚之説，以爲暗虚祇是大地之影矣；復疑影當倍形，如此則月光常爲地影所蔽，失光之時必多，而謂對日之衝與太陽遠處往往自有幽暗之象在焉。既謂天大地小，遮日之光不盡，日光散出地外，而月常受之以爲明，是本沈括月本無光，日耀之乃光之言矣；復謂月與星皆是有光，且月體半光半晦，月常面日，如臣主敬君，此其光所以有盈虧之異。論置閏：既謂置一閏而有餘，則留所餘之分以起後閏、置兩閏而不足，則借下年之日以終前閏矣；復謂置閏之年，其餘分未必無餘，而不可有所欠。論日月之運：既主横渠天與日月皆左旋之説，而謂日月與天同運，但不及其健，則漸退而反右矣；復自背其説，而有二人同行之喻，謂曆家右轉之説自有源流，未可以先儒所學之大而小之。凡此等處，屢言屢變，乍彼乍此，進退皆無所據。其曰天有範圍，地有根著，則近於無得之妄談，而淪於小智之私矣。「臣敬君」與「二人同行」之譬尤爲不達事理。大抵天地日月之理雖亦格物窮理者所當理會，然既未可目擊，難以遥度，則不如姑以先儒所已言者爲據，暫且放過，而於天理人事之切近者致詳焉可也。苟於此用心太過，則牴牾愈多，且終不能以豁然而無疑也。

兵家類

明本尉繚子標釋跋

《尉繚子》一卷，明天啓刻本，半葉八行，行十八字，白口，單闌。前有天啓三年邑人靳於中序，次天啓癸亥尉氏令交河及朴序，次邑人阮漢聞題詞，次録《史記·始皇本紀》及

《周氏涉筆》各一則，次日録。本書題「尉氏阮漢聞標釋」，「瀛海及朴參訂」。句下有注釋，行間有點識，每篇後時加論斷，蓋阮氏標釋以見義也。

按：序言「及令既刻《阮嗣宗集》，以尉繚亦籍尉氏，遂取阮太沖太學標釋本授之梓，并以阮氏題詞冠於卷首。原書二十四篇，舊分五卷，今合爲一卷。漢聞謂繚文古朴精鍊，勝《六韜》蕪蘙。第《武植》、《文種》、《省獄》、《禁暴》諸篇絶類督責諸令刻深，意其真僞參半，錯雜成書」。其言至爲有識。其中關係最鉅者，如《周氏涉筆》所言，《尉繚》兵令於誅逃尤詳，其文有「善用兵者能殺卒之半，次殺十之三，下殺其十一，殺其半者威加海内」。筆之於書，以殺垂教，至宋世曲端對魏公遂有八十萬人須斬四十萬人方得用之語。余按：繚嘗曰：「孽在於屠戮。」又曰：「殺一人而三軍震者殺之，殺一人而萬人喜者殺之。」是繚之言兵固深戒殘殺，何至忽爲此慘酷之論？嗣觀漢聞釋此語，謂殺乃隆殺之殺，非生殺之殺，正明貴精不貴多之義，乃恍然於立言之旨固不如是也。嗚呼！以文義誤解而啓後世殺戮之風，以一字差違而繫萬人死生之命，學者著書慎勿矜奇創以禍人家國，而世之讀古人書者亦宜平心審慮，不可任情武斷以流毒於無窮也。

此書自宋本外在《武經七書》内。明代凡數刻。劉寅《直解》有成化，嘉靖二本、嘉靖《武經七書》本、天啓《武備志》本，獨此及氏本最爲稀覯，其詮釋亦頗精審，故撮其要而著於編。

丁丑立夏日，藏園老人識。

鈔本神機制敵太白陰經跋

汲古閣寫本，半葉十行，行二十四字，墨格，板心下方有「汲古閣」三字。前有進書序，題「唐永泰四年秋河東節度使都虞候臣李筌撰」，後列「祕閣楷書臣羅士良謄，御書祇候臣張永和監，入内黄門臣朱允中監，入内内侍高班内品臣譚元吉監，入内内侍高班内班品臣趙承信監」官銜五行。卷十後有跋云：「《神機制敵太白陰經》共十卷，唐朝河東節度使李筌所譔，進入内府祕藏，不傳於世。瑞南宋公先世有傳而得之，以輔明主，廓清海宇，是書之功也。以後子孫慎勿妄傳。史氏珍藏尾跋。」按：此文與《墨海金壺》本有異。

收藏有「錢唐何氏夢華書館嘉慶甲子後所得書」、「何元錫印」、「何氏敬祉」各印。

按：是書文淵閣著録祇八卷，其所收爲范氏天一閣藏本。據《提要》言，唐、宋兩志「皆云《太白陰經》十卷，而此本祇八卷，疑非完帙。然核其篇目，始於《天地陰陽險阻》，終於《雜占》，首尾完具，又似無所缺佚，殆後人傳寫有所合併」。又言「《天地無陰陽》篇有録無書，不知佚於何時，今則無從校補矣」云云。是當日館臣自范本外，未見别本，故以爲卷數不缺，偶有佚篇耳。今以汲古本勘之，則佚去第九、十兩卷，爲遁甲以下十二門，且卷一首脱去《天無陰陽》、《地無險阻》二篇，卷八末又脱《分野》、《占風角》、《鳥情》三篇，不僅如館臣所疑偶有奪佚也。自《四庫》著録後，鈔本流傳者有錢遵王《敏求記》宋内府鈔本、孫淵如平津館影宋本。刊本行世者，有《墨海金壺》本、《守山閣叢書》本、《長恩書室叢書》本，皆爲十卷，則世未嘗無完帙，而館臣曾未博加搜訪，何耶！

前年余領故宫圖書館時，在别殿檢得精繕十卷本，宣紙，朱闌，籤題裝匣，宛如閣本，細閲之，則後有翰林徐桐等校勘銜名，知爲同、光時重録，以備補入閣中者，第未審兹議發自何人耳。

明刊虎鈐經跋※

《虎鈐經》二十卷，宋許洞撰，明刊本，半葉十行，行二十字，白口，四周單闌。前有許洞進書表及洞自序，惟第二十卷終於「釁鼓文第二百九」，據目應有「回兵第二百一十」，此本脱失，而其後六葉乃述韋孝寬、俞通海、傅友德、徐達、常遇春、沐英諸人開國征戰事迹，當是明人所增附也。孝寬前似有缺葉，文字亦不完。

按：此書有《天一閣奇書》本，書賈言此本即是，然余曾收得《天一閣奇書》全帙，其版式皆九行十八字，與此殊不類，而此本前後均無序跋，莫由考見，疑莫能明也。《讀書敏求記》言，表前又有許洗爲之序，今此本仍爲許洞序，固不作洗也。《廉石居藏書記》載舊鈔本，前有洞序，稱其書就於吳郡鳳皇里，以此本證之正合，是廉石居之舊鈔即從此明刊出可知。惟孫目又言，此書有明刻本，止十九卷，末卷祭文，不如此本之全。是明代此本之外，又有一刻本矣。

昔年見北平圖書館藏有元鈔本，其紙背爲大德間公牘，有「晉陽世家」藏印，極爲古舊。歷藏項子京、朱竹垞、馬仲安、吳枚庵諸家，咸有印記。余偶取以校卷首表、序二篇，改正至八十餘字。其全書文字，世好周君叔弢曾手勘一過，異文奪句，多至不可勝舉，滿幅爛然，大有「火棗兒糕」之象。余欲就臨副本，庋置几案者經年，竟以畏難而罷。此真天壤之奇書，勝於明刊者萬萬。今日展卷及此，猶耿耿於中而不能釋也。特不解明刊出於何本，其奪訛之多，至於改不勝改。昔人言，明人刻書而書亡，其殆此類耶！辛巳五月十三日，藏園記。

宋本武經龜鑑殘卷跋※

端午翌日，劉丈翰臣自淮南來，持《武經龜鑑》一册相示。存卷九虛實類凡五葉，半葉十二行，每行二十二字，白口，左右雙闌，版心刊工存李詢及文憲二字，驚、弦二字缺筆。

余亦藏有殘葉，爲卷第一八九地類，正與此同。

按：此書爲保平軍節度使王彦撰。其書以《孫子》十三篇爲主，而用歷代事證之。始見於陳氏《書録解題》，其後馬端臨撰《經籍考》即據陳氏説以著於録。余更考之王氏《玉海·兵法類》，言書凡二十卷，爲王彦所上，自《始計》至《用間》，隆興二年五月辛丑御製序，乾道三年二月十六日賜將帥。今卷首不存，孝宗序已無從考見。然就此殘葉觀之，其版式寬展，結體方嚴，必爲官刊之本，當即乾道初取以頒賜諸路者。溯賜序至頒書相距祇二年餘，未必重付雕鐫也。又按：王彦字子才，上黨人，《宋史》有傳，以義勇從軍，初隸張所部，旋屬東京宗留守。張浚撫川、陜，奏爲前軍統制，改金、均、房州安撫使，知金州，進授保康軍承宣使。歷知荆南府、襄陽府，充京西南路安撫使，浙西淮東沿海制置副使，再除洪州觀察使，知邵州，紹興九年卒於官。是此書之上當在九年以前，逮孝宗製序頒行時，彦卒已二十餘年矣。彦少喜韜略，夙著戰功，歷典方州，號爲名將。其纂輯此書與夫紙上空談，侈述弢鈐者，固良有閒。則孝宗之特留睿賞，其亦有聞鼓鼙而思將帥之意乎？甲戌五月初十日，藏園老人書，時游衡岳匡廬歸已十日矣。

頃閲《宋史全文續資治通鑑》卷三十四：乾道三年二月乙酉，詔降下《武經龜鑑》、《孫子》，令密院差使臣一員給賜鎮江都統戚方、建康都統劉源。仍令選擇兵官各賜一部。此與《玉海》所載正合，而又加詳焉。爰補誌於後，足爲此書增一佳證也。

再跋武經龜鑑※

余前撰題識既據《宋史》列傳考王彥之事蹟書之於册，而閱《宋史》本紀，則紹興十年以後述王彥戰績官伐殆十餘則，私心竊訝，意謂彥傳所載歲月有誤，然其所以歧出之故則疑莫能決也。於是遍檢《建炎以來繫年要録》、《宋史全文續通鑑》、畢氏《續通鑑》諸書，通觀前後三十餘年之事，比列而詳參之，然後恍然於撰述此書之保平軍節度使王彥别爲一人，非《宋史》列傳之人也。

按《宋史》列傳載彥卒於紹興九年十月。至二十九年正月己卯有詔：「洪州觀察使王彥累立戰功，贈典未稱，特贈安遠軍節度使。」是二十年後朝廷追念其功而優加褒卹，可知列傳所記卒年固未嘗誤也。

至撰此書之王彥本爲鄭剛中、吴璘部曲，其所歷之官爲主管鄜延經略司公事，紹興十年。虢州觀察使，紹興十一年。鄜延經略使兼知成州，紹興十二年。利州觀察使、御前前軍統制、保寧軍承宣使，紹興二十五年。龍神衛四廂都指揮使、保寧軍承宣使、金房開達州駐劄御前諸軍都統制、兼知金州、兼金開達州安撫使。紹興三十一年。至紹興三十二年，始以收復商、虢之功，進保平軍節度使，蓋統兵轉戰川陝者二十餘年矣。據《直齋書録解題》，此書署保平軍節度使王彦撰，則其進御時必在商、虢奏捷初領節鉞之後。若《宋史》列傳之王彦固未嘗領保平軍也。

前跋倉卒成編，疏於考證，故糾正其失，附志於後，毋令以訛傳訛貽誤後人云。甲戌十月既望藏園再記。

法家類

棠陰比事跋

宋桂萬榮編次，舊寫本，九行十八字，板心下方記字數若干，有莆田劉隸序，嘉定癸酉良月既望。四明桂萬榮自序，重光協洽閏月望日。又後序，端平改元十月既望。張虙後序。嘉定辛未良月之望。鮑廷博跋云：「嘉慶壬申正月，借石門吴氏南泉草堂藏本鈔，廿四日校。介叟，時年八十有五。」有「世守陳編之家」雙螭文腰圓印、「老屋三間賜書萬卷」、「歙西長塘鮑氏知不足齋藏書印」朱文兩方印，又「蕭江書庫藏書」、「靈鶼閣夫婦所藏書畫」、「江建霞」各印。

按：此書明代經吳訥删正，刻入《學海類編》者祇八十條，視原本已損六十四條。吳郡黄蕘圃得宋本於顧聽玉家，大字闊板，十行十八字，一百四十四則，通爲一卷。道光己酉，金陵朱緒曾得之，依式翻雕，世人始見桂氏原本。同治丁卯，臨汝桂嵩慶又以活字印行，雖源出宋刻，而行款頗已改易矣。此寫本出於知不足齋，所云石門吳氏，則吳孟舉也。惟以朱刻校之，行款既别，又分爲上、下卷，與朱刻迥異，且劉隸一序兩本皆佚去。疑宋元間别有覆刊本，故差異有如是也。劉序録左：

疑獄有集舊矣，理掾桂君萬榮今所撰次尤詳，真治獄龜鑑也。職牧守者所當究心，毋徒曰此司狴犴者之責也。昔于公自謂治獄有陰德，遽高其門，我朝錢公若水問獄得情，亦自其爲郡府小官時。桂君之爲此，其後詎可量耶！亟命鋟木，用廣其傳。嘉定癸酉良月既望，莆田劉隸書於金陵郡齋。鮑氏手記云：「隸」刻本如是，當是「隸」字，書中多變體字，如第一葉「暮」作「暯」之類，不知有所本否。

天文算法類

萬曆大統曆跋※

此册題《大明萬曆七年大統曆》，綿紙，藍色印，黄綾包褙裝，猶是三百餘年前舊式，滋可寶也。書面鈐楷書木記，文曰「欽天監奏准印大統曆頒行天下。僞造者依法處斬，有能告捕者，官給賞銀五十兩。如無本監曆印信，即同私曆。」觀其規制，殆是當時官曆矣。卷中次第格式，與後來無異，惟上弦十日、不加「初」字，上中闌外不標吉凶神名。卷首鈐有「阮元之印」朱白文印，又「陶廬藏書」朱文印，則法梧門詩龕中物，歷經名輩流傳，致足寶矣。戊寅六月二十日，藏園老人記。

跋乾隆六十三年時憲書※

此《時憲書》一册，得之廠肆，棉紙巨册，紅綾面，漢字題「大清乾隆六十三年歲次戊午時憲書」。首都城節氣時刻，次年神方位圖，次各省太陽出入時刻表，蒙古、回部、金川土司皆列後，次各省節氣時刻表，附列蒙、回等，同上。次日曆，次紀年，共一百二十三歲。末葉列欽天監官銜名，監正索德超，左監副湯士選，皆葡萄牙國人。民間通用者用黄裱紙面，加《時憲書》印，不列太陽出入時刻及節氣時刻各表。

按：《會典事例》載「乾隆六十年皇太子奏進乾隆六十一年《時憲書》，備内廷頒賞之用，並言現在頒朔以嘉慶紀年，而宫廷之内若亦一體循用新曆，於心實有所未安」云云。旋「奉旨俯從所請，用備頒發内廷皇太子孫曾元輩，并親王大臣等。其各省、外藩仍用嘉慶元年，以符定制。嗣後二年、三年皆届期恭進，同時並進繙繹清、漢字各一本，刷印清、蒙字各一本，清、漢字《七政時憲書》各一本。外備賞漢字《時憲書》百本，用紅綾面，無套」。以此證之，歲在戊午實爲嘉慶三年，而此册仍用乾隆紀元，可斷爲當時賞賜大臣百本之一也。又偶閱韓小亭《無事爲福齋筆記》，言高宗授大寶後，每歲頒朔，二品以上大臣入乾清宫朝賀者，仍給乾隆六十一年至六十四年曆，紀文達曾膺此賜，親標月日於册上，以紀恩遇。嗚呼！此區區日曆小編，流傳迄今越一百三十七年，而完好如故，未嘗爲水火蟲魚所阨，使後人得摩挲玩賞，因以考訂其源流，於以見清朝全盛之時，仁宗奉親之孝，與高宗念舊之殷，斯亦千載希逢之會，可爲《授時通考》中別開創例矣。余同時更得六十二年一册，當以寄贈日本友人内藤湖南，附志於此，冀其後人知所寶貴焉。

書中各項有關典故者摘録如左方：

科爾沁等蒙占部落太陽出入節氣時刻，於康熙三十一年始載入。

額魯特、喀爾喀等諸蒙古部落並哈密地方十有五處太陽出入節氣時刻，於五十二年載入。

準噶爾諸部太陽出入節氣時刻，於乾隆二十年載入。

黑龍江、吉林、伯都納三姓，尼布楚城太陽出入節氣時刻，於二十三年載入。

伊犂等蒙古部落，並巴里坤、吐魯番二十處太陽出入節氣時刻，於二十三年載入。

回部布古爾二十六處太陽出入節氣時刻，於二十五年載入。

土爾扈特等二十四處太陽出入節氣時刻，於三十七年載入。

安徽、湖南、甘肅三省太陽出入節氣時刻於四十年載入。

兩金川及各土司十三處太陽出入節氣時刻，於四十二年載入。

安南照朝鮮之例，於五十二年載入。

書中齋戒日期及忌辰，於日旁加圈，於雍正十三年奏准。

冬至節「麋角解」改爲「麈角解」，見乾隆三十二年諭旨。

紀元增爲一百二十歲，見乾隆三十六年諭旨。

清代日曆三册跋※

余舊藏清朝日曆凡四册。其乾隆六十三年一册爲高宗授政後，仁宗爲特刊舊紀元百册，頒行宫中，以娱太上皇者，别有文以記之。此三册一爲順治三年，一爲祺祥元年，一爲同治十一年。同治壬申一册本無足貴，特以我生之初而存之。祺祥一册以壬戌兩宫垂簾，撤去已頒之紀元，關於史事殊鉅。且當時外省多已追回，故存者頗尠。

至順治三年一册則大有可紀。楊光先攻訐西法，致起大獄，其所著《不得已》指其謬誤，言一月中有兩月節氣，即出此曆。蓋十一月初一爲大雪節，十五日爲冬至節，三十日爲小寒節，此帙固明明載之。至所謂「依西洋新法，爲暗竊正朔」，今此册書名爲綾簽重寫，必原標題有「依新法」等字無疑。且卷首之《都城節氣時刻》、《各省節氣時刻》、《晝夜時刻》，皆屢標「新法推算」字，則決非光先妄語矣。

此册昔年曾携之海上，沈寐叟、王息存二公驚爲罕祕，各爲題識於後，考論至詳，兹不復贅述。此曆格式與後來無别，但上下闌外不標注吉凶神名，而後附之六十紀年祇上溯至天命元年丙辰爲止，再上則清朝既無元可紀，又不便加以明萬曆年號，第空記干支字，此亦清曆之變例矣。壬戌、壬申二曆相距較近，别無異同，但祺祥曆未鈐監印，當是印而未及頒行者耳。戊寅六月二十日，藏園老人扶病手記。

術數類

宋刊胡次和太玄經集注跋※

宋刊《太玄經》殘帙，自卷六上第一葉下半葉起，至三十六葉止，又第三十八葉上半葉，存窮、割、止堅、成、闕、失七首。半葉十行，每行十七字，注文大字低一格，白口，左右雙闌，版心上方以千字文標記，下方記刊工姓名，避宋諱至慎字止。因首葉殘缺，失去標題，其書名遂不可得知，亦未審爲何人所輯。今觀卷中注文，有「范云」、「司馬云」、「章云」、「鄭云」諸家。范爲范望《解贊》，司馬爲司馬光《集注》，章云當爲雙流章詧，以詧撰有《太玄經注》十四卷、《疏》三十卷也。鄭氏未詳何人，或爲鄭北山剛中，以北山精研易學，著有《周易窺餘》也。余因取萬玉堂本范注、青棠書屋温公《集注》分别勘之，其文字乃頗有歧異，别寫校記以著之。余適收得鈔本《永樂大典》玄字韻二十七卷，皆爲太玄類，遂悉心鈎考，其中所録有陳仁子《輯注》、胡次和《集注》兩家。其胡氏《集注》中所引正有司馬、鄭、章諸家，因取殘帙七首注文字櫛句比，竟悉相脗合，乃知此本即爲胡次和《集注》也。第胡氏名籍苦不能詳，俟更考之。其《集注》全本，《大典》逐卷悉予收入，若得好學者重爲摘録，按目編定，當可復還舊觀，使數百年湮沈之籍復見天日，其爲功顧不偉哉！

萬玉堂范望贊解本太玄經　　宋刊胡次和太玄集注

卷	葉	行	字	誤字	校正
六	三	四雙	九注	十	上
六	三	十一雙	五注	本	木
六	三	十三雙	十五注	然而	「而」字衍
六	三	十六雙	二注	畜	蓄
六	四	二	十注	君子	君子君子
六	四	八	四	曰	臼
六	四	十五雙	二注	此	比
六	五	八	十四五注	年切	平均

卷	葉	行	字	誤字	校正
六	五	十	十七注	陽	陰
六	五	十一	三注	陰	陽
六	五	十一	十二注	喻	諭
六	五	十一	六注	者	皆
六	五	十一	十四注	也	衍「也」字
六	五	十六	十五注	陽	陰
六	六	一	十二	刊	割
六	六	一	十六注	刊	割
六	六	四	丨六注	割	刻
六	六	九	五注	次八	「次」字衍
六	六	九	丨五	上九	「上」字衍
六	六	十五	注十七至二十八	是故重門禁暴客關止狂淫也	易爲幹事之蠱門關則止其事門户人之用以防閑有不當關以禦之

六七一	注二十四字	四爲金而克於木故童木也而求其實非其時也果爲疏穀也	木至秋則剥落而童此立冬之候木盡衰落而雕疏之間求其養人穀有養之道於雕疏之中
六七二	三至八	止於童木求其	求其疏穀其求
六七二	十一至十四注	求疏童木故窮也	求其穀求窮之謂
六七三	四	蓋	衍文
六七三	注文	五爲天子位故稱車蓋奠置也柱置待廬猶置臣待君也君處重蓋之中故重言蓋也穀善也均平也疏大也居上以道故平大也	立冬之後穀疏之物利於蓄藏奠柱廬均載以藏之求於童木非求之時也
六七五	二至五	柱及蓋穀	柱奠廬蓋

卷葉	行	字	誤字	校正
六七	五	九至十二	貴處中央天之地也	安柱覆蓋藏之於中者也
六七	六	二、三	坎軻	坎坎
六七	六、七	注文	六爲上祿故有輪輿之事若齊車也七稱車六稱輿六克於七故坎軻也	車之利在輪圓而軸小則運轉無窮今也輪方軸廣則有難運之道故曰坎坎其輿
六七	七	五至十二	方輪坎軻還自震也	坎坎其輿還自震怖也
六七	七	注文	坎軻不安故震怖也	六爲上祿居止休之世當震懼而退坎坎其輿亦懸車之類
六七	八	五	傂	傂
六七	八	七	獵	擸下九、十行正文及注同。
六八	九	注	必成器	化必成器
六九	六	注十五六	不如	不知
六九	十三	十六	消	清

六	十	十二	七	魁瑣	魁鎖
六	十	十四	六	讓	謙
六	十一	八	十四注	箕宿一度	箕宿二度
六	十一	十三	注十一	念進	今進
六	十一	十四	注	故無光榮於其室也	「於其室」三字衍
六	十一	十六	注	故稱	「稱」字衍
六	十一	十六	注	和氣	知氣
六	十二	一	十六	没所勞也	没所芳也
六	十二	三	一	諭陽	喻陽
六	十三	六	注	小貌	小也
六	十三	七	注	故不知畏也	「知」字衍

青棠書屋温公集注本　　宋刊胡次和太玄集注

卷	葉	行	字	誤字	校正
三	二十二	一	注	從和切	徒和切

卷	葉	行	字	誤字	校正
三	二十二	四	十三下	猶不失正也	猶不失其正也
三	二十二	九	音	狴音弊	狴音陛
三	二十二	十二	注	失位而當夜	衍「而」字
三	二十二	十三	注	困係之重也	囚繫之重也
三	二十二	十九	注	殺衰也	補「所介切」三字
三	二十三	二	注	今從諸家	今從宋陸范本
三	二十三	四	注	而自賊	衍「而」字
三	二十三	九	注	食作飽	食作飴
三	二十三	九	注	是割鼻以啖其口者也	衍「者也」二字
三	二十三	十三	注	員軏	負軏
三	二十三	十七	注	今從二宋陸本	今從二宋陸范本
三	二十三	十八	注	祅氣	妖氣
三	二十三	十九	注	割除之也	衍「之」字
三	二十四	四	注	太陰　今從諸家	太陰止物於下　今從諸家本

三	二十四	八	注	「知止而後」下脱五字	有定定而後
三	二十四	三	注	三思而後行	衍「後」字
三	二十四	四、五	正文	止于童木	求其疏穀
三	二十四	五	注	范本下脱	其求窮
三	二十四	十六	正文	蓋蓋	下「蓋」字衍
三	二十四	十七	正文	柱及蓋穀	柱奠廬蓋
三	二十四	二十	注	草舍之闔者	草舍之圓者
三	二十四	二十	注	此五故可貴也	此三者故可貴也
三	二十五	一	正文	方輪廉軸坎坷其輿	方輪廣軸坎坷其輿
三	二十五	一	正文	白方輪坎坷還自震也	坎坎其輿還自震怖也
三	二十五	二	注	坎軻	坎坎
三	二十五	三	注	而不獲適矣	而不獲其適矣
三	二十五	三	注	最多	盛多
三	二十五	五	注	鄰作憐	小宋本鄰作憐
三	二十五	五	注	傂音雉	傂陳音雉

卷	葉	行	字	誤字	校正
三	二十五	六	注	吳本良涉切	「本」字衍
三	二十五	六	注	獵者	「者」字衍
三	二十五	六	注	所絓	所挂
三	二十五	七	注	而位又當晝	「位又」字衍
三	二十五	九	正文	善馬很惡馬很	善馬恨惡馬恨
三	二十五	十	正文	弓反馬很	弓反馬恨
三	二十五	十一	注	餘從范本	「本」字衍
三	二十五	十五	正文	砋石	砭石
三	二十五	十八	注	準艮	亦準艮
三	二十五	十八	注	斗柄指亥	斗建亥
三	二十五	十九	注	應鐘	應鍾
三	二十五	十九	注	皆堅之貌	「之」字衍
三	二十五	十九	正文	胼胃	胼昌
三	二十六	一	注	競爲彊也	競謂彊也

三	二十六	三	注	貞作不貞	化貞作不貞
三	二十六	五	注	孔子謂下孟不移	孔子曰惟下愚不移
三	二十六	七	注	潔白	絜
三	二十六	七	注	介如石	介于石
三	二十六	十四	注	諭德諭國	喻德喻國
三	二十七	四	正文	維用	惟用
三	二十七	六	正文	蠭焚其翊	上九蠭焚其蛡
三	二十七	十	注	范本作陰氣方消	范本陰氣方清作陰氣方消
三	二十七	十一	注	得成其形也	衍「也」字
三	二十七	十七	注	貞厲者也	「者也」字衍
三	二十七	十八	正文	成躍以縮	或躍以縮
三	二十七	二十	注	云𢆶微貌	𢆶𢆶微貌
三	二十八	二	注	齊侯震而矜之故叛者九國	齊桓公振而矜之諸侯叛者九國
三	二十八	三	注	今從諸家	今從諸家本

卷	葉	行	字	誤字	校正
三	二十八	四	注	獨運皇極	獨建皇極
三	二十八	四	正文	成魁瑣	成魁鎖
三	二十八	十三	正文	成窮毁	成窮以毁
三	二十八	十四	注	月盈則食或窮	月盈則蝕成窮
三	二十八	十六	注	蓋謂此類也	「蓋」字衍
三	二十九	二	注	如圜鑿方枘之杌棿也	如圜鑿方枘杌棿不安
三	二十九	十五	注	汙作河	汙作汚
三	二十九	十七	注	而無害者也	「者」字衍
三	二十九	十八	注	前合而後離也	「而」字衍
三	二十九	二十	注	偈音傑	偈作傑
三	三十	一	注	爲剥	爲剥落
三	三十	二	正文	陰赤陽白	陰陽啓吿
三	三十	三	注	陰殷白陽	陰殷陽白
三	三十	四	注	吪化也	吿化也

二	三十	五	注	萌赤牙白者也	「者」字衍
三	三十	九	注	吉之先見者也	吉凶之先見者也
三	三十	十	注	住神	生神
三	三十	十一	正文	微失	徵失
三	三十	十二	正文	不知畏微也	不知畏徵也
三	三十	十二	注	藐猶遠小也	「藐」字衍
三	三十一	三	注	不能修德	不修其德
三	三十一	四	注	百姓罷其	百姓罷極

宋内府寫本洪範政鑑書後※

南宋内府寫本，每卷分上下，凡爲子卷二十四，朱絲闌，左右細線，無邊闌，半葉九行，每行十七字，樹、豎、頊、瑋、桓、構、雊、殼、慎，皆爲字不成，敦字不缺筆，審爲孝宗時重繕本。前有康定元年七月御製序，每卷首有「内府文璽」、「御府圖書」印，卷尾有「緝熙殿書籍印」，皆宋代内府所鈐朱文大印。别有「大本堂印」，知明洪武中曾入内府，又「海隅」朱文印，則明人藏印也。筆法清勁，有唐人寫經風格。桑皮玉版，厚如梵夾，蝶裝舊式，凡十二册。

按：是書晁、陳兩志皆不載，《宋史・藝文志》亦未收，惟《通鑑長編》卷一百二十九。載康定元年十一月丙辰，内出御撰《洪範政鑑》、《審樂要記》、《風角集占》以示輔臣。然未詳卷數及刊、頒與否。嗣檢《玉海》卷三，《天文書類》，卷二十八《御撰書類》，所載亦同。亦載此書，與《審樂要記》並舉，其年月日亦同，且云《政鑑》書以《皇極》爲本，上與王洙論五行五事之證，采五行五沴及前代庶應，成此書十二卷，上自爲序云。又，朱彝尊《經義考》卷九十五《尚書類》著録此書，全引《玉海》原文，惟注云：「一作二十四卷，佚。」是此書撰成於康定，頒示輔臣後並未刊行。《長編》云，以《風角集占》賜陝西諸路部署司，而不及《政鑑》，則未刊頒可知。逮南渡後，孝宗更重録此本，祕藏廣内，致使官私書簿咸失紀載，即伯厚所言，亦似僅據《實録》及《長編》撮其梗概，而未覩原帙。觀於《玉海》、《景祐乾象新書》、《景祐三式太一福應集要》皆全載御製序，而《政鑑》序獨不載，可知當時御府珍儲，學者固未曾寓目也。惟《四庫提要・術數類・陰陽五行》載於《存目》，而所據者爲《永樂大典》本，又知此書明初曾收於《大典》中。《清高宗詩》第四集有《題洪範政鑑》詩一首，然亦不著爲何本，以題《大金德運圖》等例推之，當亦爲《大典》本，若果爲宋鈔，則高宗留情翰墨，鑑古賞奇，寧不特爲矜詡耶！蓋自宋以來，寥寥數百年中，見於著録可考見者，祇此而已。

史載仁宗畏天勤民，恭己好學，今以傳記參之，其經筵講論，祕殿紬書，於洪範五行尤爲致意，如御撰之書，自《乾象新書》外，有《寶元天文祥異書》十卷，《洛書五事》一卷。其與臣僚咨討者，如景祐元年御延和殿問晁迥以洪範兩暘之應；寶元二年十月乙丑御邇英殿問丁度以洪範大義，命録以進；康定二年四月丙午徐復召對，上《洪範論》；皇祐三年九月辛未令王洙進《洪範稽疑經注疏》；四年九月己巳與王洙講《洪範》五事，因有「奉天在於修德」之諭；帝曰：「王者用五事，皆本五行乎？」洙對曰：「王者治五行，得其性則五事皆善，故五事得則有休證，失則有咎證，是以聖人先謹天戒以修其身。」上曰：「奉天在於修德，戒謹於未然，必俟譴告，然後修德，豈畏天心之道也。」蓋研覈既久，故勒爲此編，以資考信。序中所稱「休嘉之來，懼省不類；眚異之見，儆畏厥繇」。其拳拳於敬天修己之誠，可以概見。兹録康定元年御製序於左，而得書之源委亦附識焉。

憶壬子之夏，盛伯羲祭酒遺書散出，余按目而稽，得覯此帙。鬱華閣中所庋宋元古槧，名賢鈔校，琳瑯溢架，無慮萬籤，然絶世奇珍，斷推此爲弁冕。嗣詗知爲完顔景樸孫所得，欲求録副而不可得，即請就半畝園中展閲片晷，略紀梗概，亦復愜之。雖當日摩挲，僅留一瞥，然古香異采，夢寐不忘者，垂十餘年。前歲景氏云殂，法書名畫，散落如煙，獨此帙與松雪手書《兩漢策要》最爲晚出。《策要》旋歸濟寧潘氏，《政鑑》尚祕惜不忍去手，僅以重金質余書庫者數月，祇完録副之願，而問鼎則未許也。今歲初春，文德韓估忽來商略，懸值絶高，非初意所及料。余乃斥去日本、朝鮮古刻書三篋，得鉅金而議竟成，舍魚而取熊掌，余心固所甘焉。嗚呼！自康定成書，迄乾、淳之間，越一百二十餘年，中更汴京淪没，吴越播遷，垂絶而復續，留此再傳之帙，僅爲一線之延，可云幸矣！由乾、淳至於今日，又七百餘年，其間伯顔南下，庚申北遁，順闖西來，故宫文物蹂藉於鐵騎之塵，摧燒於咸陽之火者，殆不可量計。即近者辛、壬改步，鐘簴無驚，然天禄珍儲，史宬祕籍，屬余掌領者，檢料簿録，蠹蝕叢殘，所餘劣不及半。獨緝熙殿物，竟深藏四朝宫禁之中，巍然而長存。雖近以偶疏扃鐍，流落人間，而玉楮朱闌，新若未觸，視《太宗實録》、《乾象新書》，同一宋鈔，而斷帙僅存，何啻霄壤，歷劫護持，殆有神物。藏園什襲，虹月宵騰，涑水鉅編，儷成雙鑑，它時斠訂刊行，流傳萬本，兹事豈異人任哉！歲在戊辰三月中澣，藏園主人記。

又按：卷中所采《洪範五行傳》鄭氏注，今以輯本《尚書大傳》校之，其文字有異及補訂者，兹舉其要如左：

「視之不明是謂不哲」，「哲」不作「悊」。

「厥咎舒」，「舒」不作「荼」。

「心之不睿」，「睿」不作「容」。

「時則有脂夜之妖」注「夜讀曰液」下，多「脂膏所煎之物，思心實也，此謂變易八珍，作新味者也」二十一字。

「皇之不極」，「皇」不作「王」。

「厥咎眊眊」不作「瞀」，注末多「目少精曰眊」五字。

「時則有龍蚍之孽」，注文下有「時則華孽，華當爲本，本蚓蟲之生於土而遊土者也」傳注二十字。

「時則有日月錯行」，「錯」不作「亂」；「星辰失次」，「失次」不作「逆行」；注「守舍之類」下多「太公曰：『人主好武事兵革，則日月薄蝕，太白失行』」十九字。

「禦貌於驕忿」，「驕」不作「喬」。

「飲食不享」注「享，獻也」下多「不如獻禮也」五字。

「治宮室，飾臺榭」下多「紫宮、太微，宮室臺榭之象，太微西南有靈臺」注文十七字。

「内淫亂犯親戚」下多「大帝、太子、后妃、羣妾，同居紫宮，内淫亂犯親戚之象」注文二十字。

「侮父兄」下多「天文混爲一體，北斗指使四方太微五帝轉相乘貶，侮父母之象」注文二十五字。

「則稼穡不成」下多「君行此五者，爲違天中宮之政。中宮於地爲土，性安静，春夏和蒸，秋冬收閉，人所用殖五穀者。無故苗生消惡，或秀實不就，是謂稼穡不成。

其他變異皆屬沴」注文六十字。

洪範政鑑序

昔者，雒書既陳，伯禹所以明天道；箕疇載演，周武所以酌神猷。蓋推本以辨機祥，觀變而謹命令，是爲大法，式敘彝倫。朕纘紹慶靈，述遵謨訓，每置圖而審正，必稽古以求端。間或休嘉之來，懼省不類；眚異之見，儆畏厥繇。宸宮餘閑，汎覽史籍，洪範之説，緬然可尋。而伏、鄭所編，靡聞全録；歆、向作傳，散布羣篇。後則京、夏諸儒，衍繹證兆；簡牘廣記，顛末弗齊。不有彙分，何從質信？亦嘗取日官之奏，合書林之藏，參咨邇臣，覆究曩例。守歷者有拘牽之累，抱槧者有傳致之譏，執術未通，即事罕據。比令研覈，洞見指歸，遂采五均、六沴，前世察候最稽應者，次爲十二卷，名曰《洪範政鑑》。若語非典要，過涉怪譎，則略而不載；若占有差別，互存考驗，則析而詳言。咸摭載遺聞，詎容曲説！舊記《皇極》之類，有日星孛祲，且辰緯上列，渾蓋並施，別爲纂修，無取錯糅。是雖新意，亦有遐矩。噫！君人者，承天子民，奄甸九域，故必賾象數之摯，慎消復之宜，逆知未萌，前慮諸慝，庶乎嗣祖宗之構，克保洽平；順陰陽之權，用弭愆伏。則是書也，爲政之丕鑑，有邦之善經，故因題詞，兼以自厲。緘鑑斯在，淵薄載兢，將永通都之傳，聊埤廣内之藴云爾。康定元年七月日序。

洪範政鑑後跋

前跋作於戊辰之春，以屬稿倉卒，未遑博稽，嗣校印徐星伯《宋會要》輯本，於其中搜得二證焉。

一曰建炎三年三月二日，行在太史局合要各書，下詔訪求，内有《洪範政鑑》十三册。見《永樂大典》一萬九千七百七十八卷。一曰淳熙「十三年二月八日，令祕閣繕寫《洪範政鑑》一本進納」。見《永樂大典》一萬一千九百四十四卷。以此觀之，建炎時既下詔訪求，至淳熙時，必已求得遺本，故令祕閣重繕進御。今考本書，避帝諱至慎字止，是此本爲淳熙祕閣繕進之原帙，固彰彰甚明矣。

「三」當爲「二」字之誤。

嗚呼！此先朝御撰之書，明詔海内，自建炎三年己酉，迄於淳熙十三年丙午，中經五十八年，僅乃得之，其蒐獲不可謂不艱。然淳熙重繕之本，歷元、明至今，又七百五十餘年，雖風塵兵火得以幸存，而踪迹晦霾，幾於再絶。此余所以深冀異時規撫原編，壽諸棃棗，庶無負高、孝兩朝搜訪之盛心，匪徒以孤本異書，自矜爲篋中之祕而已。戊寅四月，藏園補誌。

藝術類

王敬美手寫法書要録跋※

《法書要録》十卷，明王世懋敬美手鈔，半葉十行，行二十六字，楷法精雅，古氣盎然。舊藏崑山葛正笏，旋歸宛平查儉堂、漢軍楊幼雲，後爲臨清徐梧生所得。余取《津逮》本對勘之，則補佚訂訛，多至不可勝舉。惟卷七、八、九録張懷瓘《書斷》，節約頗多，其他各卷，文字均視《津逮》本爲勝，卷十右軍書帖增益至十數則。余昔年在上海見何義門手校此書，曾臨寫一部。據義門跋，謂得吴方山所藏鈔本，改正非止一二。後又見譚公度藏鈔本《墨池編》、内府藏宋刊《書苑菁華》，更藉以參校。今以敬美寫本證之，其異同之處大率與何校都合，疑方山之本與敬美所見乃同出一源也。

古人求學，自課精勤，每遘異書，咸手自繕録，連篇累軸，多或盈數十萬言，神采焕然，終始若一。余生平所見者，如金亦陶手寫元人集《漢泉漫稿》等凡十九家，予分得《傅汝礪集》八卷，餘歸涵芬樓。翁又張手寫《江月松風集》，今藏朱幼平家。勞巽卿、季言昆仲手寫《松雨軒集》、今藏朱幼平家。宋人詞周美成等六家、今藏余家。《典雅詞》。推而上之，若姚舜咨手寫《續玄怪録》，年七十所寫，今藏余家。錢叔寶手寫《華陽國志》，舊藏繆小山家。《南唐書》，舊藏鄧孝先許。《游志續編》。今藏陶蘭泉家。皆精雅絶倫，深可寶愛。今敬美此書用厚棉紙寫成，裝爲四册，書法參用行楷，不汲汲以求工，而筆致疏古，行格停匀，非澄心息慮殆未可卒辦。嘗歎前輩爲學，稟其强毅之心，策以堅定之力，鍥而不舍，卒底於成，以視吾輩志亢而行荒，晨窗千字，午夜一燈，操筆未終而已頽然欲瞑者，對之愧汗浹襟矣。余得此書，展誦殆逾百日，有感於中，聊一發之。古今人不相及，又匪獨兹事爲然也。藏園偶志。

兹將各家跋語録之左方：

余頗慕好臨池，業於友人處見《法書要録》，借歸手自鈔録，勒成此書。其間訛謬百出，或稍爲改正，或便仍其故，略可備觀覽，頗自寶愛。後得宋刻《書苑菁華》讀之，既詳且核，羣疑釋然。凡余向所辛勤而得之者，一旦敝屣，爲手筆不忍廢，略爲訂正存之。世懋識。

《法書要録》諸書多所稱引，而未見全書，每以爲恨。昨友人王君孚吉以此相贈，喜出望外。日來展閲，聞所未聞，蓋自漢至唐論書之旨甚備，而諸家之源流得失亦較若列眉，誠藝苑之祕笈，臨池之寶鑑也。此本爲婁東王敬美先生手抄，後有跋語，足知鄭重。而先生之好學勤求可以想見，字亦有書卷氣，對之神怡。後來者宜寶藏潛玩，識前賢用意之所在也。乾隆甲申六月一日，信天葛正笏識，時年七十有六。

乙酉之秋，余有北行，携此書以自隨。客窗散帙，所得殊多。儉堂先生爲三十年舊友，京邸獲遇，相得甚歡。丙戌仲春下浣，返棹南歸，中心悃悃，留此志別。先生博物好古，翰墨色色出羣，又精於鑑賞，此書庶幾其得所矣。崑山研弟葛正笏。

書王敬美手寫《法書要録》後并考

古書歷久，幾劫塵蠹，必一二好古之士蒐亡補闕，相與珍持，庶幾傳之久遠，而不及就湮。有明一代，首數方、楊，終以弇州昴弟，餘則喜事噉名，紛雜僞託。若毛氏父子則直好事，不得與焉。此書爲敬美先生手抄祕本，流傳數十百年，完好無少闕失，殆有神物，隱與護持。觀其自跋，似曾以己意略爲參定。首卷右軍論書、四卷《急就章》及張懷瓘六體書，又皆闕而不録，篇中譌脱處亦未盡刊，似非張氏本觀。更爲夫已氏武斷點豆，尤爲可笑。有唐迄今近千年，展轉傳寫，豈無脱誤，或義有未合，學者不妨旁徵曲引以訂正之，分條詳注於其下，未可意爲增删，致失古書體例。王氏通儒，亦不免此，甚矣！傳録之難也。予聞見未廣，又索處此鄙，無從取古本是正，姑存疑以俟考，或核定之有時。此生此願，取畢何日，思之惘然。楊繼振。

繼振又按：查禮字恂叔，一字魯存，號儉堂，宛平人。乾隆丙辰薦舉鴻博，以部郎從平金川，積功至湖南巡撫。著有《銅鼓堂集》，工山水、花鳥，尤工點梅。葛正笏字信天，崑山諸生。戊午嘉平月，重寫於天藤書屋。

明本墨藪跋※

《墨藪》二卷，唐韋續纂，文淵閣著録。觀《四庫總目提要》，知館臣據以入録者，即此刻也。末附《法帖音釋刊誤》，閣本亦仍之。程榮刻《漢魏叢書》，世多有之，然版殊粗陋，此本以寫楷上版，楮墨精雅可玩，近時常熟瞿氏、吴興陸氏兩家書目所藏，皆屬鈔本，此尚是萬曆原刻，殊爲罕覯，可珍也。陸氏十萬卷樓刻此書不分卷，取此本校之，改訂殆百許字，其中頗有勝陸本者，亦有訛謬不可從者。蓋陸氏以鈔本付梓，其源亦古，故各有所長也。

此書《唐書·藝文志》不載，《文獻通考》載之，而卷數不合，惟陳氏《書録解題》所載又一本爲二十一篇，與此正符，然謂不知何代所集。此本獨標爲韋續，未知何所據依。其《法帖音釋刊誤》爲校劉次莊《淳化閣帖釋文》而作，題「參知政事陳與義奉勅校正」，後有周必大題，據丁氏《善本書室藏書志》，其前尚有進表，今刻本不載，當是歲久佚去矣。丁丑六月初九日，藏園記。

校明刊墨藪跋※

此書二卷，題唐韋續纂，明程榮校，以楷書上版，筆意雅雋，與所刻《漢魏叢書》迥然不同，文淵閣著録即據此本也。此書自程氏外別無刻本，近時陸存齋乃刻入《十萬卷樓叢書》中，惟陸本不分卷，此本分《筆陣圖》十二章爲上卷，張長史《十二意筆法》以次爲下卷。按《文獻通考》載《墨藪》十卷，引《晁志》謂爲高陽許歸與編，當別爲一書。《直齋書録》所載爲一卷，而云「不知何人所集」，然其下云「又一本，二十一篇」。今檢此本，正二十一篇，是即陳氏所見之又一本也。以此證之，則原書本爲一卷，程氏鋟梓時以意分編爲二卷耳。

今取陸刻與此本對勘，改訂之字殆逾百許。舉其佳勝言之，如「丹鳥入室」不誤「丹鳥」；「文記笏，武記殳」，「記」不誤「紀」；「古之錢銘」不脫「錢」字；「外國胡書」，「胡」不誤「梵」；「河東山胤」，「河」不誤「何」；「歐陽詢書若金剛之瞋目」，「瞋」不誤「瞑」；「張越書如霽月開天」，「天」不誤「明」；「追靈補微」，「靈」不誤「虛」；《書論》第六。「通玄達數」，「數」不誤「徵」；《書論》第六。「如鷹望鵰逝」不脫「逝」字；《用筆法》第八。「字體形勢」不脫「體」字；「若水火、若霧雲」不脫「火」、「若」二字；同上。皆足訂陸本之譌失。其他瑣細，不及備述。卷末附有陳與義《法帖音釋刊誤》一卷，《四庫總目》以無類可歸，亦仍附於後焉。癸未五月初一日，藏園識。

校金壺記跋※

《金壺記》三卷，宋釋適之撰，適之撰有《金壺字考》，《四庫全書》已著録，此書則附見

《存目》中，其書乃剌取羣書所述文字書法之事，標舉二字於上，而注其原文於下，蓋如《詞林摘艷》之類，備文士撦撏之用。《提要》譏其蕪雜，且不著出處，不及《金壺字考》之具有條理，然古來奇文逸事不見於他書者，賴此以傳，是亦未可廢也。

是書自宋以後未有刻本，諸家率以傳鈔著録，此舊鈔一帙爲老友徐積餘所藏，卷首有汪孟慈印，亦百年前寫本也，惟中多闕文誤字，無可校正。頃見日本静嘉堂影印宋刻本，楮墨精善，與鈔本行格相同，審其雕工版式，是臨安書棚本，因携入園中，坐石丈亭研朱手勘，二日而畢，補寫闕文半葉，其他改訂之字以百許計。亭臨昆明湖畔，正對玉泉塔影，遠招嵐翠，近玩丹鉛，心神爲之怡暢，此入春以來第一樂事也。

按宋本舊爲皕宋樓藏書，據卷中印記考之，知爲絳雲樓餘燼，旋歸於季滄葦，歷藏徐氏傳是樓、馬氏漢唐齋，最後爲嘉興錢夢廬天樹所獲，及陸存齋得之錢氏，蓋已在光緒之初矣。訖於季年，皕宋樓所藏航海東渡，此書亦隨之入静嘉文庫。余十年前往游江户，曾入庫披覽及之，惜匆遽無别本可校，嘗引爲憾。今乃既獲舊鈔，復覩宋槧，夙願幸償，良爲忻慰。然偶一追維，此戔戔小帙，三百年來展轉遷流，六易其主，終乃流出海外，雖幸免秦刦之灰，終難望魯弓之反，斯亦足慨也矣。歲在壬午二月望，江安傅增湘識。

舊鈔法書考跋※

《法書考》八卷，元盛熙明著。舊寫本，字迹精雅，十一行二十字。有「西齋居士」朱文印，「延陵郙吴暻字元朗」白文印，「小重山館藏」朱文長印。今爲上海涵芬樓所藏。

曹楝亭任兩淮鹽政時，於揚州詩局刊書十二種，寫刻精湛，爲世所重，其書多屬孤本祕笈向未刊行者，然披覽之餘，奪譌迭見，惜無別本可資參證。余發憤從事校讐，頻歲以來十獲八九，獨《法書考》訪求舊本苦不可得。今春南游，觀書涵芬樓，獲覩此册，重其爲梅村祭酒令子所藏，當有佳勝，因從張菊生前輩假得携歸，亟取詩局本一校。開卷首葉書譜小引「傳於後者」句下即脱「皆可歷數。至於謬當虚名，庸亦有之，其餘泯滅無聞者」凡二十一字。其評論上、中、下三品，吴本横排爲表式三格，刊本改爲直行順下。諸人評論吴本作小字注人名下，刊本改爲大字别行。次序偶有凌亂，脱誤尤難悉舉。卷一勘畢，已改訂三百餘字，欣喜過望，因欲奮筆終篇，及校至卷二以下，則荆棘横生，榛蕪滿目，正訛補逸，腕脱不休，卒至閣筆輟校而後已。然後歎刊是書者，其鹵莽滅裂殆非意想所及，讀者舍取吴本重鈔外，固别無救正之良策也。

洪武本書史會要跋※

《書史會要》九卷，補遺一卷，元南村處士陶宗儀九成著。洪武刊本，半葉十一行，行二十字，黑口，左右雙闌，版心上魚尾上記字數。前有洪武九年金華宋濂序，次永嘉曹睿新民序，次洪武丙辰宗儀自序，次江陰孫作撰《南村先生傳》，次引用書目，次總目，次姓名考。卷末有洪武丙辰四明鄭真後序。每卷後均列有捐資人姓名，今詳列於後方，俾世人知刊書分卷醵金者不獨梵經爲然也。

收藏有「言行忠信」、「五間軒」、「程氏家藏」、「香月齋」、「耑臨」、「程泰階印」、「桐溪」、「長洲顧仁效水東館收藏圖籍私印」諸印記。前有盛伯羲手録王文恪《陽山草堂記》，並跋云：「余前得宋槧《方言》，有顧仁效印記，丙申夏更得此《書史會要》，又顧君藏書。偶閲《震澤集》，録此於福葉。伯羲記。」

按：此書行世者秖有明季朱謀㙔本，刊工殊劣陋，第亦罕覯，其餘藏家多鈔本。余曾於南中得明寫本，爲天一閣所流出者，亦依洪武本鈔出。至洪武原刻，藏家皆視爲珍祕少見。文淵閣著録爲鮑士恭家藏本，據《提要》所稱，有續編一卷，其爲朱謀㙔本無疑，且斷斷辨析續編與補遺之次第，則當時固未見洪武本也。今檢此本，原書九卷，其末卷爲書法，至補遺十六葉，刊附於後，不列卷次，固犂然甚明也。

昔年武進陶氏開雕此書，以朱刻奪譌滿紙，假羅叔言君藏洪武本影寫付刊，惟羅本缺一至三卷，因仍用朱本照行款補寫，而假余所藏天一閣明鈔本校訂之。然兩本皆有沿誤，不能盡善也。嗣聞朱翼盦有完本，余爲假來重校，乃知前補三卷其行格以意排比，嚮壁虚造，視原本多所牴牾，遂毀板重雕，即今世所傳逸園精刊本是也。

洪武刊本字體秀麗圓湛，猶有元代風範，顧傳本至稀，余生平所見秪羅氏、朱氏二帙，江南國學圖書館亦藏一帙，爲杭州丁氏善本書室舊物。頃以探梅南游，於上海忠記書莊得覩此帙，詫爲珍祕，且卷首盛伯羲跋語言篇中有長洲顧仁效藏印，與所藏宋刻《方言》同，因書陽山草堂記於副葉。今《方言》宋本余已於二十年前得之，並影刊以傳世矣，喜此書舊爲一家眷屬，因以厚價收之，俾孤本祕籍三百年後仍歸於一姓，形影相依，免離羣索居之感，亦書林中一重佳話也。

至卷中文字，其足訂正朱刻違異者甚多，陶氏逸園後跋已舉其概要。如卷七劉楨下少胡長孺、周伯琦、胡益、熊朋來、袁裒、鄭瑶、章德懋、陸友、錢良右、錢逵、羅元十一人，鄔進禮下少周砥、宋克、楊基、盧熊、宋燧五人，陳睿下少朱芾、陳璧二人，補遺少詹希源、顧禄、滕權、宋廣、危巘、端木智、胡儼、釋永芳、永傑九人，皆犖犖大者。其他單詞瑣句，更毋庸縷述矣。

陶氏刻此書時，由其弟心如爲之督造，字畫工雅，楮墨精良，視原刻纖微畢肖，可以遠追士禮居，近掩鐵華館。然今取此帙詳勘，卷首永嘉曹睿一序，原本係隸體，而覆刻已易爲楷書，卷末南村傳，其傳末題名行款已改，且失摹印章三方，疑陶氏藏本於序傳未嘗完具，非摹刻之失真。夫以陶氏昆仲之鑑別精能，功力勤摯，於此書博訪勤諮，而猶有此失，可知刻書之難，而搜求古本之未易言也。丁丑三月中浣，藏園老人識。

各卷後捐資人姓名録如左：

卷一：後山居士張氏瑞卿[illegible]命工鋟梓。

卷二：味軒主者張氏國祥麒助刊。

卷三：盧氏祥夫祥、景雲文龍、林氏伯時應麟、張氏昇善宗仁、宗文斌、宗武桓合貲助刊。

卷四：沈氏德賢賢、夏氏用莊莊、夏氏叔明顯、王氏仁伯師顏、王氏志學吾有助刊。

卷五：金氏廷用禮、周氏彥實思誠、莊氏子正仁正、錢氏叔謙坰、黄氏性初良、宋氏魯章鼎助貲以刊。

卷六：徐氏仲寬彥裕、王氏復初、吳氏景元本、陳氏伯敬文肅、姚氏舜俞助貲刊板。

卷七：夏氏元威大有、夏氏元舟中孚、張氏公路宗義、章氏叔簡夔命工特梓。

卷九：張氏以行存管刻此卷。

補遺：張氏昇遠宗禮、賓暘昕、朝陽暾、克宣昭、曦升昉、曦采曄、林氏魯郊垌合貲鋟梓。

明鈔本琴史跋※

朱伯原《琴史》六卷，影宋寫本，半葉十一行，每行十七字。卷中遇宋帝名皆注某宗廟諱，前有紹定癸巳姪孫正大序，半葉六行，每行十字。次元豐七年長文自序。各卷篇目接連正文，尚存古式。歷藏錢蒙叟、董玄宰、文衡山、吳尺鳧諸家，鈐有「文氏家藏」、「江左布衣」、「董其昌印」、「錢謙益印」、「繡谷熏習」、「吳焯」、「尺鳧」、「蟬華」、「淮南小隱」、「均伯過眼」、「蘧莊珍賞」、「益香齋祕笈」諸印。有尺鳧跋語，録於左方。

此卷舊鈔，長洲文氏、華亭董氏並有圖記，可愛玩。按此尺鳧筆。是卷藏繡谷十年，偶取曹氏揚州使院刊本校，改凡數十字。雖間有舛訛，非校對不知此本之妙。如卷末寱炎序，刊本誤作「寱矣」。其他未善處固多，洵乎舊鈔之難得也。時鬱蒸乍退，涼風吹裾，點硃終日。雍正癸卯夏五晦日，蟬花居士。

卷内備述諸樂名，如琴有九弦及通離和之名，巢與笙之爲二器。後人論樂者，不睹此，幾不復知古時物矣。長文著述頗有識力，觀其《樂圃餘稿》，固蔚然文采，是編尤爲詳盡。都穆《鐵網珊瑚》謂卷後《志言》、《叙史》二篇已缺，今猶在集中，彼未見其全爾。是夜篝燈再書。此亦尺鳧筆。

此卷余春間得於滬濱書肆，鈔手極舊，有吴尺鳧跋語三則，前一則爲墨筆，餘皆朱筆，字迹古秀，絶可寶翫，以收藏印記推之，知爲明人照宋本鈔也。余丙辰夏於吴門柳咏春博古齋見一本，爲朱脩伯所藏，十行十九字，宋諱亦附小注，惟目録不連正文。取校一過，亦略有改訂，第佳勝殊少，緣其款式不及此本之古也。據尺鳧跋言，可改正數十字，暇日當研朱勘誦之。前年徐司業遺書中有一帙，號爲元人手迹，然以余審之，第明人之工書者耳。曾略事披覽，其序中仍缺六字，亦未見其異於諸本也。書潛偶志。

又考《儀顧堂題跋》云：「校宋本十二行，行十八字，以曹本核之，房琯傳缺後半，《李勉傳》缺前半，其間尚有《張鎬傳》一篇，曹本全缺，而誤以《李勉傳》接房傳。」今檢此本亦然，是此一葉宋元以來脱佚久矣。竢訪之静嘉文庫，凂長澤君爲補鈔是葉，庶彌斯缺憾也。

譜録類

校硯箋跋

明鈔本《硯箋》，棉紙，藍格，半葉十行，行十八字，版心有「龍川精舍」四字，與余所庋《劉子》同，皆天一閣散出者也。校曹楝亭刻本一通，訂正不少，附注改易尤多。余别有臨何義門校本、張紉安手校本，皆不及也。卷一《硯説》下脱去十八行，别寫補入，此葉張紉安得黄蕘圃藏本手録之，義門則未見，可云祕矣。丙寅立秋後一日，沅叔手書。

曹本脱葉補録如後：

端石無星入用，餘不足道。蔡帖。

端石瑩潤，鋩者尤發墨；歙石多鋩，膩理者特佳，物奇者必異其類。歐譜。

紫石以不耗水爲佳。歐公。

石色紫而微青，潤澤無芒，叩之無聲，近水者也。色微紫，不深重，視之有芒，叩之有聲，不近水者也。唐録。

端石類多溪石，罕有巖石。紫而頳者溪石也，巖石自國朝以來竭矣。山趾在水中，没而鑿，僅得焉。水益深，人多壓溺，故巖石爲貴。李方叔東坡詩：「溪石琢馬肝。」卓公圓端，無出其右，滑如玉，發墨無倫。王定國欲以絹書司馬錬賦易，不許。米帖。

皮日休詩：「樣如金蹙小能輕，微潤將融紫玉英。」朱新仲詩：「端溪有石紫玉潤。」

秦少游銘：「溪之精，石之靈，紫雲氣，涵明星。」

唐中世以前未盡以石爲硯，端溪後出，未甚貴。晉宋間。

鈔本靡墨亭墨考跋※

此書題曲阜顔崇槼衡甫編，舊寫本，一册，不分卷，前後亦無序跋。首墨法，彙集古今載籍所記製墨之方，與時地工藝之宜，上自《西京雜記》，下訖於明清之際，如《物理小識》、《帝京景物略》，凡涉及造墨，咸加甄録。其晁氏《墨經》、《墨法集要》，皆全部收入，可云賅備無遺矣。次墨記，分上、中、下三編，上述墨之故事，中述産墨之名區，下述墨之異聞。其取材則自子、史古書，旁逮佛書、小説，皆在所採，《香祖筆記》、《池北偶談》亦録取一二。次墨譜，則聚古來言墨之書，自顔黄門之《鹿紙筆墨疏》至宋牧仲之《漫堂墨品》，凡二十四種，略加解題，或録其序跋，以供考索。末爲別録，纂輯名家論墨之文，問對、傳記、論、贊、銘、賦之屬，及咏墨之詩，各體咸備。惟蒐采似有罣漏，次敘不盡秩然，大抵未完之稿也。

按崇槼爲復聖之裔，字運生，號心齋，乾隆庚寅舉人，博學能文章，考訂金石尤精邃，收藏閎富，與同時桂未谷齊名。官教授時，爲學政翁覃谿、阮雲臺二公所激賞，時與文讌，商量舊學。後官福建興化縣知縣。生平勤於著述，有《顔氏宗譜》、《詩話》、《同心録》、《心齋紀異》、《牒鯖小紀》、《橦李園集》、《䃺墨亭詩集》，均未刊行。其事蹟載入《曲阜縣志·文苑傳》中，《傳》稱崇槼有墨癖，蒐羅藏弆，不遺餘力。則墨考之作，由其生平雅嗜，既以䃺墨名其齋，復專精博涉，以成是書，固其宜也。而《藝文類》標舉遺著，乃不之及，意其輯録粗成，未遑訂正，迨於身後，遺稿散佚，故修志諸人已不及見，因以見遺耳。

余獲此帙於廠肆已十有餘年，沈擱篋底，久未披尋，昨冬以肄考墨品，思及此書，乃檢出重裝，析爲二册。觀其編次有法，徵引翔實，知出名人之手，惟崇槼仕歷，莫由考見，因馳書歷下，詢之趙君東甫，乃從邑志中得其小傳，録以相示，且云：「此書未聞有刻本，並其書名鄉人亦不能舉，蓋其亡逸固已久矣。」爰撮其大要，著之於篇。而於君之行實，亦略舉梗概，以告後來。異時東魯人士，徵文考獻，有志於鄉賢遺著者，余將舉此而奉之，使露鈔雪纂之勤，不致隨水火蟲魚以俱盡，庶守先待後之志，籍以少償，此區區著録之微意也。癸未上巳後日，藏園記。

校桐譜跋※

《桐譜》二卷，宋陳翥子翔著。本書有皇祐元年自序，自署爲「銅陵逸民」，蓋北宋隱士也。凡上下二卷，分叙原、類屬、種植、所宜、所出、采斫、器用、雜説、紀誌、詩賦，凡十類。《直齋書録解題》載之，他目皆不著録。《説郛》中收其全書，此外未見刊本。海虞瞿氏有鈔本，爲魚元傅舊藏，張石銘據以刊入《適園叢書》，偶瀏覽及之，其訛誤盈目，至不可句讀，未見其勝於《説郛》本也。

頃於廠市獲覩明滹南書舍寫本《説郛》，卷四十一中正收此書，因假歸點勘，凡二夕蕆功。寥寥短帙，不盈二十番，改訂至二百八十餘字。如開卷叙源篇「《爾雅·釋木》曰桐」，鈔本「桐」作「櫬梧」，與《爾雅》正合。其要者如卷九《西山桐竹誌》「吾謂數畝桐竹」下脱「不如植桑，且以桑一年一葉質之，以買桐竹，可數倍矣。桐竹」凡二十三字。其卷十《桐賦》一篇訛失最甚，以此本勘正，得七十九字，使浮滓積薉，廓掃無遺，心目炯然，爲之愉快無已。

余舊藏有叢書堂寫本《説郛》，視世行本大佳。然就此帙參之，其勝處尚遠不逮。惟滹南書舍不審爲何人，觀其筆迹，要是正、嘉以前風氣也。近世士夫以嗜古相矜詡，舊鐫名校，價等兼金，至此等敝帙短編，其名不甚顯著者，或竟不屑一盼焉，知其佳勝固宜與宋元舊本同珍耶？然此非潛心研玩者，或未足以知之也。庚午十二月，藏園記。

異魚圖贊箋并補贊閏集跋※

《異魚圖贊》四卷，明楊慎舊撰，并研胡世安爲之補箋。前有嘉靖甲辰慎自爲引及跋，凡魚圖三卷，贊八十六首，異魚八十七種，附以螺貝蜃蚶海錯爲第四卷贊三十首、海物三十五種、通一百二十二種，世安補箋，有崇禎庚午自序。《補贊》三卷。亦世安著，其子胡璞、門人雷琯爲之箋。凡魚類補一百五十四種，贊五十七首；海錯補三十八種，贊二十八首。《閏集》一卷，魚類三十四種，贊二十四首，前有萬曆戊午世安自序。二書均經文淵閣著録，《提要》稱其補箋徵引繁富，不免貪多務得，有支離蔓衍之弊。然其搜採典籍，實爲博贍，殊形詭狀，皆考證其源流，未始非識小一助云。其論《補贊》《閏集》，謂慎之作贊，雖文人游戲之筆，要自古雋可觀。世安續加仿傚，徵據亦頗典博，與慎書相輔而行，正不以續貂爲病云。

余通觀前後各卷，網羅羣籍，故書僻記，鉅細靡遺，使區區鱗介之族，拓此廣域，蔚成奇觀，洵足追蹤景純，媲美升庵，館臣評騭，要爲允協。如香魚一種，産雁蕩石門潭，爲雁山五珍之一，余頻作山游，始知其異，世安《補贊》即首加甄采，其見聞之廣博，概可知矣。惟《提要》謂《閏集》所載與目録多不相應，前後舛互，贊文往往闕逸，疑爲未竟之書。今詳檢此本，逐條對勘，初無舛失及闕文之處。余頗疑四庫館所進或鈔録殘帙，此明季刊本館臣當未之見也。

按世安明崇禎元年進士，官至少詹事。順治初授原官，四遷至禮部尚書，旋授武英殿大學士，兼兵部尚書。康熙初元，與金之俊同改祕書院大學士，以疾乞休，累加少師，蓋以文學受知兩朝，故恩禮優渥如是。生平著述甚富，此書之外有《秀巖集》三十一卷，《大易則通》十五卷，《褉帖綜聞》一卷，《操縵録》十卷。其存目而未及見者尚十餘種。明清之際，吾蜀人以撰述名於世如世安者，蓋不多覯也。

此本明季所刻，余獲於廠市，爲梁節菴前輩舊藏，書版刻有題字數行。前書卷末有丁松生手跋，兹附於左方。癸未四月抄，藏園識。

鈔補文淵閣書，尚闕百數十種，開目覓補。星海太史以此一種見寄，且貽書云：「胡以明進士入國朝爲大學士，相業無表見。《四庫提要》議其曼衍，又賞其博贍。」今考卷内援引甚富，不愧博贍，間或榛蘭並陳，曼衍誠不能免。然明人著書，往往空疏武斷，乖作者之體，此獨雅馴，故當寶貴。既録一册以儲閣上，因記太史論書之旨於卷尾而歸之。世界盡如太史之好古敏求，實事求是，閣書雖闕，何患不補全哉！又豈補閣書之闕而已哉！光緒壬辰七月初五日，錢唐丁丙。

此書《四庫》著録，丁松生好友藏書未有，因寄杭州録副，末有松生題語。壬辰十二月，藏山記。